# 中小企業の会計制度

日本・欧米・アジア・オセアニアの分析

ACCOUNTING SYSTEM
FOR SMALL- AND MEDIUM-SIZED ENTITIES

河﨑 照行［編著］
Kawasaki Teruyuki

中央経済社

# はじめに

## ◆ 本書の目的

　本書『中小企業の会計制度－日本・欧米・アジア・オセアニアの分析』の目的は，IASB（国際会計基準審議会）が2009年7月に公表した「中小企業のためのIFRS」（IFRS for Small and Medium-sized Entities；本書では「中小企業版IFRS」と略称する）に着目し，その特質を浮き彫りにするとともに，それが日本および諸外国の会計制度にどのような影響を与えているかに焦点をあて，各国における中小企業会計の制度的実態を考究することにある。

## ◆ 本書の背景

　今日，IFRS（国際財務報告基準）の導入に対する各国の対応のなかで，IFRSと中小企業会計の関係が活発に議論されるようになってきた。「中小企業にもIFRSを適用すべきかどうか」「中小企業の会計制度はいかにあるべきか」といった議論がこれである。このような議論の重要な背景をなしているのが，IASBの中小企業版IFRSである。

　IASB（当時はIASC）が中小企業会計に関心を示し，研究プロジェクトを立ち上げたのは1998年4月であった。その後，2004年6月に討議資料，2007年2月に公開草案を公表し，2009年7月に単独の基準書として中小企業版IFRSを公表するに至った。この中小企業版IFRSの公表を受け，各国では，「中小企業版IFRSを国内化すべきかどうか」が議論の俎上に上ることとなった。IASBによれば，2014年8月現在，79の国（地域）が中小企業版IFRSの採用または採用計画を表明しているとされる。

　他方，このような動きに呼応する形で，日本および諸外国では，中小企業会計のあり方が活発に議論されるようになってきた。「大企業（上場企業）の会計制度」と「中小企業の会計制度」の二分化の議論がこれである。たとえば，日本では，中小企業会計基準として，2005年8月に「中小企業の会計に関する指針」，2012年2月に「中小企業の会計に関する基本要領」の2つが公表され，中小企業会計の制度的定着化が図られようとしている。

　以上のようなIASBの「中小企業版IFRSの国内化問題」と「会計制度の二分

化（中小企業会計の制度化）」が本書の研究課題の背景をなしている。

◆ 本書の構成

本書は，4部21章から構成されている。各部および各章では，以下のようなテーマが議論されている。

(1) 「**第Ⅰ部 中小企業会計の概念フレームワークと中小企業版IFRSの概要**」（第1章～第3章）では，中小企業版IFRSの全体像が浮き彫りにされており，具体的には，中小企業会計と概念フレームワークの関係（第1章），中小企業版IFRSの概要（第2章），中小企業版IFRSの開発過程（第3章）といったテーマが論じられている。

(2) 「**第Ⅱ部 欧米における現状と課題**」（第4章～第10章）では，欧米諸国における中小企業会計の制度的特質が浮き彫りにされており，具体的には，EU（第4章），ドイツ（第5章），フランス（第6章），イギリス（第7章），スウェーデン（第8章），アメリカ（第9章），カナダ（第10章）といった各国（地域）がとり上げられ，その制度的実態が議論されている。

(3) 「**第Ⅲ部 アジア・オセアニアにおける現状と課題**」（第11章～第18章）では，アジア・オセアニア諸国における中小企業会計の制度的特質が浮き彫りにされており，具体的には，オーストラリア（第11章），中国（第12章），台湾（第13章），韓国（第14章），シンガポール（第15章），マレーシア（第16章），タイ（第17章），フィリピン（第18章）といった各国がとり上げられ，その制度的実態が議論されている。

(4) 「**第Ⅳ部 日本における現状と課題**」（第19章～第21章）では，日本の中小企業会計の現状と課題について，中小企業会計とIFRS（第19章），日本の中小企業会計制度（第20章），中小企業会計と信頼性保証（第21章）といったテーマが論じられている。

◆ 本書の原型

本書の原型は，国際会計研究学会・研究グループ「各国の中小企業版IFRSの導入実態と課題」（2010年度～2011年度），および日本学術振興会・科学研究費補助金基盤研究（B）「中小企業版IFRSと各国の会計制度改革のダイナミズムに関する総合研究」（2011年度～2013年度）における共同研究の成果である。これらの共同研究では，国際会計研究に造詣の深い気鋭の研究者が研究メンバーとして

集結し，精力的な調査研究と活発な議論が展開された。それゆえ，本書は日本および諸外国の中小企業会計に関する最新かつ体系的な研究成果であるといってよい。

### ◆ 謝　辞

　本書は，数多くの方々の温かいご指導とご支援によるものである。とりわけ，中小企業会計の研究分野を開拓され，その礎を築かれた日本会計研究学会元会長・故武田隆二先生に，深く感謝申し上げるとともに，本書を先生の御霊前に奉げたい。また，国際会計研究学会元会長・野村健太郎先生および同学会前会長・古賀智敏先生には，国際会計研究における本研究課題の重要性をいち早く見抜かれ，研究グループの設置にご尽力を賜ったことに厚く感謝申し上げたい。さらに，関西大学教授・齊野純子先生には，研究グループの幹事として研究会開催の事務全般や本書の企画・校正などに献身的なご支援を賜ったことに感謝申し上げる。

　最後に，出版事情の厳しいなか，本書の上梓をご快諾頂いた中央経済社会長・山本継氏，ならびに同社取締役専務・小坂井和重氏と同社会計編集部副編集長・田邉一正氏に対して，厚くお礼を申し上げたい。

2015年2月

編者　河﨑　照行

# 目　次

### 序　章　本書の目的と課題 ―――――――――――――――1
- I　はじめに／1
- II　中小企業版 IFRS 公表の経緯／2
- III　中小企業版 IFRS の概要／3
- IV　中小企業版 IFRS の適用状況／4

## 第 I 部

# 中小企業会計の概念フレームワークと中小企業版 IFRS の概要

### 第 1 章　中小企業会計と概念フレームワーク ――――――8
- I　はじめに／8
- II　中小企業会計基準の編成方法／9
- III　IASB の概念フレームワークと中小企業会計／9
  1　中小企業版 IFRS の特徴・9／2　中小企業版 IFRS の概念フレームワーク・10
- IV　アメリカの概念フレームワークと中小企業会計／12
  1　中小企業の会計慣行としての OCBOA・12／2　中小企業版 FRF の概念フレームワーク・12
- V　日本の概念フレームワークと中小企業会計／15
  1　「研究会報告書（2002）」の判断の枠組み・16／2　中小会計要領の概念フレームワーク・17
- VI　おわりに／19

### 第 2 章　中小企業版 IFRS の概要 ――――――――――22
- I　はじめに／22

Ⅱ　中小企業版 IFRS の適用対象／22
　Ⅲ　中小企業版 IFRS の概念フレームワーク／24
　　1　財務諸表の目的・24／2　財務諸表における情報の質的特性・24／3　財務諸表の構成要素・25／4　財務諸表の構成要素の認識・26／5　財務諸表の構成要素の測定・26／6　広く認められている認識および測定の諸原則・26／7　発生主義・27／8　財務諸表における認識・27／9　当初認識における測定・28／10　当初認識後の測定・28／11　相殺・29
　Ⅳ　中小企業版 IFRS における簡素化／29
　　1　中小企業に関連性の乏しい論点の削除・30／2　単純な代替的会計処理方法の採用・31／3　狭義の簡素化・32／4　表示・開示の簡素化・38／5　簡素化された再起草・39
　Ⅴ　おわりに／39

## 第3章　中小企業版 IFRS の開発過程 ―――― 42

　Ⅰ　はじめに／42
　Ⅱ　討議資料の開発過程／43
　　1　経　緯・44／2　論　点・44／3　討議資料における中小企業版 IFRS の適用範囲・45
　Ⅲ　討議資料に対するコメント／48
　Ⅳ　公開草案における中小企業版 IFRS の目的／49
　　1　目的と必要性・49／2　IFRS との構造上の関係・51／3　公開草案公表後の基準開発とコメント・レター・51
　Ⅴ　中小企業版 IFRS のその後／52

# 第Ⅱ部

# 欧米における現状と課題

## 第4章　Ｅ　Ｕ ―――― 56

　Ⅰ　はじめに／56

Ⅱ　ラッドワン報告書／57

1　民主的な国際組織の透明性・57／2　ヨーロッパにおけるIFRSの変換・58／3　中小企業版IFRS・58／4　コンバージェンスと同等性のための計画・59

Ⅲ　中小企業会計をめぐる問題／59

1　会社法，会計，決算書監査の領域における簡素な企業環境に関する委員会通告・61／2　中規模企業の一定の記載義務および連結財務諸表の作成義務を考慮した閣僚理事会指令78/660/EWG, 83/349/EWG の改正のための2009年6月18日付け欧州議会・閣僚理事会指令2009/49/EG・61／3　最小規模経営をめぐる一定の法形態の会社の個別財務諸表に関する閣僚理事会指令78/660/EWG の改正のための2012年3月14日付け欧州議会・閣僚理事会指令2012/6/EU・62

Ⅳ　第4号指令と第7号指令との統合／63

Ⅴ　おわりに／65

## 第5章　ドイツ ─────────────────── 69

Ⅰ　はじめに／69

Ⅱ　ドイツの中小企業会計制度／69

1　中小企業会計を構成する法規範・69／2　税務貸借対照表の意義・70

Ⅲ　会計法現代化法以前の「所得税法5条に基づく利益決定の原則」／71

Ⅳ　会計法現代化法以前の「統一貸借対照表」／72

1　統一貸借対照表の理念・72／2　統一貸借対照表の要件と評価・73

Ⅴ　会計法現代化法／74

1　「逆基準性の原則」の廃止・74／2　記録作成義務・75

Ⅵ　会計法現代化法制定以後の会計実務／75

1　基準性の原則廃止の実務上の意味・75／2　統一貸借対照表の実務面での意義・76／3　中小企業の会計実務・77／4　統一貸借対照表の未来に関する予測・78

Ⅶ　おわりに／78

## 第6章 フランス ——————————————81

I　はじめに／81
II　中小企業会計制度の概要／82
III　会計基準庁の中小企業版 IFRS への反対／83
　1　「トップ・ダウン」アプローチ・83／2　情報ニーズの多様性を無視・84／3　基準の複雑さによる適用負担・84／4　資産負債アプローチと公正価値測定によるボラティリティの拡大・84／5　会計制度の分断・85／6　変更頻度，内容に対するコントロールの喪失・85／7　法体系との整合性・86
IV　極小企業およびマイクロ企業の開示義務の部分的免除／87
　1　「極小企業」および「マイクロ企業」の定義と開示義務の緩和・87／2　開示義務の部分的免除の背景・88／3　控え目な改定・89
V　おわりに／89

## 第7章 イギリス ——————————————93

I　はじめに／93
II　EU 版 IFRS および UK-GAAP の適用対象／94
III　UK-GAAP 改革過程の概観／96
　1　「財務報告基準書」の改廃・96／2　概念フレームワーク「財務報告原則書」の撤廃・98
IV　財務報告基準書第101号および第102号の適用／99
V　財務報告基準書第102号の特徴／101
VI　おわりに／101

## 第8章 スウェーデン ——————————————105

I　はじめに／105
II　スウェーデンにおける会計制度／105
III　中小企業会計制度の近年の動向—Kプロジェクト—／107
IV　スウェーデン GAAP と中小企業版 IFRS の現状／109
V　おわりに—中小企業版 IFRS の適用に向けた今後の対応—／110

## 第9章　アメリカ ———————————————————————————————— 114

Ⅰ　はじめに／114
Ⅱ　中小企業版 FRF の意義と特徴／115
Ⅲ　中小企業版 FRF の概念フレームワーク／117
　1　中小企業版 FRF の体系・117／2　財務諸表の諸概念・118／3　財務諸表の構成要素の認識・122／4　財務諸表の構成要素の測定・123
Ⅳ　中小企業版 FRF の個別基準の特徴／123
Ⅴ　おわりに／126

## 第10章　カナダ ———————————————————————————————— 129

Ⅰ　はじめに／129
Ⅱ　2009年 ASPE 承認までの10年間の出来事／130
　1　1980年代・131／2　1990年代・131／3　2002年・131／4　2003年・132／5　2005年・132／6　2006年・132／7　2007年・132／8　2008年・135
Ⅲ　2009年公開草案の公表と2009年 ASPE の承認／135
　1　2009年版公開草案・135／2　2009年 ASPE・138
Ⅳ　ASPE 導入以降／140
Ⅴ　おわりに／141

---

### 第Ⅲ部

# アジア・オセアニアにおける現状と課題

## 第11章　オーストラリア ———————————————————————————— 146

Ⅰ　はじめに／146
Ⅱ　会社法における財務諸表の作成と提出に関する規定／148
Ⅲ　階層別オーストラリア会計基準の適用／151
Ⅳ　おわりに／156

## 第12章　中　国 ——————————————————159

- I　はじめに／159
- II　中国における会計制度体系［2014］—中小企業会計制度体系を視野に入れて／160
- III　中国の中小企業の状況と区分—国際的比較視点を用いながら／161
- IV　中国の中小企業会計にかかる取組み—国際的比較視点をとり入れて／163
- V　中国の「小企業会計準則」の内容—国際的比較視点をとり入れて／165
- VI　おわりに／170

## 第13章　台　湾 ——————————————————174

- I　はじめに／174
- II　台湾における完全版 IFRS 導入のアプローチ／174
  - 1　US-GAAP から IFRS とのコンバージェンスへ・174／2　コンバージェンスからアドプションへ・175
- III　台湾の中小企業の概要／176
  - 1　中小企業の定義・176／2　中小企業の特性・177
- IV　中小企業版 IFRS 導入の論点／180
  - 1　公開企業との適用基準の分離・180／2　中小企業版 IFRS 導入のメリット・デメリット・181／3　中小企業会計基準の適用上の問題・182
- V　規制当局（経済部）の見解／183
  - 1　中小企業版 IFRS 導入のメリット・デメリット・183／2　中小企業版 IFRS 適用のコスト評価・183／3　経済部の提案・184
- VI　おわりに／184

## 第14章　韓　国 ——————————————————187

- I　はじめに／187
- II　上場企業に対する K-IFRS の強制適用／188
  - 1　K-IFRS の導入・188／2　K-IFRS の適用・189
- III　非上場企業向け会計基準の展開／189
  - 1　中小企業版 IFRS と K-GAAP の選択・189／2　一般企業会計基準

目　次　vii

の公表・191／3　中小企業会計基準の公表・192
Ⅳ　おわりに／193

## 第15章　シンガポール────────────196
Ⅰ　はじめに／196
Ⅱ　会計制度／196
　1　監督官庁および会計基準設定主体・196／2　会計監査・197／3　法人税申告制度・198／4　新会計士制度・200
Ⅲ　IFRSの適用／200
　1　コンバージェンス・200／2　中小企業版SFRSの導入・201／3　中小企業版IFRSの適用可能性・201／4　規模基準の決定・203／5　適用事例・204／6　中小企業版IFRSと中小企業版SFRSの構成・205／7　中小企業版SFRS導入の現状・207
Ⅳ　おわりに／207

## 第16章　マレーシア────────────210
Ⅰ　はじめに／210
Ⅱ　MASB基準からの適用免除／210
Ⅲ　PERSとしての旧MASB基準の採用／212
Ⅳ　ED52の公表／214
Ⅴ　ED72の公表／216
Ⅵ　その後の関連文書と基準の成立／219
Ⅶ　おわりに／220

## 第17章　タ　イ────────────223
Ⅰ　はじめに／223
Ⅱ　タイの会計制度の概要／224
Ⅲ　タイの中小企業会計基準の体系と概要／226
　1　タイ中小企業会計基準の体系・226／2　タイ中小企業会計基準の概要・227
Ⅳ　タイの中小企業会計基準の課題／231
Ⅴ　おわりに／233

## 第18章　フィリピン —————————237

　Ⅰ　はじめに／237
　Ⅱ　フィリピンにおける企業形態と企業区分／237
　　1　企業形態・237／2　企業区分とその特徴・238
　Ⅲ　フィリピンにおける会計システムの特徴／239
　　1　計算書類提出義務・239／2　会計基準と基準設定主体・241
　Ⅳ　中小企業会計基準の特徴／242
　　1　中小企業会計基準の展開・242／2　旧中小企業会計基準：PAS101・243／3　現行の中小企業会計基準：中小企業版PFRS・244
　Ⅴ　中小企業会計基準をめぐる課題／247
　Ⅵ　おわりに／248

## 第Ⅳ部

# 日本における現状と課題

## 第19章　中小企業版IFRSに対する日本の対応 —————————252

　Ⅰ　はじめに／252
　Ⅱ　会計文化の「ローカル性」／253
　　1　国際会計モデルと日本型会計モデルの相違・253／2　日本型会計モデルとしての確定決算主義・254／3　「グローバリゼーション」という名の「国際文化」・255
　Ⅲ　IFRSの影響の構図／255
　Ⅳ　日本における中小企業会計の方法論的特質／256
　　1　中小企業会計の理論的構図・256／2　中小企業会計基準設定の方法論・258
　Ⅴ　中小企業会計にとってのIFRSの意義／260
　　1　IFRS導入のベネフィット・260／2　IFRS導入の問題点・261
　Ⅵ　IFRSへの日本の対応／261
　Ⅶ　おわりに／262

目次　ix

## 第20章　日本における中小企業会計の特質と課題 ————264

Ⅰ　はじめに／264
Ⅱ　日本における中小企業会計の制度化の歩み／265
Ⅲ　日本で中小企業会計基準が必要とされる理由／266
　1　社会的・経済的理由・266／2　本質的理由・267
Ⅳ　中小指針の特質／268
　1　中小指針の意義・268／2　中小指針の構成・268／3　中小指針の現状分析・269／4　新しい「会計ルール」（中小会計要領）の基本方針・270
Ⅴ　中小会計要領の特質／271
　1　中小会計要領の構成・271／2　中小会計要領の概要・272
Ⅵ　計算書類の信頼性保証／275
Ⅶ　おわりに／276

## 第21章　中小企業会計の信頼性向上と保証 ————279

Ⅰ　はじめに／279
Ⅱ　会計処理・報告の信頼性確保の枠組み／280
　1　信頼性向上・保証の全体的構図・280／2　信頼性の「向上」と「保証」・282
Ⅲ　信頼性確保の核としての内部統制／284
　1　適切な内部統制の整備・運用・284／2　IT活用による内部統制強化とIT活用のリスク・285
Ⅳ　信頼性向上の方策／286
　1　会計参与の活用・286／2　書面添付制度・チェックリスト作成業務の活用・287
Ⅴ　信頼性保証の方策／288
　1　監査役による会計監査の活用・288／2　公認会計士または監査法人による特別目的監査（任意監査）の活用・289
Ⅵ　おわりに／290

索　引／293

序 章

# 本書の目的と課題

## I はじめに

　IFRS（国際財務報告基準）導入の波が，中小企業にまで押し寄せてきた。2009年7月，IASB（国際会計基準審議会）は，「中小企業のためのIFRS」（IFRS for Small and Medium-sized Entities；以下では，「中小企業版IFRS」という）を公表した。これは，先進国および新興経済国の要請に応じて，IASBが公表した単独のグローバルな「中小企業向け会計基準（中小企業会計基準）」である。この中小企業版IFRSは，「完全版IFRS（full IFRS）」（あるいは「純粋IFRS（pure IFRS）」）とは切り離されており，その採用と適用企業については，各国（地域）の判断に任されている。

　この中小企業版IFRSは，日本および諸外国の会計制度にどのようなインパクトを与えるのであろうか。本書の研究目的は，この中小企業版IFRSに焦点をあて，その特質を浮き彫りにするとともに，それが日本および諸外国の会計制度に影響を与えているか否かの検討を通して，各国における中小企業会計の制度的特質を浮き彫りにすることにある。本書の具体的な研究課題は，次の2点である。

① 完全版IFRSとの比較を通して，中小企業版IFRSの意義と特質を浮き彫りにすること
② 中小企業版IFRSが，各国（地域）の会計制度に影響を与えているか否かについて検討することを通して，日本および諸外国の中小企業会計制度の特質を浮き彫りにすること。なお，本書が分析対象とする各国（地域）は，次のとおりである。
　ⓐ 欧米諸国：EU，ドイツ，フランス，イギリス，スウェーデン，アメリカ，カナダ

ⓑ アジア・オセアニア諸国：日本，中国，台湾，韓国，シンガポール，マレーシア，タイ，フィリピン，オーストラリア

## Ⅱ 中小企業版 IFRS 公表の経緯

　IASB が中小企業会計に関心を示し，研究プロジェクトを立ち上げたのは，その前身である IASC（国際会計基準委員会）の時代の1998年4月であった。その後，2000年12月に，IASC から IASB への移行にあたり，重要な討議事項の1つとして，中小企業会計基準（Standard for SMEs）の問題が提示された。これを受けて，IASB は，2003年4月に，助言グループ（Advisory Group）を編成し，2003年9月に，中小企業版 IFRS の策定を決定するとともに，それに向けた本格的な取組みを開始した。その後，2004年6月に，「討議資料」(Discussion Paper, *Preliminary Views on Accounting Standards for Small and Medium-sized Entities*)，2007年2月に，「公開草案」(Exposure Draft, *IFRS for Small and Medium-sized Entities*) を公表し，2009年7月に，単独の基準書として中小企業版 IFRS (*IFRS for Small and Medium-sized Entities*) を公表するに至った（河﨑［2010］，2頁）。**図表序-1**は，上記の説明を要点的にまとめたものである（IASB［2004］；IASB［2007］；IASB［2009a］；IASB［2009b］）。

**図表序-1** 中小企業版 IFRS 公表の経緯

| | 経　緯 | 事　項 |
|---|---|---|
| ① | 1998年4月 | IASC（国際会計基準委員会）が「中小企業会計」プロジェクトを設置 |
| ② | 2000年12月 | IASC から IASB への移行にあたり，重要な討議事項の1つに，「中小企業会計基準」(Standard for SMEs) の問題を提示 |
| ③ | 2003年9月 | IASB が「中小企業版 IFRS」(IFRS for SMEs) の策定を決定 |
| ④ | 2004年6月 | 「討議資料」(Discussion Paper, *Preliminary Views on Accounting Standards for Small and Medium-sized Entities*) を公表 |
| ⑤ | 2007年2月 | 「公開草案」(Exposure Draft, *IFRS for Small and Medium-sized Entities*) を公表 |
| ⑥ | 2009年7月 | 中小企業版 IFRS (*IFRS for Small and Medium-sized Entities*) を公表 |

## Ⅲ 中小企業版 IFRS の概要

中小企業版 IFRS は，3,000頁を超える完全版 IFRS を，約230頁にまで圧縮し，簡素化 (simplification) したものであり，中小企業のニーズと能力に合わせて作成された単独の基準書である (IASB [2014], p. 1)。これには，次のような役割が期待されている。

① 中小企業の財務諸表利用者のために比較可能性を改善すること
② 中小企業の財務諸表の全体的な信頼性を高めること
③ 国内ベースの基準の維持に伴う相当のコストを削減すること

また，中小企業版 IFRS の適用対象である「中小企業」(SMEs) とは，「(a)公的説明責任のない企業 (non-publicly accountable entities) であり，かつ，(b)外部の財務諸表利用者に一般目的財務諸表 (general purpose financial statements) を公表する企業」をいう。その主要な外部の財務諸表利用者は，(a)金融機関，(b)供給業者，(c)格付機関，(d)顧客，(e)所有者以外の株主が想定されている。かかる中小企業版 IFRS の基本方針は，おおむね次のように要約できる (IASB [2009b]；河﨑 [2010], 3-6頁)。

① 適用対象の画定は，「量的規準」(規模テスト) ではなく，「質的規準」(「公的説明責任」の有無) によって決定すること
② 中小企業版 IFRS は，完全版 IFRS から基本コンセプトを抽出し，それが概念フレームワークを形作ること
③ 基本コンセプト，認識・測定原則，および開示・表示原則の修正は，財務報告の利用者のニーズとコスト・ベネフィット分析に基づくこと
④ 中小企業版 IFRS は単独の基準書として公表すること

このように，中小企業版 IFRS では，完全版 IFRS の基本コンセプトが，そのまま概念フレームワークを形作っていることから，中小企業版 IFRS は，独自の会計基準というよりも，完全版 IFRS の要約版 (または圧縮版) として特徴づけることができよう。

## Ⅳ 中小企業版 IFRS の適用状況

　IASB によれば，中小企業版 IFRS は，2014年8月現在，79の国（地域）が，その採用または採用計画を表明しているとされ，そのうち63の国（地域）が中小企業版 IFRS の採用を要請（または容認）しているとされる。たとえば，次の国（地域）がこれである（IASB [2012], p. 5；IASB [2014], pp. 1-2）。

> ① 南アメリカ：アルゼンチン，ブラジル，チリ，コロンビア，ガイアナ等
> ② カリブ地域：アンティグア＆バーブーダ，バハマ，バルバドス，トリニダード・トバゴ等
> ③ 中央アメリカ：コスタリカ，エルサルバドル，グアテマラ，ホンジュラス，パナマ等
> ④ アフリカ：ボツワナ，ガーナ，ケニア，南アフリカ，ルワンダ等
> ⑤ アジア：バングラディシュ，カンボジア，フィジー，香港，シンガポール等
> ⑥ 中東：ヨルダン，イラク，イスラエル，サウジアラビア，イエメン等
> ⑦ ユーラシア：アゼルバイジャン，トルコ
> ⑧ ヨーロッパ：ボスニア＆ヘルツェゴビナ，エストニア，マケドニア，スイス，イギリス等

　しかし，上記の国や地域からわかるように，そのほとんどが発展途上国であり，わが国を含めて先進諸国の多くは中小企業版 IFRS の採用には，必ずしも積極的でないのが現状である（河﨑 [2012], 50-58頁；Kawasaki and Sakamoto [2014], pp. 34-49）。なお，上記の各国（地域）のうち，南アフリカは中小企業版 IFRS を世界で最初に国内基準とした国であるとされる（Mackenzie et al. [2011], p. viii；河﨑 [2011], まえがきⅡ）。

　本書では，以下の各章で，わが国および各国（地域）の中小企業版 IFRS の対応に焦点をあてながら，各国（地域）における中小企業会計の制度的実態を浮き彫りにしてみたい。

## 【参考文献】

IASB [2004], Discussion Paper, *Preliminary Views on Accounting Standards for Small and Medium-sized Entities*, International Accounting Standards Board.
―――― [2007], Exposure Draft, *IFRS for Small and Medium-sized Entities*, International Accounting Standards Board.
―――― [2009a], *IFRS for SMEs*, International Accounting Standards Board.
―――― [2009b], *Basis for Conclusions on IFRS for SMEs*, International Accounting Standards Board.
―――― [2012], *A Guide to the IFRS for SMEs*, International Accounting Standards Board.
―――― [2014], *IFRS for SMEs Fact Sheet*, IFRS Foundation.
Kawasaki, Teruyuki and Sakamoto, Takashi [2014], *The General Accounting Standard for Small- and Medium-sized Entities in Japan*, Wiley.
Mackenzie, Bruce, et al. [2011], *Applying IFRS for SMEs*, Wiley.（河﨑照行監訳 [2011]『シンプル IFRS』中央経済社）
河﨑照行 [2010]「『中小企業版 IFRS』の特質と導入の現状」『會計』第178巻第6号, 1-12頁。
―――― [2012]「SME 基準と諸外国における小規模会社の会計ルール」『税研』第28巻第1号, 50-58頁。

## 第Ⅰ部

# 中小企業会計の概念フレームワークと中小企業版IFRSの概要

第1章　中小企業会計と概念フレームワーク
第2章　中小企業版IFRSの概要
第3章　中小企業版IFRSの開発過程

# 第1章

# 中小企業会計と概念フレームワーク

## I はじめに

　IASB（国際会計基準審議会）による「中小企業のためのIFRS」（International Financial Reporting Standard for Small and Medium-Sized Entities；以下では，「中小企業版IFRS」という）の公表を契機に，各国では，中小企業会計のあり方（中小企業会計基準の制度化）が活発に議論されるようになってきた（河﨑［2012c］，50-55頁）。

　近年，会計基準の設定にあたり，その前提となるのが「概念フレームワーク（conceptual framework）」とされる。概念フレームワークは，会計基準に関する基本的枠組みを意味し，具体的には，会計上の基礎的諸概念の定義などから構成され，会計基準編成の出発点ともいえるものである。

　本章の目的は，中小企業会計における概念フレームワークの特質を論じることである。本章では，IASB，アメリカおよび日本をとり上げ，それぞれの概念フレームワークの特質を浮き彫りにしてみたい。本章の具体的な課題は，次のとおりである。

① IASBの中小企業版IFRSの概念フレームワークは完全版IFRSのそれに準拠していることから，その特質を概説するとともに，完全版IFRSとの異同点を明らかにすること
② アメリカのAICPA（アメリカ公認会計士協会）が2013年6月に公表した「中小企業のための財務報告フレームワーク」（Financial Reporting Framework for Small-and Medium-Sized Entities；以下では，「中小企業版FRF」という）を概説し，その意義を検討すること
③ 日本の中小企業庁が2002年7月に公表した「中小企業の会計に関する研究会報

告書」(以下では,「研究会報告書 (2002)」という)における「判断の枠組み」,および「中小企業の会計に関する検討会」が2012年2月に公表した「中小企業の会計に関する基本要領」(以下では,「中小会計要領」という)の「総論」を,日本における中小企業会計の概念フレームワークとみなし,それらを概説するとともに,その意義を検討すること

## II 中小企業会計基準の編成方法

各概念フレームワークの詳細な検討に先立ち,中小企業会計基準の編成方法について検討しておきたい。中小企業会計基準の編成方法については,基本的に,次の2つのアプローチを区別できる(河﨑[2006],38-39頁)。

① トップダウン・アプローチ (top down approach)
② ボトムアップ・アプローチ (bottom up approach)

上記①のトップダウン・アプローチとは,「大企業(公開企業)向け会計基準」から出発し,その簡素化によって中小企業会計基準を生成するアプローチをいう。たとえば,IASBの中小企業版IFRS,アメリカFAF(アメリカ財務会計財団)のPCC(非公開会社評議員会)が採用している中小企業会計プロジェクト(「US-GAAP」の簡素化による「中小企業向けGAAP」の検討),日本の「中小企業の会計に関する指針」(以下では,「中小指針」という)などがこのアプローチを採用している。

これに対し,上記②のボトムアップ・アプローチとは,中小企業の属性を検討することから出発し,中小企業の実態に即した会計基準を生成するアプローチをいう。たとえば,AICPAの中小企業版FRF,日本の中小会計要領などがこのアプローチを採用している。

## III IASBの概念フレームワークと中小企業会計

### 1 中小企業版IFRSの特徴

IASBの中小企業版IFRSは,完全版IFRSを簡素化したものであり,中小企

業のニーズと能力に合わせて作成された約230頁（完全版 IFRS を約10％に圧縮）の単独の基準書である。かかる中小企業版 IFRS の特徴は，次のように要約できる（IASB［2009a］, p. 1；IASB［2009b］, pars. 1.2-1.6；河﨑［2009］, 41-47頁；河﨑［2010］, 1-11頁；河﨑［2012b］, 1-12頁；平賀［2010］；藤川［2011］；国際会計研究学会研究グループ［2011］，［2012］）。

---

① 中小企業版 IFRS の適用対象である「SMEs（中小企業）」とは，(a)公的説明責任のない企業（non-publicly accountable entities）であり，かつ，(b)外部の財務諸表利用者に一般目的財務諸表を公表する企業，とされる。ここで，「公的説明責任（public accountability）のある企業」とは，(a)持分証券（株式）または負債証券（社債）が公開市場で取引されている企業，または，(b)外部の集団から信用力によって資金を調達している企業（たとえば，銀行，証券会社など）をいい，それらを除いた企業が適用対象（中小企業）とされる。
② 中小企業版 IFRS の基本コンセプトは完全版 IFRS の概念フレームワーク，諸原則，関連する適用指針，関連する解釈指針から抽出されている。したがって，完全版 IFRS と中小企業版 IFRS の基本コンセプトはほとんど異ならない。
③ 基本コンセプト，認識・測定原則，および開示・表示原則の修正は，中小企業の財務諸表利用者のニーズとコスト・ベネフィット分析に基づいて行われる。また，ほとんどの認識・測定原則は，基本的に，完全版 IFRS と同じであり，大幅に簡素化（削減）されているのは，開示・表示原則である。

---

このように，中小企業版 IFRS の概念フレームワークは，基本的に，完全版 IFRS のそれに準拠している。

## 2　中小企業版 IFRS の概念フレームワーク

中小企業版 IFRS の概念フレームワークについて，完全版 IFRS のそれと対比する形式で示したのが，**図表 1-1** である（Mackenzie et al.［2011］, pp. 1-39）。この図表では，①財務報告の目的，②会計情報の質的特性，③財務諸表の構成要素，および④財務諸表における認識と測定について，それぞれの特質が要点的に示されている。

図表 1-1 からわかるように，概念フレームワークの各概念については，その解説に精粗はあるものの，本質的には完全版 IFRS のそれと異ならない。

第1章　中小企業会計と概念フレームワーク　11

**図表1−1**　完全版IFRSの概念フレームワークと中小企業版IFRSの比較

| 項目＼IFRS | 完全版IFRS | 中小企業版IFRS |
|---|---|---|
| 1　財務報告の目的 | ・財務諸表の目的：「広範な利用者が経済的意思決定を行うにあたり，企業の財政状態，業績および財政状態変動に関する有用な情報を提供すること」 | ・財務諸表の目的：「広範な利用者による経済的意思決定に有用な，当該企業の財政状態，業績およびキャッシュ・フローに関する情報を提供すること」 |
| 2　会計情報の質的特性 | (1) 6個の主要な質的特性：①理解可能性，②目的適合性（重要性），③信頼性（表現の忠実性，実質優先，中立性），④慎重性，⑤完全性，⑥比較可能性<br>(2) 一般的制約条件：①コストとベネフィットの均衡，②適時性，③特性間の関係：質的特性間の均衡 | ・9個の質的特性を列挙：①理解可能性，②目的適合性，③重要性，④信頼性，⑤実質優先，⑥慎重性，⑦完全性，⑧適時性，⑨コストとベネフィットの均衡 |
| 3　財務諸表の構成要素 | (1) 財務諸表：①財政状態計算書，②損益計算書，③財政状態変動計算書<br>(2) 財政状態：①資産，②負債，③持分<br>(3) 業績：④収益（利得），⑤損失（費用）<br>(4) 資本維持修正 | (1) 財務諸表：①財政状態計算書，②包括利益計算書（または，損益計算書），③持分変動計算書，④キャッシュ・フロー計算書<br>(2) 財政状態：①資産，②負債，③持分<br>(3) 業績：④収益，⑤費用，⑥総包括利益および損失 |
| 4　財務諸表における認識と測定 | (1) 認識：「構成要素の定義を満たし，かつ，認識規準を満たす項目を，貸借対照表または損益計算書に計上するプロセス」<br>　①　将来の経済的便益の蓋然性<br>　②　測定の信頼性<br>(2) 測定の基礎：①取得原価，②現在原価，③実現可能（決済）価額，④現在価値 | (1) 認識：「資産，負債，収益あるいは費用の定義を満たし，かつ，認識規準を満たす項目を，財務諸表に計上するプロセス」<br>　①　将来の経済的便益の蓋然性<br>　②　測定の信頼性<br>(2) 測定の基礎：①取得原価（償却原価を含む），②公正価値 |

##  アメリカの概念フレームワークと中小企業会計

### 1 中小企業の会計慣行としての OCBOA

　アメリカには，中小企業の会計ルールは明示的には存在していない。そのため，中小企業には，FASB が公表する「US-GAAP」，または OCBOA (Other Comprehensive Basis of Accounting；その他の包括的会計基準) と称される「その他の会計基準」が適用されている（中小企業庁［2002］, 60頁）。

　OCBOA については，AICPA がその手引書『現金主義および税法主義による財務諸表の作成・開示方法』を公表しており，これが「事実上の会計基準（デファクト・スタンダード）」（de facto standards）として機能している（Ramos［1998］）。

　OCBOA には，税法主義や現金主義・修正現金主義などがあり，中小企業の財務諸表の利用者のニーズやコスト等を勘案して，その採用が判断されている。「現金主義 (cash basis)」とは，現金の受け払いの時点で取引を認識する方法であり，長期性資産は資産計上されないことから，減価償却の処理は行われない。また，「修正現金主義 (modified cash basis)」とは，現金主義を発生主義で修正する混合方式をいい，たとえば，長期性資産を資産計上し減価償却費を計上することにより現金主義が修正される。さらに，「税法主義 (tax basis)」とは，内国歳入法等の税務規則に立脚して会計処理するものであり，たとえば，税法では損益の認識が確定主義によるため，時価会計等の複雑な処理は要請されない（中小企業庁［2002］, 60-61頁）。

### 2 中小企業版 FRF の概念フレームワーク

　AICPA は，OCBOA を公式化する目的で，2013年6月に「中小企業版 FRF」を公表した。中小企業版 FRF は31章から構成されている。その第1章「財務諸表の諸概念」は概念フレームワークに相当するものである。**図表1-2**はその内容を要点的に示したものである（AICPA［2013］, pp. 1-8）。この図表に則して，中小企業版 FRF の概念フレームワークの特徴点を摘記すれば，次のとおりである（FASB［2010］；Hoffelder［2012］；Moss and Nye［2012］；Tysiac［2012］；AICPA［2013］；平松・広瀬［2002］；斎藤［2005］；河﨑［2013］, 23-36頁）。

第1章　中小企業会計と概念フレームワーク

**図表1-2**　FASBの概念フレームワークと中小企業版FRFの比較

| 項　目 \ 会計基準 | FASB：SFAC No. 1, No. 2, No. 5, No. 6, No. 8 | 中小企業版FRF |
|---|---|---|
| 1　財務報告の目的 | ・SFAC No. 1『営利企業の財務報告の基本目的』<br>(1) 意思決定に対する有用性<br>(2) 「現在および将来の投資者，債権者その他の情報利用者が合理的な投資，与信およびこれに類似する意思決定を行うのに有用な情報を提供しなければならない。」<br><br>・SFAC No. 8 第1章「一般目的財務報告の目的」<br>(1) 意思決定に対する有用性<br>(2) 「現在および将来の投資者，貸し手およびその他の債権者が企業に資源を提供する意思決定を行うにあたり，報告企業に関する有用な財務情報を提供すること」 | (1) 意思決定に対する有用性と受託責任の評価<br>(2) 「経営者，債権者その他の利用者（利用者達）が資源配分の意思決定を行い，または，経営者の受託責任を評価する，あるいは，その両者を行うにあたり，利用者達に有用な情報を伝達すること」 |
| 2　会計情報の質的特性 | ・SFAC No. 2『会計情報の質的特性』<br>(1) 意思決定有用性（目的適合性と信頼性が基本的特性）：①目的適合性（予測価値，フィードバック価値，適時性），②信頼性（表現の忠実性，検証可能性，中立性）<br>(2) 相互作用的特性：比較可能性<br>(3) 情報利用者に固有の特性：理解可能性<br>(4) 制約条件（識閾）：ベネフィット＞コスト（重要性）<br><br>・SFAC No. 8 第3章「有用な財務情報の質的特性」<br>(1) 基本的な質的特性：①目的適合性（予測価値，フィードバック価値，重要性），②忠実な表 | (1) 質的特性：①理解可能性，②目的適合性（予測価値，フィードバック価値，適時性），③信頼性（表現の忠実性，検証可能性，中立性，保守主義），④比較可能性<br>(2) 制約条件：ベネフィット＞コスト<br>(3) 専門的判断：重要性 |

| | | |
|---|---|---|
| | 現（完全，中立，無誤謬）<br>(2) 高度な質的特性：①比較可能性，②検証可能性，③適時性，④理解可能性<br>(3) 制約条件：コスト | |
| 3　財務諸表の構成要素 | • SFAC No. 6『財務諸表の構成要素』<br>(1) 財務諸表で提供される情報：①財政状態，②稼得利益，③包括利益，④キャッシュ・フロー，⑤出資者による投資，⑥出資者への分配<br>(2) 財務諸表の構成要素：①資産，②負債，③持分（または純資産），④出資者による投資，⑤出資者への分配，⑥包括利益，⑦収益，⑧費用，⑨利得，⑩損失 | (1) 財務諸表：①財政状態計算書，②営業活動計算書<br>(2) 財務諸表の要素：①資産，②負債，③持分，④収益，⑤費用，⑥利得，⑦損失 |
| 4　財務諸表における認識と測定 | • SFAC No. 5『営利企業の財務諸表における認識と測定』<br>(1) 認識：ある項目を資産，負債，収益，費用もしくはこれらに類するものとして，財務諸表に正式に記載するプロセス<br>＊認識規準の要件：①定義，②測定可能性，③目的適合性，④信頼性<br>(2) （資産および負債）の測定属性：①歴史的原価（実際現金受領額），②現在原価，③現在市場価値，④正味実現可能（決済）価額，⑤将来キャッシュ・フローの現在（または割引）価値 | (1) 認識：ある項目を企業の財務諸表に記載するプロセス<br>＊認識規準：①測定の基礎，②便益の獲得または放棄の蓋然性<br>(2) 測定：財務諸表に認識された項目の金額を決定するプロセス<br>＊測定の基礎：(a)主要な基礎（歴史的原価），(b)その他の基礎（取替原価，実現可能価額，現在価値） |

① 中小企業の業種・業態は多様であることから，中小企業版 FRF は原則（principles）をベースとした会計基準であり，その適用範囲は広い。

② 「財務諸表の目的」については，その主要な利用者を経営者および債権者とし，経営者の「経営意思決定に対する役立ち」および債権者の「受託責任

の評価に対する役立ち」が重視されている。このような考え方は，投資者の「投資意思決定に対する役立ち」を重視する FASB の概念フレームワークとは異なっている。
③　「会計情報の質的特性」については，理解可能性，目的適合性，信頼性，比較可能性の4つの特性が列挙されている。それらの内容は FASB の概念フレームワークとほとんど異なることはないが，信頼性の構成要素に「保守主義」が含められている点で相違する。
④　「財務諸表の構成要素」については，構成要素が2つのタイプ（財政状態計算書と営業活動計算書）に区分され，包括利益が財務諸表の構成要素とされていない。
⑤　「財務諸表の認識と測定」については，認識規準の内容は FASB の概念フレームワークと異なるところはないが，測定の基礎については，歴史的原価（取得原価）が原則とされ，市場価値等の時価は例外とされている。
⑥　中小企業の実態に則して，アメリカの税制との親和性が高い。たとえば，棚卸資産の評価方法である後入先出法がアメリカの税制で認められていることから，その適用が容認されている。
⑦　具体的な会計処理については，中小企業版 FRF は，以下の点で，US-GAAP の会計処理と異なる。
　ⓐ　減損処理がほとんど要請されていない。
　ⓑ　変動持分事業体（VIE）の連結を要請していない。
　ⓒ　オペレーティング・リースとキャピタル・リースの処理が区別されている。

##  日本の概念フレームワークと中小企業会計

　日本の中小企業会計の概念フレームワークは，明示的には提示されていない。しかし，中小企業庁が2002年6月に公表した「研究会報告書（2002）」における「判断の枠組み」や「中小企業の会計に関する検討会」が2012年2月に公表した中小会計要領の「総論」は，日本の中小企業会計の概念フレームワークに相当するものとみてよい。

## 1 「研究会報告書（2002）」の判断の枠組み

　中小企業会計の前提条件は，中小企業と大企業の属性の相違を認識することである。両者の属性の相違に着目すれば，中小企業の属性に見合った会計基準を制度化するほうが，大企業と同一の会計基準を適用するよりも，計算書類の信頼性を高めるとする認識が，中小企業会計の基底に位置づけられる必要がある。

　このような理解に立ち，「研究会報告書（2002）」は，中小企業の属性に基づいた概念フレームワークを提示している。**図表 1 - 3** は，中小企業の属性と「研究会報告書（2002）」の「判断の枠組み」等（概念フレームワーク）を対応表示したものである。この図表では，左側の欄に，中小企業の 6 つの属性を示し，右側の

**図表 1 - 3**　中小企業の属性と概念フレームワーク

| 中小企業の属性 | 導出 ⇒ 「判断の枠組み」等 |
|---|---|
| ①　所有者管理の会社（所有者＝経営者）（【虚偽表示リスクの可能性】）<br>②　内部統制機構の未整備（【統制リスクの可能性】） | ◇　「記帳」：記帳は，整然かつ明瞭に，正確かつ網羅的に行わなければならない。また，記帳は，適時に行わなければならない。 |
| ③　経営者・従業員の限られた会計的知識（【会計に対する低い理解度】） | (1)　経営者にとって理解しやすいものであるとともに，それに基づいて作成される計算書類が自社の経営状況の把握に役立つこと（【理解可能性と経営管理への役立ち】）<br>(2)　現行の実務に配慮したものであること（【実務の配慮】） |
| ④　会計的知識を有する従業員を雇用できないし，その必要性もないとする経営者意識（【経済的コスト負担の限界】） | (3)　対象となる会社の過重負担にならないこと（現実に実行可能であること）（【実行可能性】） |
| ⑤　業種・業態・規模等の多様性（【多様な事業内容・事業形態】） | (4)　会計処理の方法について，会社の環境や業態に応じた，選択の幅を有するものであること。簡便な方法で代替可能な場合，その選択が認められること（【適用の弾力性】） |
| ⑥　株式公開を目指さない，株式譲渡制限のある閉鎖会社（【限定されたステークホルダー】） | (5)　計算書類の利用者，特に債権者，取引先にとって有用な情報を表すこと（【限定されたディスクロージャー】） |

欄に,「記帳」と5つの「判断の枠組み」を示している。これらの「判断の枠組み」等は,左側の欄の中小企業の属性から導出されたものである。

この図表では,特に,「判断の枠組み」等の欄に示された「記帳」に注目する必要がある。「記帳」の要請は,中小企業の次の2つの属性から導出されたものである。

① 所有者管理の会社(所有者＝経営者)であること。つまり,中小企業では,所有と経営が未分離であることから,虚偽表示リスクの可能性が高いこと
② 内部統制機構が未整備であること。つまり,従業員の数が少数であることから,明確な職務分掌が行われないため,統制リスクの可能性が高いこと

上記2つのリスクを回避し,中小企業の会計帳簿の信頼性を確保する手段が,適時かつ正確な会計帳簿の作成(「記帳」)である。

## 2 中小会計要領の概念フレームワーク

中小会計要領の基本的な考え方は,次の2点に集約できる(河﨑・万代[2012],はじめに2-4頁)。

① 「確定決算主義」を維持し,「取得原価主義」,「企業会計原則」,「法人税法」等を踏まえた会計基準であること
② 中小企業の属性を重視し,会計実務の実態をベースとする「積み上げ方式」(ボトムアップ・アプローチ)が採用されていること

このような基本的な考え方のもとで,中小会計要領では,9つの「総論」が提示されている。これを要点的に示したのが**図表1-4**である(河﨑・万代[2012], 69-115頁；品川[2013], 58-95頁；中島[2012], 3-23頁)。この図表では,特に,次の2点に注目する必要がある。
① 第1は,IFRSの影響の遮断である。中小指針は企業会計基準を簡素化したものであるため,企業会計基準とIFRSのコンバージェンスの都度,中小指針が改訂される。中小会計要領では,IFRSの影響を受けない(総論6)とし,改訂は必要と判断される場合に限られる(総論7)としている。
② 第2は,記帳の重視である。記帳は,会計行為の出発点であり,正確な会

**図表1-4** 中小会計要領の総論の要点

| 項　目 | 内　容 |
|---|---|
| 1　目的（基本的フレームワーク） | (1) 中小会計要領は，中小企業の多様な実態に配慮し，その成長に資するため，中小企業が会社法上の計算書類等を作成する際に，参照するための会計処理や注記等を示すもの<br>(2) 中小会計要領は，以下の考え方に立脚<br>　① 中小企業の経営者が活用しようと思えるよう，理解しやすく，自社の経営状況の把握に役立つ会計<br>　② 中小企業の利害関係者（金融機関，取引先，株主等）への情報提供に資する会計<br>　③ 中小企業の実務における会計慣行を十分考慮し，会計と税制の調和を図った上で，会社計算規則に準拠した会計<br>　④ 計算書類等の作成負担は最小限に留め，中小企業に過重な負担を課さない会計 |
| 2　適用対象 | ・利用が想定される会社は，以下を除く会社<br>　① 金融商品取引法の規制の適用対象会社<br>　② 会社法上の会計監査人設置会社 |
| 3　企業会計基準・中小指針の利用 | ・計算書類の作成にあたり，企業会計基準や中小指針の利用を妨げない。 |
| 4　複数ある会計処理方法の取扱い | (1) 会計処理の方法が複数ある場合，適切な方法を選択適用<br>(2) 会計処理の方法は，毎期継続して適用し，変更した場合は，「変更の旨」「その理由」「影響の内容」を注記 |
| 5　「各論」にない会計処理等の取扱い | ・中小会計要領にない会計処理の方法が必要になった場合，会社法の「一般に公正妥当と認められる企業会計の慣行」の中から選択適用 |
| 6　国際会計基準との関係 | ・国際会計基準からの影響を遮断 |
| 7　改　訂 | ・中小企業の会計慣行の状況等を勘案し，必要と判断される場合に改訂 |
| 8　記　帳 | ・記帳はすべての取引につき，正規の簿記の原則に従って行い，適時に，整然かつ明瞭に，正確かつ網羅的に会計帳簿を作成 |
| 9　利用上の留意事項 | ・①真実性の原則，②資本損益区分の原則，③明瞭性の原則，④保守主義の原則，⑤単一性の原則，⑥重要性の原則 |

計帳簿は計算書類の適正性を確保する前提要件である。中小会計要領では，記帳（正規の簿記の原則）を総論の1項目（総論8）としてとり上げ，記帳要件として，「適時性」，「整然性」，「明瞭性」，「正確性」および「網羅性」の5つの要件を示している。しかも，記帳（正規の簿記の原則）は，利用上の留意事項（総論9）の「真実性の原則」よりも上位の概念として位置づけられている。

## VI おわりに

　本章の目的は，中小企業会計における「概念フレームワーク」（中小企業会計基準の基本的な考え方）の特質を浮き彫りにすることであった。本章では，IASB，アメリカおよび日本をとり上げ，それぞれの中小企業会計の概念フレームワークの特質を浮き彫りにした。本章での論点は，次のように要約できる。

(1) 中小企業会計基準（概念フレームワーク）の編成方法は，(a)トップダウン・アプローチと(b)ボトムアップ・アプローチの2つを区別できる。

(2) IASBの中小企業版IFRSは，トップダウン・アプローチを採用しており，現行の概念フレームワークは，完全版IFRSのそれをベースにしたものであり，説明の精粗を除いて，その内容に大きな相違はみられない。

(3) アメリカの会計制度は，二分化が進展しており，(ア)大企業（公開企業）向けには，US-GAAPが適用されるのに対し，(イ)中小企業（非公開企業）向けには，(a)PCCプロジェクト（US-GAAPの簡素化）と(b)中小企業版FRF（OCBOAの公式化）の2つが併存している。しかも，PCCプロジェクトはUS-GAAPを簡素化するトップダウン・アプローチを指向しているのに対し，中小企業版FRFは伝統的な会計慣行であるOCBOAを公式化するボトムアップ・アプローチを指向している点で，両者のアプローチは異なる。

(4) 日本の会計制度も，アメリカと同様に，二分化が進展しており，中小企業会計基準は複線化の様相を呈している。(ア)大企業（公開企業）向けには，企業会計基準，IFRSの任意適用，アメリカ基準の適用が容認されているのに対し，(イ)中小企業（非公開企業）向けには，(a)中小指針と(b)中小会計要領の2つが併存している。しかも，中小指針は企業会計基準を簡素化するトップダウン・アプローチを指向しているのに対し，中小会計要領は中小企業の会計慣行をルール化するボトムアップ・アプローチを指向している点で，両者

のアプローチは異なる。
(5) 今後，中小企業会計基準（およびその概念フレームワーク）については，トップダウン・アプローチとボトムアップ・アプローチの2つが併存しているアメリカと日本において，それらが制度的にどのように定着化するか（あるいは収斂するか）を注意深く見守る必要があろう。

## 【参考文献】

AICPA [2013], *Financial Reporting Framework for Small- and Medium-Sized Entities*, American Institute of Certified Public Accountants.
FASB, *Statements of Financial Accounting Concepts, No. 1, No. 2, No. 4, No. 5, No. 6 and No. 7*, Financial Accounting Standards Board.（平松一夫・広瀬義州訳 [2002]『FASB財務会計の諸概念（増補版）』中央経済社）
――― [2010], SFAC No. 8 Statement of Financial Accounting Concepts No. 8, *Conceptual Framework for Financial Reporting*, Chapter 1, *The Objective of General Purpose Financial Reporting*, and Chapter 3, *Qualitative Characteristics of Useful Financial Information*, Financial Accounting Standards Board.
Hoffelder, Kathleen [2012], "Small Private Firms Getting Their Own Accounting Standards," *CFO.com*.
IASB [2009a], *IFRS for SMEs*, International Accounting Standards Board.
――― [2009b], *Basis for Conclusions on IFRS for SMEs*, International Accounting Standards Board.
Mackenzie, Bruce, et al. [2011], *Applying IFRS for SMEs*, Wiley.（河﨑照行監訳 [2012]『シンプルIFRS』中央経済社）
Moss, Stuart and Nye, Jason [2012], "Heads Up－AICPA proposes financial reporting framework for small and medium-sized entities," Deloitte & Touche LLP.
Ramos, Michael J. [1998], *Preparing and Reporting on Cash- and Tax-Basis Financial Statements*, American Institute of Certified Public Accountants.
Tysiac, Ken [2012], "AICPA proposes Financial Reporting Framework for SMEs," *Journal of Accountancy*.
河﨑照行 [2006]「第3章 わが国の中小会社会計指針の特徴」武田隆二編著『中小会社の会計指針』中央経済社，33-39頁。
――― [2009]「IFRSと中小企業の会計－IASBの『中小企業版IFRS』をめぐって－」『税経通信』第64巻第14号，41-47頁。
――― [2010]「『中小企業版IFRS』の概念フレームワークの特質」『甲南会計研究』第5号，1-11頁。
―――・万代勝信編著 [2012a]『詳解 中小会社の会計要領』中央経済社。

―――［2012b］「『中小企業版 IFRS』の特質と導入の現状」『會計』第178巻第 6 号，1-12頁．

―――［2012c］「SME 基準と諸外国における小規模会社の会計ルール」『税研』第28巻第 1 号，50-55頁．

―――［2013］「中小企業会計の概念フレームワーク－IASB と米国の新動向－」『甲南経営研究』第54巻第 1 号，23-36頁．

国際会計研究学会研究グループ［2011］『各国の中小企業版 IFRS の導入実態と課題－最終報告－』国際会計研究学会．

―――［2012］『国際会計の概念フレームワーク－最終報告－』国際会計研究学会．

斎藤静樹編著［2005］『討議資料　財務会計の概念フレームワーク』中央経済社．

品川芳宣［2013］『中小企業の会計と税務－中小会計要領の制定の背景と運用方法』大蔵財務協会．

中小企業庁［2002］「中小企業の会計に関する研究会報告書」経済産業省．

中島茂幸［2012］『中小会社の計算書類と経理実務－「指針」と「基本要領」－』税務経理協会．

平賀正剛［2010］「『中小企業のための IFRS』に関する一考察」『国際会計研究学会年報（2009年版）』，157-170頁．

藤川美雄［2011］「中小企業向け IFRS の概要と特徴」『京都学園大学経済学論集』第20巻第 2 号，33-42頁．

# 第 2 章 中小企業版 IFRS の概要

## I はじめに

　本章は，2009年7月に国際会計基準審議会（International Accounting Standards Board；IASB）から公表された「中小企業のためのIFRS（*International Financial Reporting Standards For Small and Medium-sized Entities*）」の概要を明らかにすることを目的としている。

　本書の目的は，同基準がわが国および諸外国の会計制度にどのようなインパクトを与えるかについて考究することである。ゆえに本章は，第4章以降で展開される議論のための予備的考察と位置づけられる。それゆえ，ここでは「中小企業のためのIFRS」の特徴を端的に説明することに主眼を置き，同基準の中小企業向け会計基準としての適切性等に関する批判的検討は控えることにする。

　なお「中小企業のためのIFRS」は，以下中小企業版IFRSと呼称する。一方，従来のIFRSについては，「結論の根拠（Basis for Conclusions IFRS for SMEs）」等において，Full IFRSと表現されていることから，本章でもこれに倣い，完全版IFRSという表現を用いる。

## II 中小企業版 IFRS の適用対象

　IASB は中小企業版 IFRS の適用範囲を，最終的に各国の判断に委ねている（IASB［2009b］, par. BC55）。ただし，自らの基準設定と各国への情報提供のため，中小企業版IFRSの適用対象として想定される企業の定義は重要であるとして（IASB［2009b］, par. BC55），それに言及している。

　中小企業版IFRSの適用範囲は，次の2つの要件を満たす企業である（IASB［2009a］, par. 1.2）。

① 公的説明責任（Public accountability）を有しておらず，
② 外部利用者に一般目的財務諸表を公表している

この定義は，すなわち，中小企業版 IFRS における中小企業の定義と捉えられる。とすれば，IASB が基準設定にあたって想定している中小企業の範囲は，まず公的説明責任の概念によって規定されるように思われる。

中小企業版 IFRS において公的説明責任をもつ企業は，次のように定義されている（IASB [2009a], par. 1.3）。

(ア) 負債証券または持分証券が公開市場において取引されている，もしくは公開市場での取引のために当該証券を発行する準備段階にある。
(イ) 当該企業の本業として，広範な外部者グループに対する信託能力によって諸資産を保有している。

(イ)については，その具体例として，銀行，信用組合，保険会社，証券会社，投資信託会社，投資銀行などがあげられている（IASB [2009a], par. 1.3）。

「結論の根拠」では，公的説明責任は「現在または将来の外部資源提供者およびその他の外部者で，彼らの特定の情報ニーズを満たすために特別に作成された報告書を求めることのできる立場にない者に対する説明責任」（IASB [2009b], par. BC63）と表現されている。

討議資料「中小企業版会計基準の予備的見解（*Preliminary Views on Accounting Standards for Small and Medium-sized Entities*）」では，公共サービスの提供や当該国の経済に占める重要性（IASB [2004a], par. 31）なども，公的説明責任を判断する指標としてあげられていた。これらの指標が却下された事実に鑑みれば，公的説明責任の概念の核は，企業そのものの持つ性質ではなく，その企業の財務諸表の利用者に関連していると思われる。つまり，顕在・潜在的な不特定多数の資金提供者をもつ企業については事業内容，規模の如何によらず，完全版 IFRS の適用対象としようというのが，IASB の意向であろう。

零細企業についてもこの考えは一貫している。「結論の根拠」では，一般目的財務諸表によって利用者ニーズを充足させることの重要性（IASB [2009b], par. BC71）が繰り返されるとともに，80以上の国々で，完全版 IFRS が零細企業を含めたすべての企業を対象とした財務報告基準として採用されている事実（IASB [2009b], par. BC73）が示されている。すなわち，完全版 IFRS が適用可能である以上，完全版 IFRS を枠組みとした中小企業版 IFRS は有用である，というロジックが零細企業についても展開されている。

以上を総括すれば，中小企業版 IFRS 設定にあたっての IASB の基本方針は，不特定多数の顕在的・潜在的外部資金提供者の有無をもって中小企業を定義し，それらを適用対象とした，原則として IFRS と同じ枠組みの基準を設定することと解してよいのではないだろうか。

## Ⅲ 中小企業版 IFRS の概念フレームワーク

中小企業版 IFRS は全35セクションから構成されているが，この中のセクション 2 は「諸概念および広く認められた諸原則」と題された，本基準の概念フレームワークに該当する部分である。

「結論の根拠」において，中小企業版 IFRS を設定する上での原則の 1 つとして，「概念フレームワークおよび IFRS における諸原則と関連する強制的指針から基礎概念を抽出する」（IASB [2009b], par. BC95）ことがあげられている。このことに照らせば，セクション 2 の内容は，1989年に当時の国際会計基準委員会（International Accounting Standards Committee；IASC）によって公表された，2009年時点での現行の概念フレームワーク（以下，IASC フレームワーク）と原則として同じはずである。事実，セクション 2 の大部分は，IASB の概念フレームワークの内容を，文言をほぼそのままに要約したものである。以下，IASC フレームワークとの違いに着目しながら，セクション 2 の概要を記述する。

### 1 財務諸表の目的 （パラグラフ2.2～2.3）

広範な利用者のうち，当該企業に特定の情報ニーズを満たす報告書を作ることを要求できない立場にある者が行う経済的意思決定に有用な，当該企業の財政状態，業績，およびキャッシュ・フローに関する情報を提供すること（IASB [2009a], par. 2.1）が財務諸表の目的として規定されている。

### 2 財務諸表における情報の質的特性 （パラグラフ2.4～2.14）

財務諸表が備えるべき質的特性として，①理解可能性（IASB [2009a], par. 2.4），②目的適合性（IASB [2009a], par. 2.5），③重要性（IASB [2009a], par. 2.6），④信頼性（IASB [2009a], par. 2.7），⑤実質優先（IASB [2009a], par. 2.8），⑥慎重性（IASB [2009a], par. 2.9），⑦完全性（IASB [2009a], par. 2.10），⑧比較可能性（IASB [2009a], par. 2.11），⑨適時性（IASB [2009a], par. 2.12），⑩ベネフィット

とコストの均衡（IASB［2009a］, pars. 2.13-14）があげられている。

　IASCフレームワークでは，理解可能性，目的適合性，信頼性，比較可能性が主要な質的特性として位置づけられているが（IASC［1989］, par. 24），セクション2では，上記の10の質的特性は，形式上並列的に扱われている。とはいえ，各特性に関する記述内容から判断するに，重要性は目的適合性と，実質優先，慎重性，完全性は信頼性と関連づけられている。また，適時性およびベネフィットとコストの均衡は，IASCフレームワークでは「目的適合性と信頼性を有する情報に対する制約」（IASB［1989］, pars. 43-44）とされているが，セクション2では，そのような明確なポジションは与えられていない。とはいえ，両者の定義はIASCフレームワークとほぼ同じであることを考えれば，やはりセクション2においても，これらを目的適合性と信頼性に対する制約要素として捉えるのが妥当であろう。

　IASCフレームワークと異なるのは，表現の忠実性（IASC［1989］, pars. 33-34）と中立性（IASC［1989］, par. 36）が独立した質的特性として扱われていない点である。セクション2の信頼性に関する記述の中で「情報は，重大な誤謬および偏向が除去されるとともに，それが表示しようとする，もしくは表示されることが合理的に期待されることを忠実に表現する場合に，信頼性を有する」（IASB［2009a］, par. 2.7）として，信頼性の定義の中に組み込まれた形となっている。また，IASCフレームワークにみられる質的特性の間の均衡に言及したパラグラフ（IASC［1989］, par. 45）も，セクション2では採用されていない。

## 3　財務諸表の構成要素 （パラグラフ2.15〜2.26）

　企業の財政状態の測定に関連する財務諸表の構成要素として，資産，負債，持分（IASB［2009a］, par. 2.15）が，一方，業績の測定に関する構成要素として収益，費用（IASB［2009a］, par. 2.23）がそれぞれ定義されている。各構成要素についての定義ならびにその特性についての説明は，IASCフレームワークのそれら（IASC［1989］, pars. 47-80）を踏襲している。

　IASCフレームワークのパラグラフ81にみられる「資本維持修正」（資産・負債の再評価によって生じる差額を，持分の中で資本維持修正額または再評価剰余金として計上する）に該当するパラグラフは，セクション2にはみられない。ただし，セクション2の持分の定義には「持分の中で直接報告される利得および損失」が持分の細分類項目の1つである（IASB［2009a］, par. 2.22）と明記されている。これ

は実質的に IASC フレームワークで言及されている資本維持修正項目を指していると思われる。

### 4　財務諸表の構成要素の認識 (パラグラフ2.27〜2.32)

パラグラフ2.27では，資産，負債，収益，費用の定義を満たし，かつ「将来の経済的便益の蓋然性」(IASB [2009a], par. 2.29) と「測定の信頼性」(IASB [2009a], par. 2.30) という2つの規準を満たす項目を財務諸表に組み入れる過程を，構成要素の認識と定義している。

IASC フレームワークでは，将来の経済的便益の蓋然性に関し，確実性の度合いの評価を，受取勘定を例に説明している (IASC [1989], par. 85)。セクション2では，具体例を用いた説明はない。とはいえ，構成要素の認識も，IASC フレームワークをほぼそのまま踏襲しているといってよい。

### 5　財務諸表の構成要素の測定 (パラグラフ2.33〜2.34)

セクション2では，「共通の2つの測定基礎」として①歴史的原価と②公正価値をあげている。これに対し，IASC フレームワークでは「いくつかの異なる測定基礎」(IASC [1989], par. 100) として，①取得原価，②現在原価，③実現可能価額，④現在価値の4つを並列的に扱っている。

「歴史的原価は，資産の取得時において，当該資産を取得するために支払われた現金もしくは現金同等物の金額，または与えた対価の公正価値」(IASB [2009a], par. 2.34) という記述からもわかるように，セクション2では，歴史的原価を取得時点での公正価値と定義している。したがって，セクション2においては，実質的に公正価値が測定基礎として定義されていると考えてよい。

### 6　広く認められている認識および測定の諸原則 (パラグラフ2.35)

この記述は IASC フレームワークにはみられない，セクション2独自のものである。この内容は次のように要約されよう。

---

① 中小企業版 IFRS は IASC フレームワークおよび完全版 IFRS に由来する広く認められた諸原則に基づいている。
② 中小企業版 IFRS で処理方法が規定されていない取引に直面した場合，本基準セクション10「会計方針，見積および誤謬」のパラグラフ10.5を参照し，会計方

針を決定する。このことによって，パラグラフ10.3に述べられているような，目的適合性および信頼性のある情報を作成することが可能となる。

②において言及されるパラグラフ10.5は，そのような場合に，中小企業版IFRSの中で類似の取引を扱っている規定，またはセクション2における認識規準および測定概念を参照するよう求めている。なお，パラグラフ10.6では，完全版IFRSにおける規定および指針を参照することもできる旨が述べられている。

セクション10の関連部分とあわせて考えれば，ここでは，中小企業の採用すべき会計方針は，あくまで完全版IFRSの枠内で決定されるべきである，ということがあらためて主張されているように思われる。

### 7 発生主義 （パラグラフ2.36）

発生主義については，IASCフレームワーク（IASB［1989］, par. 22）においても言及されているが，そこでは財務諸表作成の上で基礎となる前提として発生主義の説明がなされている。一方，セクション2においては，発生主義そのものについての説明はみられず，以下に説明される財務諸表の構成要素の認識規準が発生主義に基づいていることにのみ触れられている。

### 8 財務諸表における認識 （パラグラフ2.37〜2.45）

セクション2における資産，負債，収益，費用の財務諸表への認識基準（IASB［2009a］, pars. 2.37-2.42）は，IASCフレームワークの認識規準（IASC［1989］, par. 89-94）と同じである。ただし，収益・費用の認識については，それぞれ「資産および負債の認識ならびに測定に直接的に起因している」（IASB［2009a］, pars. 2.41, 2.42）という一文が加えられており，これはIASCフレームワークにはみられない。

また，総包括利益と利得および損失に関する記述（IASB［2009a］, pars. 2.43-2.45）はセクション2に固有のものである。総包括利益については「収益と費用の計算上の差額」と定義され，個別の構成要素ではないため，その認識規準は必要でない旨が述べられている（IASB［2009a］, par. 2.43）。利得および損失についても同様の理由で，個別の認識規準を必要としないことが示されている（IASB［2009a］, par. 2.44）。

## 9 当初認識における測定 (パラグラフ2.46)

　IASCフレームワークにはみられない，セクション2に固有の内容である。中小企業版IFRSの中で別の基礎に基づく当初測定を求めていない限り，当初認識において資産および負債を歴史的原価で測定するよう規定している（IASB [2009a], par. 2.46）。

## 10 当初認識後の測定 (パラグラフ2.47～2.51)

　これもセクション2に固有の内容である。金融資産および金融負債，非金融資産，金融負債以外の負債の当初認識後の測定について論じられている。

　金融資産および金融負債は，セクション11に従い，償却原価から減損を差し引いた金額で測定するよう求めている（IASB [2009a], par. 2.47）。ただし，その公正価値が信頼性をもって測定できる被転換株式および売却特約のついていない（non-puttable）優先株および普通株については公正価値測定を適用し，公正価値の変動額は損益として認識すること（IASB [2009a], par. 2.47），また中小企業版IFRSにおいて原価や償却原価などによる測定を要求または容認していない限り，金融資産・負債を公正価値で測定し，その変動額を損益として認識するよう求めている（IASB [2009a], par. 2.48）。

　非金融資産の当初認識後の認識については，具体的な資産ごとに測定属性が示されている。有形固定資産は「償却可能価額と回収可能価額のいずれか低い額」，棚卸資産は「原価と，売却価格から完成および売却に係る原価を引いた金額のうちいずれか低い額」という測定方法が示されている（IASB [2009a], par. 2.49）。さらに，企業は使用中，もしくは売却目的で保有している非金融資産に関しては，減損損失を認識するよう求めている（IASB [2009a], par. 2.49）。また中小企業版IFRSの中で公正価値による当初認識後の測定が要求または容認されている資産として，関連会社およびジョイント・ベンチャーへの投資，投資不動産，農業資産などがあげられ，それぞれの測定方法を定めるセクションが明示されている（IASB [2009a], par. 2.50）。

　最後に金融負債以外の負債については，報告日における当該債務の決済に必要な金額の，最善の見積額によって測定を行うよう規定している（IASB [2009a], par. 2.51）。

## 11 相殺（パラグラフ2.52）

セクション2の最後に，資産と負債，収益と費用の相殺を一切認めないことが述べられている（IASB［2009a］, par. 2.52）。

セクション2において特筆されるのは，測定の基礎として公正価値が採用されている点（IASB［2009a］, par. 2.34）である。また，収益・費用について，両者の認識は資産および負債の認識・測定に直接的に起因する（IASB［2009a］, pars. 2.41-2.42），ということがはっきり明文化されていることも注目される。この点に鑑みれば，セクション2は，IASCフレームワークに比べ，公正価値測定や資産負債アプローチといった面が強調されているように思われる。

##  中小企業版IFRSにおける簡素化

中小企業版IFRSは，図表2-1に示す35セクションから構成される単独の基準である。中小企業版IFRSは，完全版IFRSと比較した場合，会計処理や開示規定について多くの相違がみられる。これは，同基準が，その公開草案の段階から完全版IFRSを枠組みとしながらも，中小企業の財務諸表の利用者のニーズとコスト・ベネフィット分析を踏まえた上での修正を加えることによって設定された（IASB［2009b］, par. BC16）結果であろう。この修正がいわゆる簡素化（Simplification）である。

「結論の根拠」（IASB［2009b］, par. BC16）によれば，簡素化は次の5つの観点から行われたと考えられる。

---

① 完全版IFRSのうち，一般的な中小企業に関連性の乏しい論点を削除する。
② 完全版IFRSが複数の代替的会計処理を認めている場合，単純な会計処理を中小企業版IFRSに含める。
③ 完全版IFRSにおける財務諸表の構成要素の認識・測定規準の多くを簡素化する（狭義の簡素化）。
④ 表示・開示に関する簡素化
⑤ 簡素化された再起草

---

**図表2-1** 中小企業版IFRS 各セクションのタイトル

|   | 序文 | 18 | のれん以外の無形資産 |
|---|---|---|---|
| 1 | 中小企業 | 19 | 企業結合およびのれん |
| 2 | 諸概念および広く認められた諸原則 | 20 | リース |
| 3 | 財務諸表の表示 | 21 | 引当金,偶発債務および偶発資産 |
| 4 | 財政状態計算書 | 22 | 負債および持分 |
| 5 | 包括利益計算書および損益計算書 | 23 | 収益 |
| 6 | 持分変動計算書および利益剰余金計算書 | 24 | 政府補助金 |
| 7 | キャッシュ・フロー計算書 | 25 | 借入費用 |
| 8 | 財務諸表への注記 | 26 | 株式報酬 |
| 9 | 連結および個別財務諸表 | 27 | 資産の減損 |
| 10 | 会計方針,見積りおよび誤謬 | 28 | 従業員給付 |
| 11 | 基本的な金融商品 | 29 | 法人所得税 |
| 12 | その他の金融資産 | 30 | 外貨換算 |
| 13 | 棚卸資産 | 31 | 超インフレーション |
| 14 | 関連会社に対する投資 | 32 | 後発事象 |
| 15 | ジョイント・ベンチャーに対する投資 | 33 | 関連当事者についての開示 |
| 16 | 投資不動産 | 34 | 特殊活動 |
| 17 | 有形固定資産 | 35 | 中小企業のためのIFRSへの移行 |

(出所) IASB［2009a］をもとに筆者が作成。

　上述の観点から中小企業版IFRSにおいて行われた主たる簡素化は「結論の根拠」の中で示されている。以下,「結論の根拠」での記述をもとに,各方針によって行われた簡素化を概観する。

## 1　中小企業に関連性の乏しい論点の削除

　「結論の根拠」によれば,ほとんどの中小企業にとって関連性が乏しいことを理由に,最終的に中小企業版IFRSから削除された論点は,①1株当たり利益,②中間財務報告,③セグメント別報告,④売却目的保有資産の会計処理である（IASB［2009b］, par. BC88）。すなわち,IFRS第5号「売却目的で保有する非流動資産および非継続事業」,第8号「事業セグメント」,IAS第33号「1株当たり利益」,第34号「中間財務報告」は中小企業版IFRSに含められなかったことになる。

## 2　単純な代替的会計処理方法の採用

　完全版IFRSにおいて容認されている複数の代替的処理のうち，単純な処理方法のみを採用することによって行われた簡素化は，「結論の根拠」における記述（IASB［2009b］, pars. BC84-86, 98-136）に基づけば，以下のように整理される。

### (1)　有形固定資産（セクション17）

　完全版IFRS（IAS第16号）で認められている，認識後の測定における再評価モデル（IASB［2003a］, pars. 29-31）は中小企業版IFRSでは採用されず，原価モデルのみが採用されている（IASB［2009a］, par. 17.15）。

### (2)　開発費（セクション18）

　完全版IFRS（IAS第38号）では，一定の条件を満たした開発費は資産化が義務づけられている（IASB［2004c］, par. 57）。中小企業版IFRSでは，この処理が削除され，すべての研究開発費は即時費用処理するよう求められている（IASB［2009a］, par. 18.14）。

### (3)　無形資産（セクション18）

　完全版IFRS（IAS第38号）で認められている，認識後の測定における再評価モデル（IASB［2004c］, pars. 75-87）は中小企業版IFRSでは採用されず，原価モデルのみが採用されている（IASB［2009a］, par. 18.18）。

### (4)　政府補助金（セクション24）

　完全版IFRS（IAS第20号）では，資産に関する政府補助金について繰延収益として処理する方法が規定されているが（IASC［1994］, pars. 24-28），中小企業版IFRSにはこの処理は含められず，実質的に政府補助金はすべて一定の時点で全額を収益として認識する（IASB,［2009a］, par. 24.4）。

### (5)　借入費用（セクション25）

　借入費用は全額を発生した期間の費用として認識する（IASB［2009a］, par. 25.2）。完全版IFRS（IAS第23号）で規定されている借入費用の資産化（IASC［2007d］, par. 8）は中小企業版IFRSには含められていない。

(6) 従業員給付における保険数理差異（セクション28）

中小企業版 IFRS では，保険数理差異を発生時にすべて損益計算書において認識する方法，または全額を包括利益計算書のその他の包括利益において認識する方法の2つのみが容認されている（IASB [2009a], par. 28.24）。完全版 IFRS（IAS 第19号）で採用されている，いわゆる回廊アプローチによって算定された差異を，一定の方法で収益または費用として計上する方法（IASC [1998], pars. 92-93）は採用されていない。

## 3 狭義の簡素化

「結論の根拠」には中小企業版 IFRS において行われた認識・測定に関する主な簡素化が示されている（IASB [2009b], pars. BC98-136）。認識・測定規準について行われた簡素化の程度を明らかにすることにより，完全版 IFRS をベンチマークとしながら中小企業版 IFRS の特徴を把握することが可能となる。以下，「結論の根拠」における記述を手がかりに，狭義の簡素化の内容を示す。

(1) 金融商品（セクション11, 12）
(a) 金融商品の分類

中小企業版 IFRS は，セクション11に定義する「基礎的な金融商品」（IASB [2009a], par. 11.8-11）とそれ以外の金融商品，すなわち，セクション12の適用対象となる「その他の金融商品」を識別し，それぞれの認識・測定の規準を定めている。

セクション11の適用対象は，端的にいえば現金や金銭債権・債務が中心である（IASB [2009a], par. 11.8）。一方，セクション12では，金融商品に対し，純損益を通じた公正価値測定が求められている（IASB [2009a], par. 12.8）。前者を IAS 第39号の定める金融商品の分類（IASB [2003f], par. 9）のうち「貸付金および債権」，後者を「純損益を通じて公正価値で測定される金融資産」と考えれば，「結論の根拠」に述べられているように，中小企業版 IFRS では「売却可能資産」と「満期保有目的投資」の2つの分類が採用されなかったといえる（IASB [2009b], par. BC101）。

(b) 認識の中止に関する処理の簡略化

IAS 第39号おけるパス・スルー取引に関する認識の中止（IASB [2003f], par. 19），ならびに同基準において認識の中止に適用される「継続的関与アプローチ」（IASB [2003], par. 19）が中小企業版 IFRS では省略されている。

(c) ヘッジ会計の対象の限定

中小企業版 IFRS は，ヘッジ会計の適用が認められるリスクを明示する（IASB [2009a], par. 12.17）ことにより，その適用対象を限定している。

(d) 組込デリバティブ

中小企業版 IFRS では，IAS39号にみられる組込デリバティブに対する会計処理規定（IASB [2003f], pars. 10-13）を設けていない。

(2) 関連会社（セクション14）

完全版 IFRS（IAS 第28号）では，関連会社は原則として持分法により処理するよう求められている（IASB [2003d], par. 13）。一方中小企業版 IFRS では，関連会社に対する投資の会計処理方法として，(a)原価法，(b)持分法，(c)公正価値モデルの3つが代替的に認められている（IASB [2009a], pars. 14.4-14.10）。

(3) ジョイント・ベンチャー（セクション15）

完全版 IFRS（IAS 第31号）は，ジョイント・ベンチャーについて，比例連結または持分法を適用し，共同支配投資企業の財務諸表を作成するよう求めている（IASB [2003e], pars. 30-41）。これに対し中小企業版 IFRS では，(a)原価法，(b)持分法，(c)公正価値モデルの3つが代替的に認められている（IASB [2009a], pars. 14.8-14.15）。

(4) 投資不動産（セクション16）

完全版 IFRS（IAS 第40号）では，投資不動産の公正価値が信頼性をもって算定不可能な場合に，公正価値に代わり原価モデルによる測定を認めている（IASB [2003g], par. 53）。中小企業版 IFRS では，公正価値が過度の費用および努力なしに測定できない場合に，原価モデルに従った測定が認められている（IASB [2009a], par. 16.7）。

(5) 有形固定資産（セクション17）

完全版 IFRS（IAS 第16号）では，少なくとも毎期末に，有形固定資産の耐用年数，残存価額，償却方法の見直しを行うよう求めている（IASB [2003a], pars. 51, 61）。一方，中小企業版 IFRS では，それらに変更をもたらすような兆候があった場合のみ，見直しが要求される（IASB [2009a], par. 17.19）。

### (6) 無形資産（セクション18）

#### (a) 無形資産の耐用年数，残存価額，償却方法の見直し

　無形固定資産についても，完全版 IFRS（IAS 第38号）ではその耐用年数，残存価額，償却方法を少なくとも毎期末に見直すよう求めている（IASB［2004c］, par. 104）。中小企業版 IFRS では，それらに変更をもたらす兆候がみられた場合のみ，見直しの必要が生じる（IASB［2009a］, par. 17.19）。

#### (b) 耐用年数の確定できない無形資産

　耐用年数を確定できない無形資産は10年を耐用年数とした償却処理が容認されている（IASB［2009a］, par. 18.20）。完全版 IFRS（IAS 第38号）ではそのような無形資産の償却は禁じられている（IASB［2004c］, par. 107）。

### (7) のれん（セクション18, 19）

　のれんは，セクション18の無形資産の償却規定に従い，償却を行うよう規定されている（IASB［2009a］, par. 19.23）。ただし，信頼性のある耐用年数を見積もることができない場合には，耐用年数を10年と仮定する（IASB［2009a］, par. 19.23）。一方，完全版 IFRS（IFRS 第3号）において，のれんは「取得日時点で認識し，減損損失累計額を控除した金額で測定する」（IASB［2008b］, par. B51）とされている。すなわち，完全版 IFRS では，のれんの償却は認められていない。

### (8) リース（セクション20）

　インフレ率の上昇がリース料に反映されるようなリース契約が結ばれている場合，リース収益・費用の認識にあたって定額法の使用が免除される（IASB［2009a］, par. 20.15, 20.25）。IAS 第17号（IASB［2003b］）にはこのような規定はみられない。

### (9) 株式報酬（セクション26）

#### (a) 持分決済型の株式報酬取引における受け取った財またはサービスの測定

　中小企業版 IFRS では，持分決済型の株式報酬取引において受け取った財貨またはサービスの公正価値を，信頼性をもって測定できない場合，付与した持分証券の公正価値をもとに，間接的にそれを見積もる（IASB［2009a］, par. 26.7）。付与した持分証券の公正価値の測定は，当該証券の市場価格および関連する市場データをもとに行われるが，それらが利用不可能な場合には，取締役の判断によ

り，最善の評価方法を適用して公正価値を決定するよう定められている（IASB [2009a], par. 26.10）。完全版 IFRS（IFRS 第2号）では，付与した持分証券の公正価値が信頼性をもって測定できない場合には，根源的価値による測定が求められている（IASB [2004d], par. 24）。

(b) **現金選択権つきの株式報酬取引**

企業または相手方に，現金決済または持分金融証券いずれかでの決済の選択権が与えられている株式報酬取引について，中小企業版 IFRS は，一定の条件（具体的には，①企業がかつて，同様の契約のもとで持分金融証券を発行した経験がある，または②現金決済の選択肢が取引上実質をもっていない，という2つの条件のいずれか）を満たしていない限り，原則として株式報酬取引に対し，現金決済型の株式報酬取引としての処理を求めている（IASB [2009a], par. 26.15）。完全版 IFRS（IFRS 第2号）では，このような株式報酬取引は，現金またはその他の資産で決済される負債が発生する範囲によって，処理方法が決定される（IASB [2004d], pars. 34-43）。

(10) **資産の減損**（セクション27）

(a) **資産の減損テスト**

完全版 IFRS（IAS 第36号）では，耐用年数の確定できない無形資産およびいまだ使用可能でない無形資産は，減損の兆候の有無にかかわらず，帳簿価額と回収可能価額との比較による減損テストを毎期実施しなければならない（IASB [2004b], par. 10）。一方，中小企業版 IFRS（セクション27）には，そのような規定がなく，棚卸資産を除く資産について，減損の兆候の有無を毎報告日に評価し，兆候があった場合にのみ当該資産の回収可能価額の計算を行う（IASB [2009a], par. 27.5）とあることから，耐用年数の確定できないまたは使用可能でない無形資産について，毎期減損テストを実施する必要はないといえる。

(b) **のれんの減損テスト**

完全版 IFRS（IAS 第36号）では，のれんについて毎期減損テストを行うことを要求している（IASB [2004b], par. 10）。中小企業版 IFRS にはそのような規定がないことから，やはり減損テストの実施は，減損の兆候があった場合にのみ行うものと解される。

(c) **のれんが資金生成単位に配分できない場合ののれんの減損テスト**

のれんの減損テストについて，のれんを資金生成単位もしくは資金生成単位グ

ループに配分できない場合の方法が示されている。具体的には、①当該のれんがいまだ統合されていない被取得企業にかかわるものであれば、被取得企業全体の回収可能価額を、②当該のれんがすでに統合されている被取得企業にかかわるものであれば、すでに統合された企業を除く、企業グループ全体の回収可能価額、のいずれかを決定することによって、のれんの減損テストを行う（IASB [2009a], par. 27.27）。完全版 IFRS（IAS 第36号）では、資金生成単位へののれんの配分に関する規定（IASB [2004b], pars. 80-87）において、そのようなケースについての指示はない。

### (11) 従業員給付（セクション28）
#### (a) 給付建債務および関連費用の測定

完全版 IFRS（IAS 第19号）では、給付建制度における給付建債務およびその関連費用を算定するにあたり、予測単位積増方式を用いることが求められている（IASC [1998], pars. 64-66）。これに対し中小企業版 IFRS では、過度の費用または努力を必要とせずに予測単位積増方式が利用可能である場合にその適用を求めている（IASB [2009a], par. 28.18）。同方式の利用が不可能である場合には、一定の計算上必要ないくつかの仮定を無視して算定を行うことが容認されている（IASB [2009a], par. 28.19）。具体的には、将来の昇給、従業員が将来提供する役務、雇用期間中の死亡率、従業員が退職後給付金を受け取ると予測される日など、保険数理上の仮定を無視することができる（IASB [2009a], par. 28.19）。

また、完全版 IFRS（IAS 第19号）では、確定給付制度債務の現在価値および制度資産の公正価値を、十分な定期性をもって算定することを求めているが（IASC [1998], par. 56）、中小企業版 IFRS によれば、給付建債務の毎期の包括的評価は不要であり、計算上の前提に大きな変化がなければ、給付建債務の価額は、前期の測定値の調整のみで済ませることができる（IASB [2009a], par. 28.20）。

#### (b) 過去勤務費用の会計処理

中小企業版 IFRS によれば、給付建債務に生じる増減額（正または負の過去勤務費用）は、すべて当該期間の損益として認識する（IASB [2009a], par. 28.21）。IAS 第19号では、給付の権利が確定していない従業員についての過去勤務については、その権利が確定するまでの平均期間にわたり、定額法により費用計上することが求められている（IASC [1998], par. 96）。

⑿　**法人所得税**（セクション29）

　中小企業版 IFRS では，繰延税金資産・負債の測定にあたり，報告期間の末日現在までに発効している税率および税法を用いるよう規定している（IASB [2009a], par. 29.18）。完全版 IFRS（IAS 第12号）では，報告期間の末日における税率および税法に基づき，当該資産が実現する，または負債が決済される期に適用されると予想される税率・税法を用いるよう求めている（IASC [2000], par. 47）。また，当期税金と繰延税金は，配当前利益に報告期末の税率を適用して計算し，当該企業が配当を負債として認識した後にその金額を調整する（IASB [2009a], par. 29.25）。

⒀　**外貨換算**（セクション30）

　在外事業活動体に対する報告企業の正味投資額の一部を構成する貨幣性項目の換算差額について，完全版 IFRS（IAS 第21号）では，在外営業活動体と報告企業の双方を含む財務諸表において，当初その他の包括利益として認識した後，正味投資額を処分した時点で純損益に振り替えるよう求めている（IASB [2003c], par. 32）。中小企業版 IFRS では，当該差損益は，その他の包括利益として認識し，その後正味投資額の処分時でも損益計算書で再認識しないものとしている（IASB [2009a], par. 30.13）。

⒁　**生物資産**（セクション34）

　中小企業版 IFRS では，公正価値の算定に過度の費用と努力が必要とされる場合には，生物資産に対して原価モデルを適用して当該生物資産を測定することができる（IASB [2009a], par. 34.8）。完全版 IFRS（IAS 第41号）では，公正価値を，信頼性をもって算定できない場合に，原価モデルの適用が認められている（IASB [2001], par. 30）。

⒂　**中小企業版 IFRS 適用初年度の比較情報**

　完全版 IFRS（IFRS 第1号）では，その適用初年度に，IFRS 移行日現在の開始財政状態計算書の作成（IASB [2008a], par. 6）ならびに，IAS 第1号（IASB [2007c], pars. 38-39）に基づき，少なくとも前の1期以上の比較情報を作成することが求められている（IASB [2008], par. 21）。このことは中小企業版 IFRS においても同様（IASB [2009a], pars. 35.6-7）であるが，実行不可能である場合，そ

の作成が免除されている（IASB［2009a］, par. 35.11）。なお，開始財政状態計算書の作成が不可能な場合には，パラグラフ35.7から35.10の規定を適用し，それに代わる過去データを作成すること，比較情報の省略を開示することが求められる（IASB［2009a］, par. 35.11）。

## 4　表示・開示の簡素化

### (1)　表示の簡素化

「結論の根拠」（IASB［2009b］, par. BC155）によれば，表示に関して行われた簡素化は次のとおりである。

#### (a)　最も早い比較期間の期首の比較情報

遡及的な会計方針の適用，財務諸表項目の修正再表示，財務諸表項目の組替えが行われた場合，完全版IFRS（IAS第1号）では，当期末，前期末，最も早い比較期間の期首の3時点での財政状態計算書の作成が要求される（IASB［2007c］, par. 38）。中小企業版IFRSにこの規定は見られず，また比較情報に関しては，前期の比較情報の作成が求められている（IASB［2009a］, par. 3.14）ことに鑑みれば，最も早い比較期間の期首の財政状態計算書の作成が，実質的に免除されている。

#### (b)　損益・剰余金計算書の作成の容認

当期の持分の変動が，損益，配当の支払い，過年度の誤謬の訂正，および会計方針の変更によるもののみである場合，包括利益計算書と持分変動計算書の作成は，損益・剰余金計算書のみの作成によって代替することができる（IASB［2009a］, par. 3.18）。この規定は完全版IFRSには見られない。

### (2)　開示の簡素化

中小企業版IFRSでは，完全版IFRSに比べ，開示項目数が相当に削減されている（IASB［2009b］, par. BC156）。ただ，その相違を逐一述べることは，必ずしも本章の目的に適合するものではないと思われる。ここでは，「結論の根拠」で示された，中小企業版IFRSの開示基準を決定する上で依拠された原則（IASB［2009b］, par. BC157）を紹介するにとどめる。

① 中小企業の財務諸表利用者は，短期のキャッシュ・フローおよび債務，義務，偶発事象に関する情報に特に関心がある。
② 中小企業の財務諸表利用者は，流動性および支払能力に関する情報に特に関心がある。
③ 測定の不確実性に関する情報は中小企業にとって重要である。
④ 会計方針の選択に関する情報は中小企業にとって重要である。
⑤ 財務諸表に示される金額の内訳は，当該財務諸表を理解する上で重要である。
⑥ 完全版 IFRS における開示項目には，典型的な中小企業が直面する取引や事象ではなく，公開資本市場での投資意思決定に適したものがある。

## 5 簡素化された再起草

　この観点からの簡素化については「結論の根拠」にも特に具体的な記述・説明は見られない。1つ興味深いのは，中小企業版 IFRS の公開草案では，法人所得税に関するセクション28において，事例をあげながら期間差異を説明する記述（IASB [2007a], pars. 28.7-28.8）がみられた。ところが，この記述は中小企業版 IFRS では最終的に削除されている。

　この事実から，「簡素化された再起草」という方針は，あくまで完全版 IFRS から抽出したエッセンスをもとに基準を構築するというものであり，啓蒙的な記述を組み入れることにより，中小企業の理解を促進するという観点は考慮されていないように思われる。

#  おわりに

　以上，概観してきたように，中小企業版 IFRS と完全版 IFRS との間にはさまざまな相違点がある。その中には，のれんの償却を認めたことや，のれんを含む無形資産の耐用年数が確定できない場合には10年を上限とした償却を認めるなど，これまで行われてきた完全版 IFRS の改訂の流れに逆らうような処理規定も散見される。とはいえ，そのフレームワーク（セクション2）は，2009年時点での現行の完全版 IFRS のそれと同じであるといえる。さらに，上記の例を除けば，簡素化の結果生じた相違点の多くは，そのフレームワークに抵触するような性質のものではないと考えられる。

したがって，中小企業版 IFRS は，完全版 IFRS と同じ枠組みのもとに形成された（語弊を恐れずいえば，資産負債アプローチと公正価値測定を基礎とした），公的説明責任のないすべての企業（顕在的・潜在的に不特定多数の資金提供者をもたない企業）を対象とした会計基準として捉えることができる。

なお IASB は2012年に中小企業版 IFRS の包括的見直しを開始し，2013年10月には公開草案を発表した。2014年11月現在，改訂作業が進んでいる。公開草案では57項目に及ぶ改訂点が示されているが，そのうち21項目は基準の内容をより詳細に記述し直したもの（minor clarification）である。2009年以降に公表された IFRS や IFRS の改訂の結果を反映させるための改訂が13項目，Q&A の導入が3項目，基準の適用免除に関するものが5項目，ディスクロージャーの簡素化に関するものが3項目であり，既存の基準の変更は5項目，新たな指針の導入は7項目にとどまっている（IASB [2013b], pp. 4-8）。改訂作業が途中の段階であることと紙幅の都合により詳述は避けるが，改訂はあくまで限定的なものであり，基準の本質が変わることはなさそうである。

## 【参考文献】

IASB [2001], *International Accounting Standard 41 Agriculture*, International Accounting Standard Board, London.
――― [2003a], *International Accounting Standard 16 Property, Plant and Equipment*, International Accounting Standard Board, London.
――― [2003b], *International Accounting Standard 17 Leases*, International Accounting Standard Board, London.
――― [2003c], *International Accounting Standard 21 The Effects of Changes in Foreign Exchange Rates*, International Accounting Standard Board, London.
――― [2003d], *International Accounting Standard 28 Investments in Associates*, International Accounting Standard Board, London.
――― [2003e], *International Accounting Standard 31 Interests in Joint Ventures*, International Accounting Standard Board, London.
――― [2003f], *International Accounting Standard 39 Financial Instruments: Recognition and Measurement*, International Accounting Standard Board, London.
――― [2003g], *International Accounting Standard 40 Investment Property*, International Accounting Standard Board, London.
――― [2004a], *Discussion Paper Preliminary Views on Accounting Standards for Small and Medium-sized Entities*, International Accounting Standard Board, London.

———[2004b], *International Accounting Standard 36 Impairment of Assets*, International Accounting Standard Board, London.
———[2004c], *International Accounting Standard 38 Intangible Assets*, International Accounting Standard Board, London.
———[2004d], *International Financial Reporting Standard 2 Share-based Payment*, International Accounting Standard Board, London.
———[2007a], *Exposure Draft of a Proposed IFRS for Small and Medium-sized Entities*, International Accounting Standard Board, London.
———[2007b], *Basis for Conclusions on Exposure Draft IFRS for Small and Medium-sized Entities*, International Accounting Standard Board, London.
———[2007c], *International Accounting Standard 1 Presentation of Financial Statements*, International Accounting Standard Board, London.
———[2007d], *International Accounting Standard No. 23 Borrowing Costs*, International Accounting Standard Board, London.
———[2008a], *International Financial Reporting Standard 1 First-time Adoption of International Financial Reporting Standards*, International Accounting Standard Board, London.
———[2008b], *International Financial Reporting Standard 3 Business Combinations*, International Accounting Standard Board, London.
———[2009a], *IFRS for Small and Medium-sized Entities*, International Accounting Standard Board, London.
———[2009b], *Basis for Conclusions IFRS for Small and Medium-sized Entities*, International Accounting Standard Board, London.
———[2013a], *Exposure Draft IFRS for SMEs Proposed amendments to the International Financial Reporting Standard for Small and Medium-sized Entities*, International Accounting Standard Board, London.
———[2013b], *Snapshot: Comprehensive review of the IFRS for SMEs*, International Accounting Standard Board, London.
IASC [1989], *Framework for the Preparation and Presentation of Financial Statements*, International Accounting Standard Committee, London.
———[1994], *International Accounting Standard 20 Accounting for Government Grants and Disclosure of Government Assistance*, International Accounting Standard Committee, London.
———[1998], *International Accounting Standard 19 Employee Benefits*, International Accounting Standard Committee, London.
———[2000], *International Accounting Standard 12 Income Taxes*, International Accounting Standard Committee, London.
平賀正剛［2010］「『中小企業のためのIFRS』に関する一考察」『国際会計研究学会年報（2009年版）』157-170頁。

# 第3章

# 中小企業版 IFRS の開発過程

## I はじめに

　本章では，IASB（国際会計基準審議会）が開発した中小企業版 IFRS の開発過程を論述する。対象時期は，公開草案までとする。そして会計基準化された中小企業版 IFRS のその後の動向を紹介する。

　まず，本書では「中小企業版 IFRS」という呼び方で統一しているが，開発過程を検討してみると，中小企業のみが対象とされていたわけではなく，新興経済圏の企業も対象とされていた。しかし本章では，中小企業版 IFRS という名称が示すとおり，中小企業を対象とした考察に焦点をあてることにし，新興経済圏に関する議論は最小限にとどめる。

　IASB は彼らが開発する高品質の会計基準，つまりフル (full) かつピュア (pure) な IFRS（完全版 IFRS）を，中小企業へも拡張しようとしたわけであり，その手段として中小企業版 IFRS（英文名：IFRS for Small and Medium-sized Entities）が誕生した。2009年7月のことであった。つまり，中小企業版 IFRS の開発過程を歴史的にみると，中小企業と新興経済圏が同等に扱われていた。そして，開発過程で浮上した論点を検討すると，適用範囲を理論的に整理できなかったことが明らかである。後述するように，適用範囲は類型化できたのだが，認識・測定の簡素化に結びつけられなかったことが，基準が完成したのちも論点として残ってしまった，と筆者は考えている。本章ではこうした問題意識から，完成版として会計基準化された中小企業版 IFRS から見えなくなった開発過程に焦点をあてることによって，IASB が到達しようとした中小企業版 IFRS が内包している問題点を明らかにする。

## Ⅱ 討議資料の開発過程

中小企業版 IFRS の開発過程を整理しておくと**図表3-1**のようになる。本章では，文献研究を主な方法として採用するので，図表3-1のなかでは，討議資料［2004］，公開草案［2007］が重要である（下線を付しておく）。

#### 図表3-1　中小企業版 IFRS の開発過程（公開草案まで）

- 2002年4月　中小企業に関する研究プロジェクトの立ち上げ
- 2002年6月　中小企業に関する助言委員会を編成
- 2003年9月　中小企業版 IFRS の策定を採択
- 2003年下期から2004年上期　中小企業版 IFRS の方向性について合意
- 2004年6月　討議資料「中小企業版 IFRS に関する予備的見解」公表
- 2004年9月　コメント受付
  （120通回収）
- 2005年5月31日　「認識・測定規準の簡素化」についてのスタッフ向け質問調査
  （スタッフ・ミーティング2006年度中9回開催）
  （2007年度中　中小企業版 IFRS の公表予定，2008年1月1日に開始する事業年度から適用予定とされていた。後に延期・変更）
- 2007年2月　公開草案（ED）公表
  （コメント受付開始，締め切り2007年10月1日，後に11月末に延期）
  （スタッフ・ミーティング2007年度中2回開催）
- 2007年11月　公開草案へのコメント締め切り
  （100通回収）
- 2008年度　（スタッフ・ミーティング2007年度中4回開催）
  （7月の会議では，名称が IFRS for SME から IFRS for Private Entities に変更が予定された）

討議資料［2004］は，そのタイトルが示すように「中小企業のための」会計基準を対象としていた。つまり，資本主義先進国の未上場もしくは国際的資本市場から直接資金調達しない「小規模」もしくは「中小規模」の企業が対象であった。しかも，その範囲には資本主義先進国以外の企業が対象に含まれていた。討議資料［2004］の経緯と論点は，以下のようになる（IASCF［2005］, IASB Press Release）。

## 1　経　緯

　2003年9月に，IASBは各国会計基準設定主体のうち40ヵ国による参加を得て会議を主催した。参加した基準設定主体を対象に，中小企業のためのIFRSの作成について調査を実施した[1]。調査自体は，後に中小企業版IFRSの方向性に関するパイロットテストに相当していた。調査結果によれば，30の基準設定主体が「IASBは中小企業のための基準を開発すべきである」と回答した。ほとんどすべての回答者が「自国の会計規定において，既に中小企業に対して適用除外もしくは簡素化の方向で進んでいる」と回答した[2]。

　この時点で，開示・表示の簡素化と，測定および認識の簡素化の問題が各国の会計基準設定主体の回答者の中で念頭に置かれることになった。前者には，29ヵ国が，後者には25ヵ国が回答している。つまり，「適用除外」と「簡素化」という作業原則は，討議資料作成に先立ってほぼ合意形成されたといえる。

　中小企業版IFRSの開発過程は，あくまでも，フル（full）とみなされていた完全版IFRSがベンチマークにあり，それを「小規模」および「中規模」，ないしは国際的な資本市場でクロス・ボーダー取引しない企業をどのようにして国際的な会計基準の中に組み込むかが目標となっていった。

　目標が決まった時点で，当然に中小企業にとって目的適合的でないIASB基準が考慮されることになり，討議資料では次の基準が排除された[3]。それらは，「セグメント報告」（IAS第14号），「一株当たり利益」（IAS第33号），「連結および個別財務諸表」（IAS第27号），「関連会社に対する投資」（IAS第28号），「ジョイント・ベンチャーに対する持分」（IAS第31号）といった連結企業集団の会計処理に関する基準である。

## 2　論　点

　討議資料［2004, pp. 4-9］では，次の論点が検討された。

---

①　IASBは中小企業のために特別の財務報告基準を開発すべきか。
②　中小企業のための一組の財務報告基準の目的は何であるべきか。
③　中小企業版IFRSは，どのような企業への適用を意図しているのか。
④　企業が直面する特定の会計上の認識または測定の問題を中小企業版IFRSが取り扱っていない場合，当該企業はその問題をどのようにして解決すべきか。

⑤ 中小企業版 IFRS を利用する企業は，IFRS で認められているが中小企業版 IFRS で規定されていない処理を選択してもよいか。
⑥ IASB は中小企業版 IFRS の開発にどのように取り組むべきか。どの程度まで，中小企業のための会計基準の基礎を IFRS の概念および原則ならびに関連する強制的指針に置くべきか。
⑦ 中小企業版 IFRS を，完全版 IFRS の概念，原則および関連する強制的指針を基礎にして作成するとした場合，それらの概念や原則を中小企業用に修正するための原理はどうあるべきか。
⑧ 中小企業版 IFRS は，どのような様式で公表すべきか。

このなかでは，③④⑤⑥が重要である。

④は中小企業が直面する取引を規定する基準が存在しない場合の対応である。⑤は，中小企業版 IFRS を適用する企業が離脱して IFRS の利用ができるかどうかにかかわる。⑥は中小企業版 IFRS の開発と強制にかかわり，特に，IFRS の基礎概念・原則・強制的指針とどの程度関連づけるかである。

## 3 討議資料における中小企業版 IFRS の適用範囲

2 に示した 8 つの論点のなかで，③は適用範囲に関連している。これは，Small and Medium-sized Entities とは，そもそもどのような属性を備えた主体であるかを論点とするものである。討議資料［2004］では適用範囲について，「すでに公開しているか，公開を予定している企業は完全版 IFRS を使用するべきであり，中小企業版 IFRS は使用できない」としており，両者の混合適用を禁止している。IASB は2014年に至ってもなお，この点を強調している。

こうした経過があって，IASB は中小企業の定義に関する議論に際して，完全版 IFRS が非公開企業にとって本質的に重要かどうか考慮したようである。非公開企業の特徴を示す代替案が 3 つ導かれた。

① 代替案(a)：「中小企業版 IFRS はすべての非公開企業に適合すべきである。換言すれば，すべての非公開企業は中小企業とみなされる。」
② 代替案(b)：「中小企業版 IFRS は，量的規模基準以下のすべての非公開企業に適合すべきである。量的規模基準以上の非公開企業は完全版 IFRS に準拠すべきであり，したがって中小企業とはみなされない。」

③ 代替案(c)：「規模よりもむしろ質的に，公開企業と同等の財務報告義務をもつ非公開企業が存在する。IASB はこうした企業の定義をすべきである。こうした企業は完全版 IFRS を要求されるだろうし，したがって中小企業とはみなされない。定義に合わない非公開企業は中小企業とみなされる。」

要するに，代替案(b)は量的規模判定基準，代替案(c)は質的判定基準による定義を主張する。この2つは相互排他的な提案と考えられる。IASB は，中小企業は特徴と規模に基づいて定義されると指摘し，代替案(b)を選好している。では，中小企業の特徴と規模について討議資料［2004］はどのような見解を示しているのか。

では，中小企業の特徴と規模について予備的見解を見てみよう（討議資料［2004］, pp. 21-25）。次のような考え方が示されていた。

## (1) 「規模判定不要論」

討議資料［2004］には，IASB は，中小企業版 IFRS が適用されるべき企業の「規模判定」は定量的に示しうるものではない，という主張がある。中小企業の特徴やその一部だけが該当する企業に中小企業版 IFRS の使用が要求または許容されるべきかどうかは各国会計規定において決定すべき，というものである。

## (2) 「公的説明責任原則」

説明責任は，中小企業を他の事業体と区別する特徴的な性質である。ゆえに，説明責任を有する企業は完全版 IFRS の使用に適合する。しかし，討議資料［2004, p. 22］によれば，説明責任が生じるのは，(a)経営者でない投資家またはその他の利害関係者との強い外的利害関係があり，それらの利害関係者が企業に対する財務情報獲得手段として財務報告に主に依存しているとき，もしくは(b)企業が，事業の性質上，本質的に公的なサービスの責任を有しているとき，である。

さらに，討議資料［2004, p. 22］によれば，この「公的説明責任原則」は完全版 IFRS の使用についてコストとベネフィットの体系を現していると説明されており，情報要求者の正統なニーズと自ら情報要求をする力が弱い人々の存在を指摘している。

(3)「公的説明責任推定指標論」

　この見解は，一般論として企業は何らかの説明責任をもつという前提を置く。そして，条件を満たした場合，完全版 IFRS に従うべきである（pp. 22-23）と主張する。

(4)「全所有者同意論」

　推定指標を満たさない場合であっても，企業には説明責任がある。なぜならば，「企業の所有者は財務諸表の重要な利用者だから」である。つまり，全所有者同意論では，オーナー経営者を主要な財務諸表の利用者としている。

(5)「範囲論：公的説明責任をもたないすべての企業」

　これは，説明責任をもたないすべての企業を中小企業版 IFRS の潜在的な利用者とみなす見解である。IASB は，相対的に規模が大きいが公的に説明責任をもたない企業と非常に小規模な企業を並列的に議論することに論理的な基礎を見出しているとは言い難い。

(6)「子会社，ジョイント・ベンチャーおよび関連会社」

　この見解は，説明責任を伴う企業の子会社，ジョイント・ベンチャーおよび関連会社が，親会社，投資家の要求を満たすために完全版 IFRS に従って財務情報を作成する場合，個別財務諸表において，中小企業版 IFRS ではなく，完全版 IFRS に準拠すべきである，というものである。

　これら 6 通りの類型化には，量的規模判定基準と質的判定基準の論拠が混在している。とはいえ，公的説明責任概念の明確化が，中小企業版 IFRS の適用範囲の決定をする際に基軸となりつつあることがわかる。

　このほか，中小企業版 IFRS と完全版 IFRS が不可分の関係にあり，完全版 IFRS が中小企業版 IFRS のための強制的な参照枠組みとなっていること，もしくは反対に，完全版 IFRS を単に中小企業版 IFRS の判断指針と位置づけるアプローチ[4]にも言及している。

## III 討議資料に対するコメント

討議資料［2004］は，2004年9月にコメントを受け付けた（IASCF［2005］）。まず，IASBは中小企業版IFRSを開発すべきという見解に90％が同意したという。その上で，80％が「中小企業の特徴アプローチ」に同意した。この時点で，量的規模判定基準は支持されなかったとすることになる。他には，「公的説明責任」判断規準論を難しい問題であるという意見が多数あり，82％が，「不適切で実務的でない[5]」を理由に，全所有者同意論に同意しない，という結果となった。

討議資料へのコメント・レターを完了した時点で，代替案(b)の不採用は決定的となり，公的説明責任が中小企業版IFRSの存在意義を確認する基軸となったことがわかる。

認識と測定については，IASBは十分な検討をしていない，完全版IFRSの測定処理は複雑になりつつある，というコメントがあり，修正は必要という指摘があった。

こうしたコメントを受け，IASBの研究プロジェクトは，2004年第4四半期に議論を行った。そして，2005年1月に以下のような試論的結論を下した（IASCF［2005］）。

① 中小企業版IFRSを求める明らかな需要がある。
② 外部利害関係者のための一般目的財務諸表を公表する，公的説明責任をもたない企業に注目する。
③ 各国会計規定において，企業の使用に適する指針を開発する。
④ IASBは，利用者のニーズおよびコスト・ベネフィット分析を基礎にして，認識および測定の簡素化を検討する。
⑤ IASB基準への「強制的復帰」論を支持する。
⑥ IASB基準への「選択的復帰」論は支持しない。
⑦ 企業は，完全版IFRSに準拠していないことの明確な開示を行う。
⑧ IASおよびIFRSを相互に参照し，項目別に体系化する。
⑨ 当該研究プロジェクトの助言グループに作成者および利用者を追加する。
⑩ 作成者および利用者とのラウンド・テーブルを開催する。

IASCF［2005］は，当該研究プロジェクトが再度質問表調査を予定していると

述べている。そのほとんどが公的説明責任をもつ上場企業にかかわる課題であるが[6]，とくに，認識および測定についての調査を目的としていたようである。同時に，中小企業の会計基準に特有の問題[7]とその理由，そして，中小企業版IFRSを考慮しながら完全版IFRSの原則を保つにはどうあるべきかといった根本的な質問も予定されていたようである。このことは，中小企業版IFRSの開発が完全版IFRSの開発に追随しながらも，解決の方向性自体がいまなお本質的な課題を含んでいたことを表しているのではないだろうか。

##  公開草案における中小企業版IFRSの目的

### 1 目的と必要性

2007年に公表された公開草案では，次のような到達点があった。中小企業版IFRSの目的は次のように説明されている。

「IASBは，多くの諸国で中小企業（SME）として知られている企業の一般目的財務諸表および財務報告に適用されることを目的とした会計基準を開発し，公表する。」（IASB [2007a], p. 9）

対象と情報利用者については，次のようになっている。

「基準で使用されるSMEとは，(a)公的説明責任のない企業，であり，かつ(b)外部の財務諸表利用者に一般目的財務諸表を公表する企業である。外部利用者の例には，企業経営者を除く企業の所有者，現在および潜在的な債権者，格付機関が含まれる。」（IASB [2007a], par. 1.1）

金融機関は上記定義からは除かれる（BC36）ため，中小企業版IFRSに準拠した財務諸表の作成を認められない。一方，公益企業や各国で経済的に重要な企業は中小企業の定義に含めて考えられている（BC37, 38, 39, 40）。しかし，小規模であっても公開企業は中小企業に含めない（BC51）。IASBでは，中小企業（SME）に代えて，公的説明責任のない企業を意味するNon-Publicly Accountable Entities（NPAE）という呼び方も検討されたようだが（BC54），会議の参加者から呼び名としては一般に普及していないという意見が出されたため却下された。

財務諸表の外部利用者には，中小企業に貸付けを行う金融機関，中小企業の財

務諸表を利用して企業評価や社債評価を行う売り手，格付機関，取引先，経営者以外の中小企業の株主が想定されている（BC55）。そして，中小企業版 IFRS はこうした外部利用者に求められている，と強調している。

　誰がなぜ中小企業版 IFRS を必要としているのか。あくまでも基準設計者の視点ではあるが，中小企業版グローバル会計基準の開発動機ともいえる部分なので，引用しておく。

　　「一貫して適用されるグローバル財務報告基準は，財務情報の比較可能性を拡張する。会計の相違は，投資家，与信者らが行う比較を不明瞭にする。高品質の比較可能な財務情報は表示によって，高品質なグローバル財務報告基準は資源配分の効率性と資本の価格形成を向上させる。このことは，会計基準のコンプライアンス・コストを減少させ，資本コストに影響を与える不確実性を取り除くので，負債や持分を提供する資金提供者のみならず，資金調達を行う企業にとってベネフィットをもたらす。グローバル財務報告基準は，監査の質における一貫性を向上させ，教育・訓練を助ける。」（IASB［2007b］，BC15）

　続けて，中小企業版 IFRS に準拠した財務諸表が各国間で比較可能になることを，それぞれの利用者が望んでいる（IASB［2007b, BC16］），と述べる。IASB が情報利用者のベネフィットを説明している点が興味深い。

　討議資料［2004］の段階では，中小企業版 IFRS のベネフィットはさほど言及されていなかったが，公開草案［2007］では明確になっている。利用者として，金融機関，格付機関，取引先，投資家が想定されている。

　他方，外部利用者のための「一般目的財務諸表」を掲げながらも，公開草案は，課税所得や配当可能利益の決定を除いている。関連する箇所（BC28, 29, 30）を要約すると，次のようになる。

　つまり IASB の論旨では，課税所得は，税法および税制に従う別個の目的をもつ財務諸表によって算定され，配当可能利益も同様である。税務当局は，重要な財務諸表の利用者であることは間違いない。しかし，中小企業版 IFRS の課税所得・配当可能利益算定への影響は，各国で対応すべき領域であると留意しつつ，IASB は利用者視点を貫徹するという態度を中小企業版 IFRS の開発過程においても貫いている。

## 2 IFRSとの構造上の関係

中小企業版 IFRS の作業方針は「適用除外」と「簡素化」であった。完全版 IFRS が基本的な枠組みを提供している。開発過程において，中小企業が利用しそうにない会計基準を「除外」するというアプローチは明解である。

討議資料［2004］では，完全版 IFRS への「強制復帰論」が多数派の見解であったが，この考え方が，「適用除外」・「簡素化」という作業方針によって，完全版 IFRS との構造上の関係を保ちつつ，特定の会計方針についてはオプションを与えるというしくみへと導いたと考えられる。**図表3-2**に，簡素化アプローチによって除外された基準を整理しておく。左欄は除外された会計基準，右欄は除外理由である。

**図表3-2　公開草案において除外された会計基準**

| | |
|---|---|
| 超インフレ経済下における財務報告 | 機能通貨の利用は標準処理とはいえない |
| ストック・オプション | ストック・オプションは標準処理とはいえない |
| 農業 | 生物資産に公正価値モデルを適用することは標準処理ではない |
| 中間財務報告 | 中間財務諸表は標準処理ではない |
| ファイナンス・リース（レッサー側） | 多くのレッサーは金融機関であり，公的説明責任がある |
| 1株当たり利益 | 当該項目の開示をする場合には，IAS 第33号を適用する |
| セグメント | 当該項目の開示をする場合には，IFRS 第8号を適用する |
| 保険契約 | 保険発行者は資産を保有するので，公的説明責任をもつ |

（注）　IASB［2007b］（BC58～65）の説明を参照した。

## 3 公開草案公表後の基準開発とコメント・レター

公開草案公表後は，7ヵ月の期間をおいた後にコメントを受け付けた。後にコメント受付は1ヵ月延長されたが，IASB はフィールドテスト参加中の企業・機関を対象として期間延長をする旨を明記している（IASB［2007］September Meeting Summary）。基準開発にあたって，「現場」からのインプットや証拠を重視するプラグマティズム型の開発姿勢と考えられる。コメント・レターによる「現場」情報の提供も欠かせない要素となっているが，本章ではとり上げない。

中小企業版 IFRS で繰り返し論じられた領域がある。公開草案で，繰り返し説明されている頻度および説明に要した頁数から判断すると，以下の項目に重要性が認められる。金融資産と金融負債，収益，無形資産，企業結合およびのれん，従業員給付である。完全版 IFRS の開発と深くつながっているのではないだろうか。

##  中小企業版 IFRS のその後

中小企業版 IFRS は2009年に完成した。3年をめどに見直しをすることになっていた。では，中小企業版 IFRS は，その後どのような経緯をたどったのか。

2009年7月以降，IASB には SMEIG という中小企業版 IFRS の実施をモニターし，定着を助けるためのグループが設立された。SMEIG は新興経済圏，たとえば，タンザニア，エジプトといったアフリカ諸国で，中小企業版 IFRS の趣旨を説明し教育目的のセミナーを実施した。SMEIG の最初のミーティングは2013年2月にロンドンの IASB 本部で開催された。その議題には，「公的説明責任（publicly accountable）」の意味と会計方針の選択，また新たに会計基準の問題として，のれんおよびのれん以外の無形資産の償却期間，法人税がとり上げられた。公的説明責任は討議資料［2004］が公開されて以来，議論されている論点である。のれんは完全版 IFRS でも俎上に上がっている会計問題である。

2014年現在，SMEIG は中小企業版 IFRS の最終改訂に向けて意見をまとめている（SMEIG, 2014），という。2015年上半期に，IASB に対して中小企業版 IFRS の最終改訂版を上程する予定だと報告されているが，適用範囲を決定する公的責任概念の明確化と完全版 IFRS の論点が中小企業版 IFRS に未解決のまま残っていることは間違いない。

注
1　IASB Press Release, http://www.iasb.org/news/iasb.asp?showPageContent
2　この時点で，IASB は，適用除外もしくは簡素化を実施している国の会計規定に基づき，25項目の開示および表示の簡素化と別の25項目の認識および測定の簡素化リストを作成し

た，という．参照したHPは注1に同じ．
3 この部分の記述については，討議資料［2004, p. 16］および関連する完全版 IFRS を参照した．
4 この考え方は，財務諸表の質的特徴に基づくので「判断規準方式」といえる．
5 たとえば，株式所有者のうちの1人の反対者が多数の株主の意思を妨げる場合がある．
6 具体的には次のとおりである．法人税，退職給付会計，のれんの減損，金融商品（非認識処理），有形固定資産の減損，ヘッジ会計，棚卸資産，IAS39における公正価値，利子費用，ストック・オプション，工事契約，無資産，引当金，持分法，リース会計，連結会計である．
7 例として，非公開企業のストック・オプションの公正価値の測定問題，ならびに非公開企業のボラティリティの決定方法があげられている．

### 【参考文献】

Haller, Axel and Eierle, Brigitte [2008], "Does size influence attitudes of preparers of financial statements towards financial accounting-the case of ED-IFRS for SMEs," paper presented at EAA, Rotterdam, unpublished paper.

IASB [2004], *Discussion Paper, Preliminary Views on Accounting Standards for Small and Medium-sized Entities*, June, pp. 1-44.

―――― [2007] September Meeting Summary.

―――― [2007a], *Exposure Draft, IFRS for Small and Medium-sized Entities*, February, pp. 1-254.

―――― [2007b], *Basis for Conclusions on Exposure Draft, IFRS for Small and Medium-sized Entities*, February, pp. 1-48.

―――― [2007c], *Draft Implementation Guidance, IFRS for Small and Medium-sized Entities, Illustrative Financial Statements and Disclosure Checklist*, February, pp. 1-80.

―――― [2007d], *Comment Letters to Exposure Draft, IFRS for Small and Medium-sized Entities*.

―――― [2007e], *IASB Insight*, March.

IASC Foundation [2005], *Accounting Standards for Small and Medium-sized Entities*, presented by Paul Pacter, Slides used at European Accounting Congress, Gothenburg, Sweden, May.

―――― [2007], "An International Financial Reporting Standard for SMEs" Slides used for Workshop on IFRS for SMEs, Singapore.

Pacter, Paul [2007], "Fair value under IFRSs: Issues for developing countries and SMEs," *The Routledge Companion to Fair Value and Financial Reporting*, Peter Walton (ed.).

SMEIG [2013], *Exposure Draft, Proposed amendments to the IFRS for SMEs*, September.

SMEIG Meeting［2013］, *STAFF PAPER*, March 2013.
―――［2014］, *STAFF PAPER*, July 2014.
小津稚加子［2003］「新興経済圏の会計基準序説―英米アプローチの相違―」『會計』第163巻第1号。
―――［2006］「新興経済圏諸国の会計基準設計とIASB討議資料の基本論点」『経済学研究』九州大学経済学会，第73巻第2・3号。
―――［2008］「SME版IFRSの開発過程―公開草案（ED）構造化はどのようになされたのか―」『経済学研究』九州大学経済学会，第75巻第5・6号。
日本会計研究学会・課題研究委員会報告［2002］『中小会社会計基準に関する基本研究―特に，英国の小会社会計基準（FRSSE）を巡って』。

# 第Ⅱ部
## 欧米における現状と課題

第4章　ＥＵ
第5章　ドイツ
第6章　フランス
第7章　イギリス
第8章　スウェーデン
第9章　アメリカ
第10章　カナダ

# 第4章

# EU

## I はじめに

　1957年，原始6ヵ国（ベルギー，西ドイツ，フランス，イタリア，オランダ，ルクセンブルグ）をもってローマ条約が締結され，欧州経済共同体（European Economic Community）が発足し，1967年，欧州経済共同体，欧州石炭鉄鋼共同体（European Coal and Steel Community），欧州原子力共同体（European Atomic Energy Community）の3つの共同体を統一し，欧州共同体（European Communities；以下，ECと略す）が設立した（黒田［1989］, 33-34頁）。このような欧州統合の背景として，欧州を舞台にした2度の世界戦争がある。世界戦争によって甚大な人的・物的な被害を被った欧州にとって，欧州の国々の協調は最大の課題であった。また，欧州にとってアメリカ，ソ連という2つの超大国に対抗する課題も同時に持っていたのである（久保［2003］, 15頁；田中［2009］, 7頁）。そして，現在，欧州連合（European Union，以下，EUと略す）に28ヵ国が加盟し，約5億人の人口を擁する巨大な勢力になっているのである。

　EUの政治的な統合，経済的な統合を考える場合，外交や安全保障という領域よりも経済の領域で統合が進展しているといわれている。会計についても同様，会計上の問題は1978年7月，4号指令（個別財務諸表の作成），1983年6月，7号指令（連結財務諸表の作成）に定められ，そして1980年代から1990年代，ECの構成国はこれらを国内法に変換していった。このような長い年月を経て，EC内で同一の会計基準，同一の会計実務が形成されていったのである。

　ところで，EUでは2005年から資本市場指向的な企業の連結財務諸表にIAS/IFRSの適用を義務づけている。したがって，次に中小企業版IFRSの適用が課題になってくる。しかし，欧州連合は上記のように4号指令，7号指令等の会計指令を策定し，実務にも長らく浸透している。したがって，中小企業の会計

を考える場合も中小企業版 IFRS を適用するか，中小企業の要請を満たすように会計指令を改正するかが問題になってくる。後者の道を EU は採用している。

本章ではまず，Ⅱにおいてラッドワン報告書を紹介している。ラッドワン報告書は2008年2月，経済・通貨委員会に提出されたものであり，IAS/IFRS あるいは中小企業版 IFRS に対する EU の基本的な考えを示すものである。次にⅢにおいて EU の会計指令との関連において中小企業会計の問題を論じ，Ⅳにおいて4号指令と7号指令とを統合する，新しい指令において小規模企業にとって管理費の減少を中心に論じている。そして，最後にⅤにおいて本章で述べてきたところを要約し，結びに代えている。

## Ⅱ ラッドワン報告書

2008年2月，ラッドワン（Radwan, A.）は経済・通貨委員会に「国際財務報告基準（IFRS），国際会計基準審議会（IASB）の運営に関する報告書」を提出している（Europäisches Parlament［2008］, S. 1-S. 27；稲見［2010］, 77-90頁）。この報告書において，次の4つの問題がとり上げられている。

① 民主的な国際組織の透明性
② ヨーロッパにおける IFRS の変換
③ 中小企業（KMU）のための IFRS
④ コンバージェンスと同等性のための計画（Fahrplan）

なお，報告書を読むと，その理由書のサブ・タイトルは「IFRS はテストされ，IASB は失敗に終わる（IFRS getestet, IASB gescheitert）」とされており（Europäisches Parlament［2008］, S. 15），類似の記述は「中小企業のための IFRS」の箇所においてもみられる。また，このラッドワン報告書は2008年4月，欧州議会において承認されている。以下，この報告書の概要を述べていくことにする（Europäisches Parlament［2008］, S. 15-S. 27）。

### 1 民主的な国際組織の透明性

ここで，とくに国際会計基準委員会財団（International Accounting Standards Committee Foundation；以下，IASCF と略す）の組織がとり上げられており，その

活動(人事・資金)の正当性,透明性が疑問視されている。

　IASCF は IASB,基準諮問会議(Standards Advisory Council)等の委員の任命権を有している。それだけに,IASCF の評議員の選任は公正であり,透明でなければならない。「民主的な正当性はあらゆる該当者の利害が適切に代表され,公正な規定により,透明な手続において調整されることを確保しなければならない」(Europäisches Parlament [2008], S. 16)。

　しかし,IASCF の評議員の選任において広範な利害関係者の利害は考慮されていない。さらに,「議席の付与(Mandatsvergabe)の場合,地理的な基準の適用すら,実際に満足のいく形で行われていない。自由になった所在地の配分も外部的に明確に規定された選任手続なしに,評議会(Direktorium)の他の委員によって行われている」(Europäisches Parlament [2008], S. 17)。

　委員の選任は IASB についてもあてはまる。IASCF/IASB の委員は地理的な配慮,職業上の背景を考慮して公正な規定によって選任されなければならないのである。

　また,資金面においても,IASCF/IASB はこれまで企業の寄付(Beitrag)に頼ってきた。今後,寄付に頼ることなく,継続的な活動資金が要求されるのである。

## 2　ヨーロッパにおける IFRS の変換

　IFRS 承認の手続を EU は厳格に定めている。いわゆるエンドースメントの手続である。この手続は IFRS に適用されるのであり,中小企業版 IFRS には適用されない。中小企業版 IFRS の承認は別の,法律上の基礎を必要としている。

## 3　中小企業版 IFRS

　IASB は2007年2月,中小企業版 IFRS の公開草案を公表し,2009年7月,「中小企業のための国際財務報告基準」(International Financial Reporting Standard for Small and Medium-sized Entities;以下,中小企業版 IFRS と略す)を最終的に決定している(IASB [2009])。ラッドワン報告書は2008年2月に提出されており,中小企業版 IFRS の公開草案を対象に論じている。次に述べるように,ラッドワン報告書は中小企業版 IFRS の公開草案に対してきわめて批判的である。

　中小企業側の最初の反応から始めるなら,IASB はその計画により,失敗に終わる。中小企業の見解によれば,公開草案はあまりにも複雑であり,その自己資

金（Eigenmittel）の定義は中小企業の特殊な要請を満たしていない[1]。その他，IASBが基準を2年ごとに改正することも中小企業にとって心配である。

さらに，誰がIASBに中小企業版IFRSの提案を委任したかも不明確である。そのような基準への必要性あるいは要請はあるのかどうか，という問題さえ生じる。

ラッドワン報告書によれば，IFRSの任意適用の推進，その奨励は民主的なプロセスをないがしろにし（ausheben），立法者を無視している。

若干の構成国は最終的な中小企業版IFRSの適用を決定するだろう。しかし，このことはEU域内市場の分裂（Zersplitterung）をもたらし，EUにおけるすべての中小企業の統一的な会計にとって有害（abträglich）である。

### 4　コンバージェンスと同等性のための計画

日本と同様，アメリカもIFRSと自国基準とのコンバージェンスあるいは同等性評価の作業を続け，アメリカはIFRSを独自に解釈（これを「IFSR」という－筆者注）している。

ところで，アメリカは2007年11月，国内の外国企業に対してIFRSの適用を容易にしている。アメリカにある外国企業，したがって，アメリカにあるヨーロッパ企業にも差異調整表なしにIFRSの適用は認められる。しかし，換言すれば，このことはアメリカが独自に解釈し，変更を加えたIFSR規定の適用をヨーロッパ企業に課すことになる。「それはIFSRのUS-変更が行われるだろう。さらに，SECがIFRSの最終的な解釈の機関（Interpretationsinstanz）になる危険性もある」（Europäisches Parlament [2008], S. 22）。コンバージェンスのプロセスにおいてアメリカの利害（解釈）とヨーロッパの利害（解釈）とは対等に考慮されるべきである。

## III　中小企業会計をめぐる問題

会計指令によれば，中小企業は大規模企業と同じ会計規定を適用し，決算書を作成しなければならない。作成すべき決算書は貸借対照表，損益計算書，付属説明書である。ただし，4号指令11条において小規模企業を識閾値によって定義し，小規模企業に簡略化された貸借対照表（verkürzte Bilanz）の作成を定めている。また，27条において中規模企業を識閾値によって定義し，中規模企業に簡略化さ

れた損益計算書の作成を定めている（山口［1984］, 234頁, 263頁）。

2004年6月, IASBは「中小企業のための会計基準の予備的考察（Preliminary Views on Accounting Standards for Small and Medium-sized Entities）」を公表し, 上述したように2009年7月, 中小企業版IFRSを最終的に決定している。しかし, これまでEUは中小企業版IFRSに積極的に関与したように思われない。IAS-規則においてIASの適用範囲を定めているが, 「IFRS for SMEsはIAS-規則に包摂されない。このような判断は2006年2月17日, 会計規則委員会（ARC）の最近の会議においても, 欧州委員会においても共有されている」（Kati and Davis [2006], S. 989-S. 990）。さらに, 「中小企業（kleinen und mittleren Unternehmen；以下, KMUと略す）にとって現実の簡素化計画（Vereinfachungs-vorhaben）と同時に, 国際会計基準審議会（IASB）は中小企業のための国際財務報告基準の草案を公表した。最初の分析によれば, ヨーロッパのKMUの活動を実際, 容易にするために, KMUの会計についてIASBの現在の活動は不十分だ, と委員会（欧州委員会-筆者注）は考えている。委員会はその代わりに, いろいろな, 他の措置を決定しており, それはKMUに著しい軽減をもたらす」（Kommission der Europäischen Gemeinschaften [2007], S. 8）。明らかなように, EUとして中小企業版IFRSを積極的にとり上げることなく, 簡素化計画のもとで中小企業について会計上の別個の問題を検討するのである。

欧州委員会は中小企業会計に関連して次の通告, 指令を公表している。

----

① 会社法, 会計, 決算書監査の領域における簡素な企業環境に関する委員会通告（2007年7月）
② 中規模企業の一定の記載義務および連結財務諸表の作成義務を考慮した閣僚理事会指令78/660/EWG, 83/349/EWGの改正のための2009年6月18日付け欧州議会・閣僚理事会指令2009/49/EG（2009年6月）
③ 最小規模経営をめぐる一定の法形態の会社の個別財務諸表に関する閣僚理事会指令78/660/EWGの改正のための2012年3月14日付け欧州議会・閣僚理事会指令2012/6/EU（2012年3月）

----

①から③の関係について, ①は中小企業一般を対象にしており, ②は中規模企業, ③は最小規模企業（Kleinstunternehmen）を各々, 対象にしている。したがって, ①の委員会通告に基づき, ②, ③の指令が公表されたものと考えている。

次に，①から③について概説していくことにする。

## 1 会社法，会計，決算書監査の領域における簡素な企業環境に関する委員会通告

委員会通告はその冒頭，次のように述べている。「欧州理事会（Europäische Rat）は2007年3月8日，9日の会議においてヨーロッパ経済に活力をもたらすために，とくにKMUへの影響に基づいて管理費（Verwaltungsaufwand）の減少が重要な措置であることを強調している。欧州理事会はEUにおいて管理費を減らすために欧州連合，構成国の大きな，共通の追求が必要であることを印象的に指摘している」(Kommission der Europäischen Gemeinschaften [2007], S. 2)。ここで，中小企業にとって管理費の減少が課題になっていることが明らかになるのである[2]。

さらに，付録4「会計，決算書監査の場合，KMUにとって簡素化の措置（通告の4節）」では，次の具体的な措置を提案している（Kommission der Europäischen Gemeinschaften [2007], S. 17)。

---

① 小規模経営（Kleinbetrieb）の導入
② KMUについて識閾値の超過
③ 公表義務から小規模企業の軽減
④ とくに外部の利用者のない企業への例外規定の拡大
⑤ すべての企業にとって簡素化
　(ア) 連結　　(イ) 潜在的税金（latenter Steuer）の表示　　(ウ) 公表義務

---

## 2 中規模企業の一定の記載義務および連結財務諸表の作成義務を考慮した閣僚理事会指令78/660/EWG，83/349/EWGの改正のための2009年6月18日付け欧州議会・閣僚理事会指令2009/49/EG

指令は中規模企業について軽減措置を講じている。指令の「理由書」の箇所では会社の設立と拡張（die Errichtung und Erweiterung einer Gesellschaft）のための費用について公表義務の免除，連結財務諸表・連結状況報告書の作成義務の免除等を具体的にあげている。

「(7) 会社の設立と拡張のために貸借対照表において借方項目として開示される費用は指令78/660/EWGの34条2項に従って付属説明書において公表しなければならない。小規模会社は指令の44条2項により，この義務から免除される。中規模会社をこの公表義務から免除する可能性がある。

(8) 若干の子企業（Tochterunternehmen）あるいは，すべての子企業が指令の16条3項の設定目的を考慮して下位的な意義である時も，指令83/349/EWGは親企業（Mutterunternehmen）に連結財務諸表の作成を義務づけている……

その重要性がそれ自体，あるいは全体として下位的なものとみなされる子企業を親企業が有する時，親企業は連結財務諸表，連結状況報告書の作成義務から免除される。」（Amtsblatt der Europäischen Union［2009］, L 164/43）

そして，中規模企業にとって上記の軽減措置が可能なように，2009年6月18日付で4号指令，7号指令の改正が公表され，その20日後に効力を生じているのである（Amtsblatt der Europäischen Union［2009］, L 164/43）。

## 3　最小規模経営をめぐる一定の法形態の会社の個別財務諸表に関する閣僚理事会指令78/660/EWGの改正のための2012年3月14日付け欧州議会・閣僚理事会指令2012/6/EU

中小企業，最小規模企業も原則的に大規模企業と同じ会計規定によっている。したがって，とくに最小規模企業にとって，その負担は重い。指令の目的は「不必要に高い管理費を負わす一定の義務から最小規模経営を免除する」ことにある（Amtsblatt der Europäischen Union［2012］, 理由書(5)）。本指令は4号指令を次のように改正している。

1a条
1項：最小規模経営の定義
　a）　貸借対照表総額　：350,000EUR
　b）　純売上高　　　　：700,000EUR
　c）　平均従業員数　　：10人
　　　決算日，上記の3つの識閾値のうち，2つを超えない会社が最小規模経営である。
2項：義務の免除
　a）　計算限定項目の開示義務（18条，21条）の免除

b) 発生主義の原則（31条1項d）から離脱－計算限定項目が付属説明書に記載あるいは貸借対照表において注記されるかぎり。
  c) 付属説明書の作成義務（43条～45条）の免除－4号指令14条，43条1項13号，指令77/91/EWG22条2項によって要求される記載が貸借対照表に注記されるかぎり。
  d) 状況報告書の作成義務（46条）の免除－指令77/91/EWG22条2項によって要求される記載が付属説明書に記載あるいは貸借対照表に注記されるかぎり。
  e) 個別財務諸表の公表義務（47条～50条）の免除－貸借対照表に含まれた情報が国内規定に一致して，構成国によって指名され，少なくとも権限ある当局に秩序正しく保管されるかぎり。
3項：軽減
  a) 簡略化された個別貸借対照表の作成
  b) 簡略化された個別損益計算書の作成
4項：公正価値の不適用
    最小規模経営に公正価値の適用を要求しない。
5項：真実かつ公正なる概観－離脱規定の不適用
    1a条2項～4項によって作成される個別財務諸表は真実かつ公正なる概観を提供する。したがって，4号指令2条4項，5項にいう離脱規定は適用されない。

## Ⅳ 第4号指令と第7号指令との統合

　EUは2013年6月，新しい指令を公表している（Amtsblatt der Europäischen Union [2013]）。新しい指令は4号指令と7号指令とを統合したものであり，重要な内容を引き継いでいる。指令改正の目的は「一方においてとくに小規模企業にとって管理費の減少にあり，他方において大規模な，たとえば，国境を越えて活動する企業の国内規定によって作成される決算書の改善された，欧州連合に拡がりをもつ比較可能性により，多くの明瞭性と透明性を得ることにある」（Zwirner [2014], S. 315）。本節では前者，すなわち「小規模企業にとって管理費の減少」に関連する規定をみていくことにする。

　まず，企業区分を貸借対照表総額，純売上高，従業員数の3つの識閾値によって定義している（**図表4-1参照**）。

**図表4-1　企業区分**

|  | 最小規模企業<br>（3条1項） | 小規模企業<br>（3条2項） | 中規模企業<br>（3条3項） |
| --- | --- | --- | --- |
| 貸借対照表総額 | 350,000EUR | 4,000,000EUR | 20,000,000EUR |
| 純売上高 | 700,000EUR | 8,000,000EUR | 40,000,000EUR |
| 従業員数 | 10人 | 50人 | 250人 |

図表4-1では2つの，連続する営業年度おいて3つの識閾値のうち，2つを上回る，あるいは下回るとき，該当する企業区分に属することになる。

次に，14条では個別財務諸表に関して中小企業の簡素化規定を設け，31条では連結財務諸表に関して中小企業の簡素化規定を設けている（**図表4-2**参照）。

**図表4-2　中小企業の簡素化規定**

|  | 小規模企業 | 中規模企業 | 大規模企業 |
| --- | --- | --- | --- |
| 個別貸借対照表 | 簡略化されたB/Sの作成（14条1項） | ― | ― |
| 個別損益計算書 | 簡略化されたP/Lの作成（14条2項） | 簡略化されたP/Lの作成（14条2項） | ― |
| 連結貸借対照表 | ― | 簡略化されたB/Sの公表（31条2項a） | ― |
| 連結損益計算書 | P/Lの公表義務の免除（31条1項) | ― | ― |

さらに，第3の財務諸表である付属説明書について15条～18条の規定を設けている。

15条：（付属説明書について一般的な規定）では，次のように定めている。

「貸借対照表，損益計算書について付属説明書が本章の意味において表されるなら，付属説明書の記載は貸借対照表，損益計算書における項目の表示の順序でなされなければならない。」

また，16条：（すべての企業に妥当する付属説明書の内容）では，具体的に記載内容を定めている。したがって，小規模企業，最小規模企業においても下記の内容を記載しなければならない。

第4章　ＥＵ　　65

> 1項　企業は本指令の他の規定（4号指令43条（付属説明書の記載事項）－筆者注）に定められた記載に追加して，次の記載を付属説明書においてなす。
> a)　適用される評価方法
> b)　固定資産の再評価の場合，再評価積立金の変動
> c)　金融商品あるいは金融商品でない資産の場合，付すべき時間価値
> d)　偶発的な金融債務，保証金あるいは偶発債務の総額，ならびに物権上の担保について記載
> e)　経営機関，執行機関あるいは監督機関の構成員に与えられた前貸金，信用の金額
> f)　異常な範囲（Grossenordnung）あるいはきわめて重要な損益項目の金額の特徴
> g)　5年以上の残余期間を有する債務の金額，ならびに物権上の担保のない債務の金額
> h)　従業員の平均人数
> 2項　構成国は17条により，小規模企業に一定の記載義務を要求することができる。
> a)　固定資産の明細
> b)　最小規模企業について連結財務諸表を作成する企業に関する記載義務
> c)　オフ・バランス取引の種類と目標
> d)　決算日後，重要な事象の記載
> e)　関連当事者との取引

　さらに，17条：（中規模企業，大規模企業，公的な利害をもつ企業について追加的な記載），18条：（大規模企業，公的な利害をもつ企業について追加的な記載）の規定を設けており，企業区分に応じて追加的な記載内容を詳細に定めている。

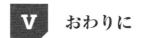

## Ⅴ　おわりに

　ＥＵにおいて会計上の問題はとくに4号指令，7号指令において定められている。中小企業の会計において管理費の減少が課題になり，企業区分に応じて会計指令の簡素化，緩和を行っている。したがって，本章では，Ⅲにおいて中規模企業，最小規模企業の会計，Ⅳにおいて小規模企業の会計を論じた。最後に本章において述べてきたところを要約していくことにする。

① 2008年2月，ラッドワンは経済・通貨委員会に「国際財務報告基準（IFRS），国際会計基準審議会（IASB）の運営に関する報告書」を提出している。この報告書においては㈠民主的な国際組織の透明性，㈡ヨーロッパにおけるIFRSの変換，㈢中小企業のためのIFRS，㈣コンバージェンスと同等性のための計画の4つの問題がとり上げられている。このうち，㈢について中小企業版IFRSの公開草案は複雑であり，中小企業の特殊な要請も満たしていない。EUにおいて中小企業版IFRSの任意適用がなされるなら，このことはEU域内市場の分裂をもたらし，EU域内の統一的な中小企業会計にとって有害なものになるだろう。

② 中小企業も大規模企業と同じ会計規定を適用して決算書を作成しなければならないが，これまで小規模企業，中規模企業にとって若干の軽減措置が認められてきたにすぎない。また，EUとして中小企業版IFRSを積極的にとり上げてきたようにも思われない。しかし，EUは中小企業を取り巻く環境の簡素化計画のもとで中規模企業にとって個別財務諸表，連結財務諸表上の軽減措置が可能なように指令を改正し，最小規模企業にとって計算限定項目の開示義務の免除，簡略化された個別貸借対照表，簡略化された個別損益計算書の作成等，指令を改正している。

③ EUは2013年6月，4号指令と7号指令とを統合する，新しい指令を公表している。指令改正の目的は小規模企業にとって管理費の減少にあり，大規模企業にとって決算書の比較可能性の改善にある。小規模企業にとって管理費の減少に関連して，簡略化された個別貸借対照表，簡略化された個別損益計算書の作成にあり，連結損益計算書の公表義務の免除にある。さらに，付属説明書の記載内容を企業区分に応じて定め，小規模企業の記載内容はきわめて制限的なものになっている。

EUにおいて依然として会計指令が基本になっている。そして，企業を最小規模企業，小規模企業，中規模企業，大規模企業に区分し，企業区分ごとに異なる会計規定を設けている。とくに最小規模企業，小規模企業にとって規定の簡素化，開示義務の免除等をはかっている。その目的は中小企業にとって負担の軽減にあり，管理費の減少にある。

注
1　ラッドワン報告書において「中小企業の特殊な要請」の言及はみられない。
　なお，中小企業版IFRSでは持分（Equity）について次のように定めている（パラグラ

フ2.22)。「持分は認識された資産マイナス認識された負債の残余である。それは財政状態計算書において細分類される。たとえば，法人において，細分類は株主によって拠出された資金，留保利益，持分において直接，認識された利得・損失を含む。」(IASB [2009], p. 15)

2　EU の中小企業政策について，田中教授は次のように述べておられる（田中 [2009]，148頁参照。その他，三井 [2009]，171-187頁参照)。

「企業の潜在成長力，特に中小企業の潜在成長力を開放する。
① 　中小企業の潜在的成長力を開放するための中小企業憲章を採択する。
② 　2012年までに EU の行政的負担を25％削減する目標に向けて，野心的な簡素化計画を実施する。
③ 　単一市場を強化し，サービスの競争力を増大させ，金融サービス市場を統合するためのさらなるステップをとる。」

## 【参考文献】

Amtsblatt der Europäischen Union [2009], *Richtlinie 2009/49/EG des Europäischen Parlaments und des Rates vom 18. Juni 2009 zur* Änderung der Richtlinie 78/660/EWG und 83/349/EWG des Rates im Hinblick auf bestimmte Angabepflichten mittlerer Gesellschaften sowie die Pflicht zur Erstellung eines konsolidierten Abschlusses.

Amtsblatt der Europäischen Union [2012], *Richtlinie 2012/6/EU des Europäischen Parlaments und des Rates vom 14. März 2012 zur* Änderung der Richtlinie 78/660/EWG des Rates über den Jahresabschluss von Gesellschaften bestimmter Rechtsformen hinsichtlich Kleinstbetrieben.

Amtsblatt der Europäischen Union [2013], *Richtlinie 2013/34/EU des Europäischen Parlaments und des Rates vom 26. Juni 2013* über den Jahresabschluss, den konsolidierten Abschluss und damit verbundene Berichte von Unternehmen bestimmter Rechtsform und zur Änderung der Richtlinie 2006/43/EG des Europäischen Parlaments und des Rates und zur Aufhebung der Richtlinien 78/660/EWG und 83/349/EWG des Rates.

EUR-Lex-31983L0349 [1983], *Siebente Richtlinie 83/349/EWG des Rates vom 13. Juni 1983* aufgrund von Artikel 54 Absatz 3 Buchstabe g) des Vertrages über den konsolidierten Abschluß.

EUR-Lex-32005R1864 [2005], *Commission Regulation (EC) No 1864/2005 of 15 November 2005* amending Regulation (EC) No 1725/2003 adopting certain internatioal accounting standards in accordance with Regulation (EC) No 1606/2002 of the European Parliament and of the Council, as regards International Financial Reporting Standards No 1 and International Accounting Standards Nos. 32 and 39（Text with

EEA relevance).
Europäische Kommission [2010], *Schwellenwerte zur Definition der KMU*.
Europäisches Parlament [2008], *Bericht über die Internationalen Rechnungslegungsstandards- (IFRS) und der Leitung des International Accounting Standards Board (IASB) (2006/2248 (INI))*, A6-0032.
European Financial Reporting Advisory Group [2010], *Advice on Compatibility of the IFRS for SMEs and the EU Accounting Directives*.
IASB [2008], *International Financial Reporting Standards (IFRSs)*, International Accounting Standard Board.
――― [2009], *International Financial Reporting Standard (IFRS) for Small and Medium-sized Entities (SMEs)*, International Accounting Standards Board (London).
Kommission der Europäischen Gemeinschaften [2007], *Mitteilung der Kommission über ein vereinfachtes Unternehmensumfeld in den Bereichen Gesellschaftsrecht, Rechnungslegung und Abschlussprüfung*, KOM (2007) 394.
Kati, Beiersdorf, Davis, Annette [2006], "IASB-Standard for Small and Medium-sized Entities: keine un mittelbare Rechtswirkung in Europa," *Betriebs-Berater*, 61. Jg., Heft 18, S. 987-S. 991.
Zwirner, C. [2014] EU-Bilanzrechtsreform: Änderungen der EU-Richtlinien zur Rechnungslegung Entwurf zur Zusammenfassung und Überarbeitung der Bilanz-und Konzernbilanzrichtlinie, *Steuern und Bilanzen* 9/2014. S. 315-S. 323.
久保広正［2003］『欧州統合論』勁草書房。
黒田全紀［1989］『EC会計制度調和化論』有斐閣。
国際会計基準委員会財団編　企業会計基準委員会　公益財団法人財務会計基準機構監訳［2009］『2009　国際財務報告基準IFRS』中央経済社。
田中知義［2009］『EU経済論－統合・深化・拡大－』中央経済社。
山口幸五郎［1984］『EC会社法指令』同文舘出版。
稲見亨［2010］「EU・ドイツにおける国際的会計基準適用の新たな論点」『會計』第178巻第3号。
倉田幸路［2014］「第3章　EUにおける会計制度改革－特にSMEへの対応を中心として－」（日本会計研究学会特別委員会〈中間報告〉「経済社会のダイナミズムと会計制度のパラダイム転換に関する総合研究」所収）日本会計研究学会。
本田良巳［2010］「EUの会計戦略」（国際会計研究学会「研究グループ報告」〈中間報告〉「各国の中小企業版IFRSの導入実態と課題」所収）国際会計研究学会。
――― [2012]「第14章　EUにおける中小企業版IFRSの動向」国際会計研究学会「研究グループ報告」〈最終報告〉「各国の中小企業版IFRSの導入実態と課題」所収）国際会計研究学会。
三井逸友［2009］「今日のEU中小企業政策とSBA小企業議定書」『中小工業研究』第100号。

# 第5章

# ドイツ

## I はじめに

　ドイツの会計制度は,「正規の簿記の諸原則（Grundsätze ordnungsmäßiger Buchführung：GoB）」の体系である。これは，わが国の会計制度が「一般に公正妥当と認められる企業会計の慣行」（会社法431条）の体系であることに類似している。しかし，ドイツでは，日本における「中小企業向けの会計基準」（「中小企業の会計に関する基本要領」および「中小企業の会計に関する指針」）は文書化されていない。かかるドイツにおいて，中小企業の「商事法に準拠した年度決算書」はどのような規範に従って作成されているのか，中小企業版 IFRS はどのような位置づけにあるのかを検討する。

## II ドイツの中小企業会計制度

### 1　中小企業会計を構成する法規範

　ドイツでは，「帳簿がどのように作成されなければならないかは，注意深い商人の慣習に基づいて判断される。営業の対象物，種類および特に規模に応じて，このような必要条件はそれぞれ相違していてよい」という立法趣旨のもとで，不確定法概念（unbestimmter Rechtbegriff）である GoB を商法商業帳簿規定に盛り込んでいる（坂本［2011］，79-83頁参照）。かかる法的な構造の下で，ドイツの企業会計実務においては，従来から，商事貸借対照表（Handelsbilanz），税務貸借対照表（Steuerbilanz），統一貸借対照表（Einheitsbilanz）という3種類の年度決算書が存在してきた。

(1) **商事貸借対照表**（Handelsbilanz）
商事法に準拠して作成された貸借対照表を商事貸借対照表という。

(2) **税務貸借対照表**（Steuerbilanz）
租税上の諸原則に準拠して作成された貸借対照表を税務貸借対照表という。企業に課税するための基礎となる企業の税制は，国税通則法（Abgabenordnung）140条以下，所得税法（Eimkommensteuergesetz）4条と5条，法人税法（Körperschaftsteuer）7条以下に定められている。税務貸借対照表は主として財務官庁に向けられたものである。

(3) **統一貸借対照表**（Einheitsbilanz, Duale Bilanz, Dualabschluss）
統一貸借対照表とは，商事法と租税法の目的を同時に充足する貸借対照表をいい，1つの貸借対照表で，商事法上の分配計算，租税上の利益算定，資本維持，債務超過化判定等のあらゆる目的の基礎になるものである。大多数の中小企業では，この統一貸借対照表作成手続が，社会適用性に適うものとして広く実務に浸透している（長谷川［2009］，34頁）。

## 2　税務貸借対照表の意義

所得税法52条33項3文，税理士法33条（§33 Steuerberatungsgesetz）および所得税施行令に「税務貸借対照表」への言及がみられるが，独立した税務貸借対照表（Steuerbilanz）という概念はドイツ税法にはない（Kern［2009］, S. 4）。所得税施行令は，税務申告にあたって，貸借対照表が租税法上の規定に合致していない評価または金額を含む場合は，当該評価または金額は，副計算表（補足書類ないし注釈表）によって，租税上の規定に合致させなければならず（所得税施行令60条2項1文参照），租税義務者は租税上の規定に合致した貸借対照表（税務貸借対照表）を添付することもできる（同施行令60条2項2文）としている。

税務申告書に添付する税務貸借対照表の形式については，3つの基本形態が実務において最も一般的に認知されている。それは第1に，「本来の税務貸借対照表」，「独自の税務貸借対照表」，「狭義の税務貸借対照表」ともよばれる税務貸借対照表である。第2は，増減計算表（副計算表）を使用する場合で，独自の税務貸借対照表を作成することなく，商事貸借対照表が利益計算の出発点となる。第3は，統一貸借対照表といわれる形式であり，商事貸借対照表が作成される場合

に，同時にすべての範囲で税務上の規定に対応していることを前提としている（長谷川［2009］, 58頁）。厳密にいえば，第3の税務貸借対照表は「狭義の統一貸借対照表」である。「税務貸借対照表」は多面性をもつ税務計算用語である。（広義の）税務貸借対照表の作成とその税法上の判断は，税理士の業務であり（税理士法33条），GoBが（広義の）税務貸借対照表においてどの程度堅持されているかについての判断は，税理士の主要な業務に位置づけられている。

## III 会計法現代化法以前の「所得税法5条に基づく利益決定の原則」

「基準性の原則」（Maßgeblichkeitsprinzip）は，改正前所得税法5条1項に規定されており，1文は実質的基準性，同2文は形式的基準性をそれぞれ定めていた（Siewert［2010］, S. 5）。

### (1) 実質的基準性

所得税法5条1項1文に規定された実質的基準性によれば，税務上の利益決定の基礎となる事業用資産は，商法上のGoBに従わなければならないとしている。これが基準性の原則の核心部分である（Siewert［2010］, S. 5）。これが「税務貸借対照表に対する商事貸借対照表の基準性（Maßgeblichkeit der Handelsbilanz für Steuerbilanz）」の本来的な定義であり，「実質的な基準性」である。通説によれば，実質的基準性は単に純粋に抽象的な基準性なのだということにとどまらず，むしろ，実際の価値計上がGoBに適っていて貸借対照表が商法の強制規定に抵触していない限りにおいて，商事貸借対照表の実際の価値計上を決定づけるものである。

### (2) 形式的基準性

税務上の利益決定についての商事貸借対照表の形式的基準性は，最近まで会計法現代化法（BilMog）の発効以前の文言における所得税法5条1項2文の規定によって法的に定められていた。つまり商事貸借対照表の価値計上が，税務上の選択権においても基準となる。税務上の選択権とは，原則として，積極側および消極側についての一切の記載選択権および評価選択権をいう（Siewert［2010］, S. 8）。

### (3) 逆基準性

逆基準性の概念もこれと同じ規定にかかわるものであるが，形式的基準性を実際に適用するときの帰結をいっそう明確にする（Siewert［2010］, S. 8f）。つまり商事貸借対照表の記載が，事実上，税務を意図する価値計上に従って行われることになり，そのために基準性がここではいわば逆転する。さらに，GoB に原理的に反する税務上の選択権の状況が，「逆基準性というキーワードで（…）表される」（Siewert［2010］, S. 9）。こうした法的しくみを「逆基準性の原則（die umgekehrten Masgeblichkeitsprinzip）」・「基準性の原則の逆行（die Umkehrung des Maßgeblichkeitsprinzips）」という。

##  会計法現代化法以前の「統一貸借対照表」

### 1 統一貸借対照表の理念

2009年会計法現代化法制定以前の年度決算書作成の実務は，以下のとおりであった（長谷川［2009］, 34頁参照）。

> ① 大企業において，商事貸借対照表とは別に，正規の税務貸借対照表が所得税法5条1項によって作成されるケース。
> ② 商事貸借対照表のみを作成し，正規の税務貸借対照表の作成を省略するケース。法人税申告書記入の際には，この商事貸借対照表を訂正する形態。
> ③ 上記の①と②以外の場合で，広く実務で行われているケース。それは，形式上は商事貸借対照表であるが，内容は税務貸借対照表であり，統一貸借対照表と称せられている貸借対照表を作成するケース。

統一貸借対照表という概念は，商法上の GoB と税務上の貸借対照表作成義務を同時に満たす貸借対照表を指す（Vgl. Lorson/Toebe［2009］, S. 453, Herzig/Briesemeister［2009］, S. 1）。統一貸借対照表は，税務上の利益決定のために調整なしに（ないしはわずかな調整によって）援用することができる商事貸借対照表である（Vgl. Siewert［2010］, S. 47）。統一貸借対照表は，「全面的な統一貸借対照表（totale Einheitsbilanz）」と，「部分的な統一貸借対照表（partielle Einheitsbilanz）」に区別される（Vgl. Siewert［2010］, S. 18f）。

## (1) 全面的な統一貸借対照表

統一貸借対照表の本来の理念は，GoBに即した商事貸借対照表であって，そのまま税務上の利益決定の根拠とすることができるものをいう（Lorson/Toebe [2009], S. 455）。会計法現代化法施行前までは，全面的な（成文化された商事貸借対照表に税務貸借対照表が結びつけられた）貸借対照表が統一貸借対照表として適用可能であり，（逆基準性を理由とした）本来の商事貸借対照表に対する違反は，適合する解放条項によって補正されている限りで，「全面的な統一貸借対照表」に包含されていた（Lorson/Toebe [2009], S. 456）。

## (2) 部分的な統一貸借対照表

時代が推移していく過程で，基準性の侵犯につながる多くの税法規定が継続して成立していった。そのため現在では，「部分的な統一貸借対照表」すなわち税法規則を追加的に遵守した商事貸借対照表を作成するほかないのが通常である。税務上の利益決定について商事貸借対照表から離反する計上（価値計上）が関与するときは，貸借対照表外の修正を増減計算（Mehr-oder-Weniger-Rechnung）によって行わなくてはならない（所得税施行令60条2項）（Siewert [2010], S. 19）。

税務貸借対照表と統一貸借対照表を整理して対比すれば，**図表5-1**になる。

**図表5-1** 貸借対照表の定義

（出所）　坂本［2012］の図表7-6。

## 2　統一貸借対照表の要件と評価

統一貸借対照表（および基準性の原則）については賛否両論がある。

まず，統一貸借対照表は，商事貸借対照表と税務上の利益決定のそれぞれの目的に等価な仕方で資することはできない。とくに慎重性原則と，税法で求められ

る給付能力の全面的な反映とは部分的に互いに相反するものである。それに対して，統一貸借対照表の賛成者は，統一貸借対照表にはさまざまな会計報告書名宛人の利益となる保護機能があると主張する。この保護機能の要諦は，どの名宛人にも同じ情報が届けられ，情報が渡されずに個々の不利益となったり，特定の目的に沿って作成されたりする危険がないことにあるという（Siewert［2010］, S. 20）。さらに，統一貸借対照表は簡素化と実用性の理由から別々の貸借対照表よりも好ましく，その理由は，ただ1つの（商事）貸借対照表しか作成しなくてすむので，納税義務者の側でも立法者および官庁の側でも管理コストの削減が行われるからだとされる（Lorson/Toebe［2009］, S. 455f）[1]。

#  会計法現代化法

## 1 「逆基準性の原則」の廃止

2009年会計法現代化法は，次の2つの本質的な目的を追求している（Ernst/Naumann［2009］, S. 2）。

### (1) 規制緩和（Deregulierung）

中小企業は，できる限り大幅に，記帳費用と貸借対照表作成の費用の負担が軽減されなければならない。

### (2) 国際化に対する適合

HGBの会計法は，国際的な会計基準であるIFRS，および，とくに来たるべき中小企業版IFRSと，完全に同等であるが，同時に，実務的に正当な代替策として整備されなければならない。

会計法現代化法には，IFRSおよび中小企業版IFRSを受け入れる代わりに，IFRSと同等であるドイツ基準（HGB）の開発を図ることによって，非市場指向型企業（≒中小企業）に，「信頼性ある商法会計法」を与えるという「目的」があった。同法によって，「基準性の原則」（改正前所得税法5条1項1文）は堅持されたが，「逆基準性の原則」（改正前所得税法5条1項2文）が廃止されている。

#### (a) 所得税法

所得税法5条1項は1文において，「但し書き（es sei den）」として，税法上の

評価規定の選択権を行使する場合等は GoB への準拠から除かれることが明文化された。そして税法上の選択権を行使するためには，HGB とは異なる数値となる項目について，その取得日や取得原価，行使された税法上の選択権の規定等について，継続的な記録が求められることになった（所得税法5条1項2文・3文）（齋藤［2009］, 107頁参照）。かかる改正によって，「租税法上の経済促進の措置による HGB 上の会計の奇形化」という法的しくみも解消されている。

(b) HGB

従来「逆基準性の原則」は，HGB 上，247条3項や254条等の「解放条項（Öffnungsklauseln）」によって容認されていたが，これらの解放条項は撤廃されている。なお，改正前の HGB247条3項は，「所得税及び収益税の目的上，許容される貸方項目の計上・表示」，同254条は「税法上の減額記入」規定であり，ともに HGB において税法の評価規定を許容する条項であった。

## 2　記録作成義務

所得税法5条1項2文によれば，商事貸借対照表から離反する税務上の選択権の行使をするための要件は，「商法で基準となる価値をもって税務上の利益決定に表示されるのでない経済財が，継続して作成されるべき別途の一覧表（Verzeichnisse）に記録される」ことである（Siewert［2010］, S. 35f）。3文は，この一覧表が「経済財の取得ないし製造の日，取得原価ないし製造原価，行使される税務上の選択権の規定，行われた減額記入」を含んでいなければならないと定めている（Siewert［2010］, S. 36）。一覧表の特別な形式は定められていない。その意味では，たとえば「従来式の」固定資産一覧表や少額経済財の一覧表（所得税法6条2項4文）であっても，それが上掲の記載事項を含んでいる限り，もしくはそれが補足されている限りにおいて足りる（BMF-Schreiben［12.03.2010］, Rn. 20）。

#  会計法現代化法制定以後の会計実務

## 1　基準性の原則廃止の実務上の意味

会計法現代化法は，その立法の前提条件として「HGB 上の貸借対照表は，利益分配および税法上の利益算定の基礎であり続ける」ことを掲げている。会計法現代化法は，IFRS と同等性ある商法会計規定を開発する一方で，中小企業の実

務に定着している統一貸借対照表を維持しようとした[2]。

このように立法者は，貸借対照表法改正にあたり，基準性（およびこれに伴って統一貸借対照表）を維持しようとしていたものの（BT-Drucks. 16/10067：S. 34)，その作業の枠内での検討により，それは両方の分野で明確な制約をもたらすことが明らかとなった。しかしここで留意すべきは，離反は，商法と相容れない税務上の記載留保および評価留保のケースで「のみ（nur)」避けられないということである。つまり（全面的または部分的な）統一貸借対照表を維持するために，一方では，これらの税法規定との衝突が起こらないように，まだ存続している商法上の選択権を行使することが可能であろう（たとえば改正前商法248条2項に基づく自家創設無形財産対象物の積極計上をしない）。他方では，GoBと相容れない選択権の行使を放棄することもできるであろうし，また，独立した税務貸借対照表方針の一環として意図的に商事貸借対照表から離反する税務上の選択権も放棄することができるであろう（Siewert［2010］, S. 43)。統一貸借対照表を作成する可能性は，会計法現代化法の枠内において，企業から奪われているわけではない。商法上の年度決算書の情報開示機能の改善が全面に出たにすぎないからである（Kern［2009], S. 20)。

## 2　統一貸借対照表の実務面での意義

統一貸借対照表の理念はドイツの企業風土（deutschen Unternehmen）のなかで，とりわけ中小企業において重要な役割を果たしている（Siewert［2010］, S. 21)。

「中小企業向け（SMEs)」国際財務報告基準（IFRS）の草案に関してドイツ会計基準委員会（DRSC）の主導のもとで2007年に実施された資本市場指向ではないドイツ企業へのアンケートがある。このアンケートでは，国際会計基準審議会の純粋な質的な定義に適う企業（中小企業）を対象としたものであるが（Siewert［2010], Anhang 3)，この資料によれば，年度決算書作成にあたって税務上の利益決定を（情報開示機能よりも）最重要視していることがわかる。また，ここで「商事法に準拠した年度決算書」が主として「統一貸借対照表」を意味していることは，回答した企業の79％が可能な限り統一貸借対照表を作成したいと答えていることで裏づけられる。規模に関連する相違が各企業の回答の態度に表れているとはいえ，年間売上高が5万ユーロを超える比較的規模の大きい中小企業でさえ75％がいまだに統一貸借対照表の作成に尽力している（Siewert［2010],

Anhang 3)。

## 3 中小企業の会計実務

ドイツの会計制度は，会計法現代化法に伴う HGB の改正によって，商事貸借対照表と税法規定はより引き離されている。このような状況下で，中小企業の会計実務がどのようになっているのかが問われるところである。この領域は，きわめて実務的なものであり，文献研究だけではその実態に迫ることが難しいが，ドイツにおける会計実務に関する一連の考察から次のことが導き出されるであろう。

① 商事貸借対照表と税法規定が大きく相違しない小規模会社にあっては，従来どおり，すべての目的を充足する「全面的な統一貸借対照表」の作成が可能である。理論的には，このような「統一貸借対照表」が認められるか否かは，どの程度まで商法上の GoB が「統一貸借対照表」において堅持されているかによって判断される[3]。

② 商事貸借対照法と税法規定が大きく相違するようになった中小企業では，「部分的な統一貸借対照表」ないし，「2種類の貸借対照表」（商事貸借対照表と本来の税務貸借対照表」を作成する必要性が増している[4]。

③ ただし，会計法現代化法に伴う商法の改正によって，商事貸借対照表と税法規定がより引き離されたことが，会計実務に影響を与え続けるであろう。したがって，商法上の小会社を例外として，中小企業では，「全面的な統一貸借対照表」の作成という実務を一部に残しながらも，「部分的な統一貸借対照表」，さらには，「2種類の貸借対照表の作成」を選択する企業が暫時増えていくことが予測される[5]。

ここで，「2種類の貸借対照表の作成」とは，「基準性の原則」の崩壊を意味しておらず，「増減計算表（副計算表）の作成を省略した税務調整計算の明確化」を意味している。すなわち，2種類の貸借対照表を作成することは業務上負担でありまた費用がかさむため（長谷川［2009］，33頁），実務上は通常，「統一貸借対照表」だけを作成するが，税務調整項目が多い場合は，（所得税施行令60条2項1文の）「増減計算表」よりも，別途に（所得税施行令60条2項2文の＝狭義の）税務貸借対照表を作成したほうが「調整計算」が明確化される[6]。狭義の税務貸借対照表は，貸借対照表という体裁は整えているが，その内容は「調整計算表」である。（狭義の）税務貸借対照表は，商事貸借対照表と所得税法の相違の調整とい

う方向からの役目と，税務申告手続の簡便化という逆の方向からの役目を担っている（長谷川［2009］，62頁）。つまり，「2種類の貸借対照表の作成」とは，「増減計算表（副計算表）作成に代わる税務調整計算の明確化」を意味している。

## 4 統一貸借対照表の未来に関する予測

統一貸借対照表の未来に関する予測は，「立法者が長期的にも基準性の原則と統一貸借対照表の理念に固執する」と「基準性の原則が破棄され，それに代えて独立した税務上の利益決定が導入される」という2つの展開に集約される（Vgl. Siewert［2010］, S. 43）。その展開の行方を左右する最大のポイントは，「統一貸借対照表の作成が将来的にほぼ具体化可能でなくなるのは，基準性の封じ込めによってばかりでなく，商事貸借対照表における数多くの記載規定および評価規定の改正にもよる」（Kern［2009］, S. 22）ことである。より詳しく言えば，商事貸借対照表における多くの記載規定および評価規定が，情報提供機能のさらなる強化のために改正され，または/および商法上のGoBから離反する税法の記載規定および評価規定が新設されることによって，商事貸借対照表と税法規定の乖離が著しくなるか否かによる。

# Ⅶ おわりに

会計法現代化法制定前までは，多くの中小企業は，従来はわずかな特殊な場合を除いて，「商事法に準拠した年度決算書」として，商法と税法の両方を満足させる統一貸借対照表を作成していた。

2009年に成立した会計法現代化法には，IFRSおよび中小企業版IFRSを受け入れる代わりに，IFRSと同等であるドイツ基準（HGB）の開発を図ることによって，非市場指向型企業に，「信頼性ある商法会計法」を与えるという「目的」があった。しかし，会計法現代化法に伴う商法および所得税法の改正によって，商事貸借対照表と税務貸借対照表は，より引き離されることになり，実務上，統一貸借対照表の作成の可能性が，より制限されることになった。商事貸借対照表と税法規定が大きく相違しない中小企業にあっては，従来どおり，すべての目的を充足する「全面的な統一貸借対照表」の作成が可能である。しかし，商事貸借対照表と税法規定が大きく相違するようになった企業では，「部分的な統一貸借対照表」ないし，「2種類の貸借対照表」（商事貸借対照表と本来の税務貸借対照

表）を作成する必要性が増している。

　ドイツにおける統一貸借対照表の未来は，最終的には立法政策に帰する。ドイツの立法府が，中小企業の会計制度における「会計法の欧州化」と「国内中小企業の多様性」とのバランスをどのようにとっていくのかが問われるところである。

**注**

1　ただし最後にあげた論拠は，種々の［増加しつつある］税法の特別規定があることから，批判的に見なければならない。こうした特別規定によって引き起こされる商事貸借対照表との離反が，簡素化として想定されている基準性およびこれに伴う統一貸借対照表の継続的な複雑化につながっているからである。もっとも，これは法的状況の改変によって取り除くことができるともいわれる（Siewert［2010］, S. 20f）。

2　佐藤誠二教授も，「年度決算書の作成，監査，公示に関して簡便化・免責措置がある中小規模の会社は修正計算を商事貸借対照表に取り込み，税法を考慮した商事貸借対照表と税務貸借対照表の兼用の統一貸借対照表を作成し法人税申告に用いる実務が一般的に定着しており，会計法現代化法とはむしろ逆行して，現代化した会計法に対する規制軽減の観点から中小規模会社に対するこの統一貸借対照表実務を継続的に維持しようとした」（佐藤［2010］, 29-30頁）とする。

3　全面的な統一貸借対照表の作成は実際に稀なケースでしか可能でない。それは次のような場合である（Siewert［2010］, S. 42）。
①　税務上の記載留保ないし評価留保が商法上の価値計上に対立せず，
②　価値計上がGoBに反する［たとえば所得税法第6b条］税務上の選択権が適用されておらず，かつ，
③　それ以外の税務上の選択権が，商法上の価値計上からの離反につながるようには行使されていない。

4　部分的な統一貸借対照表では，税務上の利益決定のために，商事貸借対照表から離反する税務上の価値計上に関して増減計算（Mehr-oder-Weniger-Rechnung）を作成しなければならないので，これを作成するかどうかの決定は主として企業の所与の条件に左右される。離反の数および／または範囲が大きければ，貸借対照表外の税務上の修正のためのコストがもともと大きいので，商事貸借対照表と税務貸借対照表の分離をする甲斐があるかもしれない（Siewert［2010］, S. 42f）。

5　逆基準性の廃止から生じる全般的な帰結には，とりわけ次のようなものがある（Siewert［2010］, S. 39）。①資産状況，財務状況，収益状況の記述の改善，②潜在的租税の意義の増大，③独立した税務貸借対照表方針の追求の可能性，④統一貸借対照表からの（いっそうの）離脱。
　「処理され展開されなければならない，商法決算書と税務決算書との間の乖離の明確な増大」は，「相変わらず商法決算書から税務上の所得を導出する調整計算書によって行われうる。しかし，乖離の増大によってこの調整は，分かりにくく且つ誤りやすくなる危険

にさらされることになる」とされる（久保田［2014］，61頁）。
6　租税法規定によって要求される修正が多い場合には，租税目的のための特別の貸借対照表を作成してもよい（中里［1983］，497頁）。差異が非常に大きい場合は，前年度の税務貸借対照表を基にして，報告当該年度の商事貸借対照表を考慮しながら税務貸借対照表を作成する」（武田／河﨑／古賀／坂本［2007］，732頁）。

なお，所得税施行令60条2項2文の「税務貸借対照表」の構造は，おおよそ，わが国における，①「計算書類（貸借対照表と損益計算書）」と，②法人税申告書・別表四の「加算・減算項目」（別表四の仮計まで）とそれに対応する別表五㈠を合体したものに近い。

## 【引用・参考文献】

Ernst, Christoph/Naumann, Klaus-Peter [2009], *Das neue Bilanzrecht Materialien und Anwendungshilfen zum BilMoG*, Düsseldorf.

Herzig, N. und S. Briesemeister [2009], *Das Ende der Einheits: Abweichungen zwischen Handels-und Steuerbilanz nach BilMoG-RegE*, DB 62（1/2），S. 1-11.

Kern, Amgelika [2009], *Die Erstellung einer Einheitsbilanz vor dem Hintergrund des Bilanzrechtsmodernisierungsgesetzes Kritische Analyse und beispielhafte Darstellung*.

Lorson, P. und M. Toebe [2009], *Konsequenzen des BilMoG für die Einheitsbilanz:Abschaffung der umgekehrten Maßgeblichkeit*, BBK（9），S. 453-462.

Siewert, Karin [2010], *Der Wegfall der umgekehrten Maßgeblichkeit durch das Bilanzrechts-modernisierungsgesetz und seine Konsequenzen für die Einheitsbilanz*.

久保田秀樹［2014］『ドイツ商法現代化と税務会計』森山書店。

齋藤真哉［2009］「ドイツにおける会計と税務の関係へのIFRSの影響－貸借対照表法現代化法（BilMoG）の検討－」『産業経理』第69巻第2号。

坂本孝司［2011］『会計制度の解明－ドイツとの比較による日本のグランドデザイン－』中央経済社。

─────［2012］『ドイツにおける中小企業金融と税理士の役割』中央経済社。

佐藤誠二［2010］「IFRSへの対応と非対応の会計法改革」『會計』第178巻第3号。

佐藤博明・ヨルクベェドゲ編著［2014］『ドイツ会計現代化論』森山書店。

武田隆二・河﨑照行・古賀智敏・坂本孝司監訳［2007］『税理士業務における品質保証と品質管理』ドイツ連邦税理士会／ドイツ税理士連盟／DATEV協同組合，㈱TKC。

中里実［1983］「企業課税における課税所得算定の法的構造（一）～（五完）」『法学協会雑誌』第100巻1号（1983年1月），3号（1983年3月），5号（1983年5月），7号（1983年7月），9号（1983年9月）。

長谷川一弘［2009］『ドイツ税務貸借対照表論』森山書店。

# 第6章

# フランス

## I はじめに

　2000年代において，フランスの経済規制政策はEU全体の方針から重大な影響を受けることとなった。国際財務報告基準の導入をはじめ，フランスの会計に関する規制にもEUの影響は強く反映された。とはいえ，フランス会計基準（Plan Comptable General）の収斂過程については，2004年の会計概念に関する改訂[1]以来，その進行は止まっており，2010年には，フランス会計基準庁（Autorite des Normes Comptables）が，中小企業への中小企業版IFRSの適用について，行うべきでないとする判断を示している（ANC［2010a］, p. 1）。

　EU全体では，会計に関する規制（主に第4指令）の改定が進められた結果，2013年には「財務諸表に関するEU指令」が公表された（European Parliament［2013］）。この新しい会計指令においては，「マイクロ企業」の財務諸表開示の免除が可能とされていて，各国において開示義務が調整できるしくみとなっている。だが，フランスでは，期待されていた開示義務の緩和は，ほとんど行われなかった。

　本章の目的は，中小企業版IFRSの適用否認と，開示義務が緩和されなかった2点に関して，フランス経済金融省および会計基準庁の方針について検討を行い，その背景ともたらされる効果について文献レビューに基づいて分析することである。はじめに，現行のフランス中小企業会計について説明した上で，中小企業版IFRSへの反対について分析する。後半では，改訂案とその経緯を記述し，財務諸表の開示義務の免除がもつ意義について検討を行う。

## II　中小企業会計制度の概要

　日本と同じく，フランスでも単独計算の数値は，法的義務と関連して使用される点は重要な事実である。この結果，単独計算と，商法および税法の3者は強く結びついている。

　一方，1980年代にアメリカから導入された連結計算は，法的環境を無視する「実質優先主義」(prééminence de la substance sur la forme) を採用している。1986年にプラン・コンタブル・ジェネラル (Plan Comptable Général；以下「プラン・コンタブル」という) に連結計算が導入された当初から，連結は単独のルールと内容的に異なっていた。たとえば，リース，引当金，繰延税金などに関しては，完全に別なルールであった (ガルシア [2008])。連単が分離された結果として，IFRS導入以前から，連結においては法体系との連携は崩れていた (Richard et Colette [2005], pp. 46, 310)。IFRS導入に伴う連単分離に直面し，企業は連結の修正や情報システムにかかる余分なコストを嫌い，これに反対している (トダン氏[2], Créfige [2004]) が，1986年に連結の基準が導入された時点から，2005年にIFRSが適用される時点まで，連結と単独計算の基準は徐々に離れてきているのである。その理由は，EU内の会計調和化にある (ガルシア [2008])。

　結果として，現在のフランス会計制度は，3種類の会計基準が共存していることとなった。単独計算書は，プラン・コンタブルの管轄にある。そして，非上場企業の連結計算書には，"Règlement 99-02" というフランス国内の連結基準が適用される[3]。上場企業の連結計算書には，IFRSが適用される。

　単独計算書の結果から連結計算書を作成するには，多かれ少なかれ修正作業が必要となる。個別会計基準である「プラン・コンタブル」と「連結計算書に関する規則」との間にそれほど大きな概念的差異はなかった (藤田 [2011]) ものの，実務においては手作業での対応はできず，連結用のソフトウェアが一般的に使われた (板橋 [2011])。

　プラン・コンタブルとIFRS間の差はさらに大きい。連結会計基準と個別会計基準では概念的な点でも個別具体的な会計処理の点でも大きく異なるため (藤田 [2011])，修正作業は膨大になり，再分類や再評価によってほとんど完全に新しい情報を作成しなければならない (レピネ氏, EFL [2006], p. 22)。

**図表6-1　会計制度における連単分離**

| 子会社のない企業 | 非上場親会社 | 上場親会社 |
|---|---|---|
| 単独計算書：<br>プラン・コンタブル<br>（連結なし） | 単独計算書：<br>プラン・コンタブル | 単独計算書：<br>プラン・コンタブル |
|  | 連結計算書：<br>連結計算書に関する規則 | 連結計算書：<br>完全版 IFRS |

（出所）　Dufils and Lopater［2009］に基づいて筆者作成。

　フランスでは，1999年から国内基準のコンバージェンスをめぐりさまざまな検討を行ってきたが，現在では単独計算と連結計算で異なる会計基準が適用されるダブル・スタンダードの制度を維持する方針を採用している。

## Ⅲ　会計基準庁の中小企業版 IFRS への反対

　会計基準庁は，2010年3月のECへの書簡の中で，中小企業版IFRSへの疑問を述べ，同時に，現在のEU指令の枠組みを維持することを支持した（ANC［2010a］）。書簡の中で，EUが選ぶべき会計基準は，「簡単で，安定しており，企業の規模に適合したルールであり，その改定がEUの国々の権限下にあるもの」であるとされている（ANC［2010a］, p. 3）。つまり，中小企業版IFRSは，これらの条件を満たしていないため，適用すべきでないと判断したのである（ANC［2010a］, p. 1）。

### 1　「トップ・ダウン」アプローチ

　IASBの中小企業版IFRS設定過程は，「トップ・ダウン」アプローチである（EC［2010］, p. 12）。先に，完全版IFRSを設定し，それを単純化することで中小企業版IFRSを作成する。一方，従来のEUの基準設定は，「ボトム・アップ」アプローチであった（EC［2010］, p. 12）。EU指令では，先に，一般企業を対象とする基準を設定し，その後に上場企業などのために追加的な基準を設定するのである。

　中小企業版IFRSの作成過程において「トップ・ダウン」アプローチを採用する場合，大きな問題が2つ発生する。まず，「トップ」の基準が変更されると，「ダウン」の基準も変更される。IASBの基準体系は，まだ「未完成である」

(ANC [2010a], p. 1) ため，中小企業版 IFRS は，おそらくは発生するであろう完全版 IFRS の変更に影響を受ける可能性が高い。2 つめの問題は，「ダウン」の基準が「トップ」に依存していることである。つまり，原則ベースの基準である中小企業版 IFRS を解釈するために，完全版 IFRS の基準に基づいて解釈しなければならないのである。

　これらの問題の結果として，中小企業 IFRS は完全版 IFRS から独立したものとはなり得ず，完全版 IFRS と同じデメリットが発生すると判断される。

### 2　情報ニーズの多様性を無視

　中小企業版 IFRS は，完全版 IFRS と同じ概念フレームワークの下で作られるため，投資家の情報ニーズを重視するとみなされている。だが，資源が限られている中小企業においては，会計情報は経営意思決定に有用であることが必要不可欠である（レピネ氏[4]，EFL [2006], p. 22）。そのために，従来フランスの会計制度においては，「管理会計と財務会計を近づけるアプローチ」がとられてきた。

　投資家の情報ニーズを優先することになれば，「企業，特に中小企業にとって，本来なら不要であったコストがかかる会計基準が強制されることとなってしまう」（レピネ氏，EFL [2006], p. 22）。そして，「結局，中小企業において主要な利害関係者とはいえない投資家のために，経営者の重要なツールである会計情報が，その適合性を失ってしまう危険性がある」（レピネ氏，EFL [2006], p. 22）。

　フランス産業連盟のレピネ氏と同様，会計基準庁も，中小企業の情報ニーズの多様性を考慮しているため，中小企業版 IFRS が，そうした情報ニーズを満たしていないとして批判をしている（ANC [2010a], p. 1）。

### 3　基準の複雑さによる適用負担

　従来，フランスで使われてきたルールであるプラン・コンタブルと比べ，中小企業版 IFRS は，非常に難解であるとされている（ANC [2010a], p. 1）。そして，情報の利用者にとっても，分析や解釈がしにくいとみなされている（ANC [2010a], p. 1）。一方で，中小企業の資源は限定されているため，「簡単なルールが必要とされる」（ANC [2010a], p. 1）。

### 4　資産負債アプローチと公正価値測定によるボラティリティの拡大

　中小企業版 IFRS では，「投資家の情報ニーズが重視されるため，会計情報は，

ある時点における企業の財務的評価をあらわす目的を持つとされる」(ANC [2010b], p. 5)。

こうした目的のために, 公正価値測定を重視する資産負債アプローチが採用されることとなる。しかし, 「資産負債アプローチを適用すると, 損益計算書から企業の成績がはっきり測れなくなってしまう」(ANC [2010b], p. 5)。つまり, 本業の業績に, 未実現の損益が加えられることによって, 報告利益数値が業績の指標として機能しなくなる危険性がある。そして, 公正価値測定を広く適用すれば, 利益のボラティリティが拡大する懸念もある (ANC [2010b], p. 6)。経済環境の変動に弱い中小企業にとっては, 公正価値測定が生み出す不安定性は, 経営意思決定を混乱させるリスクを持つ (レピネ氏, EFL [2006], p. 22) と考えられている。

## 5 会計制度の分断

中小企業版 IFRS 導入の 1 つの目的は, 完全版 IFRS の適用ができない中小企業に, より簡単な基準を使用させることである。その意味では, 会計の単純化を目指しているわけだが, 実際には中小企業版 IFRS を適用することで, 1 つの会計制度の中に, 3 つあるいは 4 つの会計基準が共存することとなり[5], かえって利用者を混乱させる危険性がある (ANC [2010a], p. 1)。さらに, どういった企業がどの基準を使うのかという議論は非常に重要であり, 各基準をどう適用するのが最適なのかについてはことさら慎重に考えるべきである (ANC [2010a], p. 2) とされる。

## 6 変更頻度, 内容に対するコントロールの喪失

IASB は, 3 年ごとに中小企業版 IFRS をアップデートする予定であるため (ANC [2010b], p. 4), 少なくとも 3 年ごとに, 中小企業は新しい会計基準への適応を要求されることになる。改定されるルールに関しては, EU 全体のエンフォースメント制度が予定されていないため, 従前は国の管轄下にあった会計基準を作成する権限が完全に IASB に委託されることとなる (ANC [2010b], p. 4)。だが, EU 市民に対して説明責任を持たない IASB に, このような重要な権限を委譲することはできない (ANC [2010b], p. 5) し, 現状では, 中小企業版 IFRS を導入した後に, IASB がどのような改定を行うか EU は保証することができないのである。

また, IFRS 自体も常に変更し続けており, 中小企業は到底その変更頻度に対

応できないであろうという懸念がある。会計基準の変更による負担は，中小企業の競争力を悪化させる（ANC［2010a］, pp. 2-3）と予測されている。

## 7 法体系との整合性

日本と同じく，フランスの会計制度は成文法の環境にあり，確定計算主義が企業の会計実務に大きな影響を及ぼしている。多くの中小企業は，確定計算主義の維持を望んでおり，その場合必要とされるのはさまざまな法的義務に適合した会計基準である（ANC［2010a］, p. 1）。

2000年代において，フランスの会計基準設定団体[6]は，どのように法体系との整合性を維持しながらIFRSへのコンバージェンスを図るかを，さまざまなタスクフォースにおいて検討した。だが，その結論は，IFRSと商法や税法の間の矛盾は解決できない（ANC［2010a］, p. 2）というものだった。

2005年に公表された「国際会計基準と税務」ワーキンググループの報告書（CNC［2005a］）において，当時の国際会計基準とフランスの税務会計が矛盾する点のリストがあげられている。資産に関しては，ほぼすべてのカテゴリーにおいて重大な測定の差が存在し，負債に関しては，従業員給付などの引当金が損金計算と異なっていた。

同年に公表された「国際会計基準と法律」（CNC［2005b］）においては，国際会計基準とフランス商法間において矛盾する点のリストがあげられている。そこでは，あまりにも多くの概念が異なっていたため，会計情報と法律上の契約や義務との関係性が変化を余儀なくされ，会計記録が裁判における物的証拠として認められなくなる可能性も生じている。さらに，会計基準の変更に伴い，利益や自己資本の測定が影響を受けた場合には，関連する法律上の規定を見直すか否かという問題が発生する。とくに，配当金の制限や倒産に関する法律上の規定に関して，十分に各利害関係者を保護するためには，導入インパクトに関する議論が必要である（CNC［2005b］, p. 11）とされる。

以上，Ⅲをまとめれば，会計基準庁は中小企業版IFRSに関して，一般的な中小企業のニーズを満たしておらず，中小企業の置かれた経済環境や法環境に適合していない（ANC［2010b］, p. 6）と考えている。そのため，中小企業版IFRSの導入に強く反対し，現在の会計制度を維持することが望ましいと主張しているのである。

## Ⅳ 極小企業[7]およびマイクロ企業の開示義務の部分的免除

2013年に公表された財務諸表に関するEU指令（European Parliament［2013］）において，「マイクロ企業」の財務諸表開示の免除が可能とされている。フランスでは，この欧州委員会の方針の公表をきっかけとして，19世紀から続く商法の伝統から離れ，小企業の会計義務を緩和する提案がなされた。しかし，結局はさまざまな利害関係者の情報ニーズに配慮した結果として，2014年1月30日の法令[8]における改定は，極めて小規模なものにとどまった。

### 1 「極小企業」および「マイクロ企業」の定義と開示義務の緩和

2014年1月30日の法令および2014年10月15日のデクレ[9]（命令）において，「極小企業」（Tres petites entreprises）およびマイクロ企業の範囲が以下のように定義された。

極小企業とは，貸借対照表の合計が400万ユーロ以下，売上高が800万ユーロ以下，従業員数50人以下，この3つの制限のうち2つを満たす企業とする。こうした企業は，2014年4月より[10]単純化された形式に基づいて決算を作成することができるようになった。

マイクロ企業とは，貸借対照表の合計が35万ユーロ以下，売上高が70万ユーロ以下，従業員数10人以下，この3つの制限のうち2つを満たす企業とする[11]。こうした企業は，2013年度から財務諸表への注記（Annexe）の開示義務がなくなった。さらに，マイクロ企業が申請すれば，決算書が官公庁以外に公表されないこととなる。

つまり，中小企業会計に関しては，2013年度の決算から3つの大きな変更がある。①極小企業の事務的な負担を減らすため，財務諸表の形式が単純化されたことと，②マイクロ企業の事務的な負担をより減らすため，注記の提出が必要でなくなったことと，③マイクロ企業の営業上の秘密（secret des affaires）を守るため，商業裁判所に提出された財務諸表が強制的に開示されなくなったこと，の3点である。

## 2 開示義務の部分的免除の背景

フランスの商法においては，会計法の基本となっている会計帳簿記帳義務（Obligation de tenue de comptes）および商業裁判所に財務諸表を提出する義務（Obligation de depot des comptes au greffe）が設定されている。会計帳簿の記帳義務は，すべての商人に適用されるが，財務諸表の公告義務は企業の法的形態によって異なる。

図表6-2 商法における開示義務

| 法的形態 | Entreprise Individuelle 個人企業 | Societe en nom collectif 合名会社 | Societe a Responsabilite limitee 有限会社 | Societe Anonyme 株式会社 |
|---|---|---|---|---|
| 公告義務の有無 | 無 | 無 | 有 | 有（監査義務） |

本来は，この図表のように企業の規模と関係なく財務諸表の作成および公告義務が設定されていたが，欧州委員会の影響によって，2013年度の決算から企業規模によっては報告義務が緩和されることとなった。欧州委員会（EU [2008], p7）が，"Think small first" という考え方に基づき，新しい法律の設定において中小企業の特性を考慮し，既存の法的環境についてもできるだけ単純化すべきであると主張したためである。

2013年6月26日に開示された「財務諸表に関する指令[12]」においては，この方針が実現された。指令のArt 36では，マイクロ企業に関して，各国は会計情報の開示義務を免じることができると規定している。その根拠は，「マイクロ企業は，高い規制を順守するための資源が限られている」（par. 13）ためである。

Art 36のマイクロ企業の開示義務の免除に関して，フランス経済金融省［2013］は以下の提案をした。

「小企業は，今まで貸借対照表や損益計算書の他に義務づけられていた注記の作成がこれからは免除される。これからも，信頼できる網羅的な会計帳簿の作成義務および財務諸表の商業裁判所への提出義務は継続されるが，今後財務諸表は公表されない。」

この提案を受けて，2013年度からは，マイクロ企業は注記の提出が免除され，

貸借対照表，損益計算書のみ商業裁判所に提出されることとなる。

## 3　控え目な改定

　フランス経済金融省（2013）では，小企業[13]140万社がこの緩和措置の対象となると予測している。この緩和措置によって小企業にとっては，会計コストの削減という効果が期待されている。ただし，財務諸表の作成や提出義務が完全になくなったわけではないので，EU 指令の認める範囲と比較すれば，開示義務の免除範囲は小さかったともいえる。

　EU 委員会は，2007年に明示した Think small first 方針の一環として，中小企業の一部に会計義務を免除すると提案した。この方針は，2007年から2013年の間に利害関係者からの意見聴取を繰り返して，その結果作成されたものである。

　フランスの産業界は，2007年の段階ではこの方針に反対していた。代表的な組織であるパリ商工会の報告書（CCIP［2007］，pp. 15-16）は，その理由を明確に記述している。まず，取引先や債権者の保護のため，財務諸表の開示が望ましいこと。そして，商業裁判所のチェックによって，比較的早期に倒産の危険性のある企業が発見できること，である。

　しかし2年後にはパリ商工会（CCIP［2009］，p. 2）の意見は変わり，小企業の財務諸表の開示義務を免除することに賛成した。その理由は，財務諸表の提出を税申告に置き換え，同時に商業裁判所への提出は維持されることが提案されていたためである。税申告の一部には，財務諸表が含まれるため，これまでと同等な情報が提供されるものと判断され，フランスの産業界の同意が得られたわけである。

　とはいえ，第三者に対する財務諸表の開示義務は，会計法の1つの重要な目的である。上述の3つの主な変更を伴う新しい規制のなかでも，「マイクロ企業の財務諸表が公表されなくなること」は，フランス本来の商業の伝統と大きく懸け離れている。財務諸表の非公開により，第三者が自由に企業の財務状態を確認することができなくなるため，債権者の保護機能は弱体化することになる。

##  おわりに

　本章では，フランスの中小企業会計制度の近年の動向について検討した。会計制度は，他の経済規制と同じく EU の政策の影響を強く受けており，本章でとり上げた中小企業版 IFRS の適用の有無や中小企業の開示義務の緩和は，直接に

EU全体での議論と結びついている。

　フランスの会計基準庁は，中小企業版IFRSが「中小企業の情報ニーズを満たさない」ため，一般企業への適用に反対している。だが，実はこうした批判の根拠としてあげられるのは，中小企業版IFRSに対するものよりも，IFRS全体の特徴に関するものである。たとえば，基準の不安定性，公正価値によるボラティリティの拡大，管理会計と財務会計の分離，法的環境との連携を持たないことなどは，IFRSに対する批判でもある。この意味において，中小企業版IFRSへの反対は2005年に採用された完全版IFRSに対する不満を反映しているといえる。

　財務諸表の開示義務の免除は，結局のところグローバル化の影響を強く受けているといえる。もともとの発想は，EU内の調和化であった（EU［2008］）。EUの市場内において，事務的なコストの違いによって企業の競争が悪影響を受けないように，法律を収斂することが提案された。また，EU外の企業に対する競争力を高めるためにも，事務的なコストの削減が不可欠であるとされている。

　フランスの場合は，EUの提案が公表された時点では，反対意見が強かったが，景気の悪化が長引く中で，競争力を高めると期待される戦略に同意することとなった。この結果，フランスの中小企業の半数以上を占めるマイクロ企業が，2013年度から財務諸表を公表しなくなるという極めて大きな変化が引き起こされることとなる。この点に関して，商法の伝統的な発想である債権者保護思想が弱体化される危険性は否定できない。

注

1　2004年の *Avis sur les actifs*「資産の定義，会計処理，および評価に関する意見書」は，最後の重要な改訂である。
2　Claude Taudin（クロード・トダン），フランスの財務課長・マネージメントコントローラー協会会長，2004年3月18日，Créfige，パリ・ドフィーヌ大学にて講演。
3　IFRSの使用も認められる。
4　Agnès Lépinay（アニエス・レピネ），フランス産業連盟経済税制財務問題担当者，EFLによるインタビュー。
5　完全版IFRS，中小企業版IFRS，単独計算の基準であるプラン・コンタブル，連結計算の基準であるRèglement 99-02の規則という4つの基準が共存することとなる。
6　2009年まで，国家会計審議会"Conseil National de la Comptabilité"（CNC）が基準設定を担当。2009年から会計基準庁へと組織変更が行われた。
7　Tres petites entreprises.
8　2014年2月1日に公表されたOrdonnance 2014-86 allegeant les obligations comptables

des micro-entreprises et petites entreprises.
9 Décret n° 2014-1189 du 15 octobre 2014 relatif à l'allégement des obligations de publicité des comptes annuels des micro-entreprises.
10 つまり，2013年度の決算から適用される。
11 この閾値は，2013年6月のEU指令（財務諸表に関する指令）Art 3と同じものが採用された。
12 Directive relative aux etats financiers annuels, aux etats financiers consolides et aux rapports y afferents de certaines formes d'entreprises.（フランス語のタイトル）
13 フランスの税制において，Microentreprise「マイクロ企業」という表現はすでに使われているため，フランス経済金融省は2013年にTres petites entreprises（極小企業）という表現を使っていた。最終的には，「マイクロ企業」と「極小企業」は，別々に，税制の定義と無関係に新しく設定された。

### 【参考文献】

Autorité des Normes Comptables（ANC）[2010a], *Consultation sur la norme internationale d'information financière pour les petites et moyennes entreprises*, http://www.anc.gouv.fr/sections/textes_et_reponses_2/reponses_aux_questio/commission_europeenn/lettre_consultation/downloadFile/file/Lettre_Consultation_sur_la_norme_IFRS_pour_les_PME.pdf?nocache=1268651174.24.（参照 2011-08-10）

─── [2010b], *Réponse a la consultation sur la norme internationale d'information financière pour les petites et moyennes entreprises*, http://www.anc.gouv.fr/sections/textes_et_reponses_2/reponses_aux_questio/commission_europeenn/annexe_一_reponse_con/downloadFile/file/Annexe_一_Reponse_consultation_normes_IFRS_pme.pdf?nocache=1268651577.61.（参照 2011-08-10）.

Chambre de Commerce et de l'Industrie de Paris [2007], *Reponse de la CCIP a la consultation europeenne sur la simplification de l'environnement juridique des societes*, 8 November.

─── [2009], *Exempter les micro-entites de certaines obligations declaratives, Rapport de M. Alain Buat*, 10 September.

Conseil National de la Comptabilité（CNC）[2005a], *IAS et Fiscalité, Rapport d'étape présenté à l'Assemblée plénière du 24 mars 2005*. http://www.lexisnexis.fr/pdf/DO/Rapport-etape-IASfiscalite.pdf.（参照 2011-08-15）

─── [2005b], *IAS et Droit, Rapport d'étape présenté à l'Assemblée plénière du 20 octobre 2005*, http://www.focusifrs.com/content/view/full/1771.（参照 2011-08-15）

Créfige [2004], *Les Normes IAS/IFRS : un "big bang" pour les entreprises?* Table ronde, Université Paris Dauphine, 18 Mars 2004.

Dufils, P. and Lopater, C. [2009], *Mémento Comptable 2010*, Editions Francis Lefebvre.

Editions Francis Lefebvre (EFL) [2006], "Convergence future vers les IFRS," *BCF France* (April), pp. 17-26.

European Commission (EC) [2008], *Communication from the Commission to the Council, the European parliament, the European economic and social committee and the Committee of the Regions, "Think Small First" A "Small Business Act" for Europe*, COM (2008) 394.

――――― [2010], *Summary Report of the Responses Received to the Commission's Consultation on the International Financial Reporting Standard for Small and Medium-sized Entities*. http://ec.europa.eu/internal_market/accounting/docs/ifrs/2010-05-31_ifrs_sme_consultation_summary_en.pdf.（参照 2011-08-15）

European Parliament [2013], *Directive of 26 june 2013 on the annual financial statements, consolidated financial statements and related reports of certain types of undertakings, 2013/34/UE*.

Institut National de la Statistique et des Etudes Economiques (INSEE) [2010], "Images économiques des entreprises et des groupes au 1$^{er}$ janvier 2008," *Résultats No. 46*. http://www.insee.fr/fr/themes/detail.asp?ref_id=ir-images08.（参照 2011-08-15）

Ministere de l' Economie et des Finances [2013], *Pierre Moscovici se felicite de l'annonce par le Premier minister de l'allegement des obligations comptables des plus petites entreprises*, Press Release, 18 April.

Richard, J. and Collette, C. [2005], *Système Comptable Français et Normes IFRS*, 7th ed., Dunod.

板橋雄大 [2011]"An Attempt at Conceptualizing Changes in Information Systems Subsequent to IFRS's Adoption in France,"『会計論叢』（明治大学）第6号。

ガルシア・クレマンス [2008]「フランス企業における IFRS 導入の影響」，佐藤信彦編著『国際会計基準の制度化』所収。

藤田晶子 [2011]「IFRS 導入とフランス―会計基準の国際的コンバージェンスと国内的ダイバーシティー」『国際会計研究学会年報（2010年版）』。

# 第7章

# イギリス

## I　はじめに

　イギリスにおける中小企業会計基準の開発は,「小規模企業に対する財務報告基準書」(Financial Reporting Standard for Smaller Entities ; FRSSE) に始まる[1]。FRSSE は,主要国に先駆けて設定された小規模企業に対する会計基準であり,「財務報告基準書」(Financial Reporting Standard ; FRS) を中心とするイギリス会計基準を簡素化することによって作成され,1997年に公表された。以来,イギリスにおける「一般に認められた会計実務」(Generally Accepted Accounting Practices ; 以下,UK-GAAP と称す) の1つとして適用されている。

　UK-GAAP は従来,会社法における会計および開示規定,「標準的会計実務書」(Statement of Standard Accounting Practices ; SSAP),FRS, UITF 摘要書 (UITF Abstracts), FRSSE, ならびに「実務勧告書」(Statement of Recommended Practices ; SORP) によって構成されていた。しかし,2005年以降,他の EU 諸国と同様に,連結財務諸表の作成にあたって EU の承認を受けた IFRS (以下,EU 版 IFRS と称す) の適用が義務づけられて以来,EU 版 IFRS と UK-GAAP が共通の枠組みをもたないまま混在することになった。これを解消すべく改革が進められ,新たな UK-GAAP が2015年1月1日以降の会計年度から適用されることとなった。

　当該改革の過程では一貫して,「中小企業に対する国際財務報告基準」(IFRS for Small and Medium-sized Entities ; IFRS for SMEs) (以下,中小企業版 IFRS と称す) に基づき,会計基準の開発が行われてきた。しかし,中小企業版 IFRS の規定を必ずしも全面的にとり入れているわけではなく,一部の会計問題では,EU 版 IFRS との整合性を考慮しつつ,イギリス会社法または税法との調整を図っている[2]。

本章では，UK-GAAP の改革過程を概観することによって[3]，イギリスにおける中小企業会計基準の特徴を明らかにすることにしたい。

## Ⅱ　EU 版 IFRS および UK-GAAP の適用対象

まず，EU 版 IFRS および UK-GAAP の適用対象を明らかにしておきたい。

イギリス会社法によれば，一定の親会社の連結財務諸表（group accounts）は，IAS 規制第4条（Article 4 of the IAS Regulation）[4]によって，国際会計基準（international accounting standards；IAS）に準拠して作成することが要求されており（2006年会社法第403条(1)）[5]，連結財務諸表の資産，負債，財政状態，および損益について真実かつ公正な概観（true and fair view）を示すことが要求される（同法第393条(2)）。ここにいう IAS は，EU 版 IFRS をさしており，IASB の前身である国際会計基準（IASC）によって設定・公表され，現在も有効である「国際会計基準書」（IAS）を意味するものではない。

一方，個別財務諸表を作成するにあたっては，2006年会社法第396条の規定と IAS の選択適用が認められている（2006年会社法第395条(1)）。2006年会社法第396条の規定とは，「国務大臣によって作成される規定」（同法第396条(3)）であるが，実質的には国務大臣から権限を委譲された者が設定する規定を意味している。これは，財務報告協議会（Financial Reporting Council；FRC）体制によって設定・公表される FRS を中心とする会計基準であり，会社法第464条に規定されている標準的会計実務（standard accounting practice）に該当する（FRC［2014］, p. 10）。なお，個別財務諸表に対しても，その資産，負債，財政状態，および損益について真実かつ公正な概観を示すことが要求される（2006年会社法第393条(1)）。

連結財務諸表の作成に際して EU 版 IFRS の適用が義務づけられる対象は，EU 域内の規制市場（regulated market）（以下，EU 規制市場と称す）に上場している企業である。EU 規制市場に該当する市場は，EU 指令および EU 規制の影響を受けるため，当該市場において資金調達を行う企業には EU 版 IFRS が適用される。

ロンドン証券取引所（London Stock Exchange；LSE）は，EU 規制市場に該当し，①FTSE100[6]に該当する大企業が上場している主要市場（main market）と，②中小企業や新興企業を対象とした代替投資市場（Alternative Investment Market；AIM）の2つがある。

LSE の主要市場に上場し，かつイギリス国籍である会社は，連結財務諸表の作成にあたって EU 版 IFRS を適用しなければならない。これに対して，LSE に上場していない会社には，連結財務諸表作成に対して EU 版 IFRS と UK-GAAP の選択適用が認められる（KPMG ／あずさ監査法人編 [2014]，28頁）。しかし，LSE に上場していない会社であっても，当該会社株式がヨーロッパ経済領域（European Economic Area；EEA）の加盟国内，またはニューヨーク証券取引所もしくはナスダック市場で取引されていれば，イギリス会社法上の上場会社とみなされ（2006年会社法第385条(2)），EU 版 IFRS が適用される。

　一方，LSE のうち AIM に登録している会社は，それが EEA の国において法人化された会社であれば，EU 版 IFRS が適用される。ただし，当該会社が親会社でない場合，EU 版 IFRS と設立国の会計諸規定の選択適用が可能である。AIM に登録し，かつ EEA において法人化されていない会社であっても，EU 版 IFRS を適用することは可能であるが，EU 版 IFRS を適用しない場合，次の基準のいずれかを選択しなければならない（LSE [2014], par. 19）。

- US-GAAP
- カナダにおける GAAP
- オーストラリア版 IFRS（オーストラリア会計基準審議会（Australian Accounting Standards Board；AASB）が公表）
- 日本における GAAP

　さらに，中小会社向けの証券市場には，AIM のほかに，ICAP Securities and Derivatives Exchange（ISDX）がある。ISDX は，2000年金融サービス・市場法（Financial Services and Markets Act 2000），2007年所得税法第1005条(1)(b)のもとで認められている証券取引所であり，EU 規制市場に登録していない非上場の中小会社を対象としている[7]。ISDX に登録している会社には，EU 版 IFRS または UK-GAAP の選択適用等が認められている（KPMG ／あずさ監査法人編 [2014]，18-19頁）。

**図表 7-1** イギリス会社法に基づく EU 版 IFRS および UK-GAAP の適用

|  | 連結財務諸表 | 個別財務諸表 |
|---|---|---|
| 適用される会計基準 | EU 版 IFRS | EU 版 IFRS または UK-GAAP の選択適用 |

**図表 7-2** 証券市場に基づく EU 版 IFRS および UK-GAAP の適用

| 市場の種類 | ロンドン証券取引所 ||||| 
|---|---|---|---|---|---|
| | 主要市場 || AIM ||| 
| | 国内会社 | 海外会社 | EEA 設立 | EEA 外設立 | ISDX |
| 連結財務諸表への適用 | EU 版 IFRS | EU 版 IFRS またはそれと同等の GAAP | EU 版 IFRS | EU 版 IFRS またはそれと同等の GAAP | EU 版 IFRS または UK-GAAP |

（出所）　LSE［2014］, par. 19および KPMG／あずさ監査法人編［2014］, 19頁に基づいて作成。

## Ⅲ　UK-GAAP 改革過程の概観

### 1　「財務報告基準書」の改廃

　既述のとおり，UK-GAAP は従来，会社法における会計および開示規定，SSAP，FRS，UITF 摘要書，FRSSE，ならびに SORP によって構成されていた。EU 版 IFRS が導入されて以来，UK-GAAP が EU 版 IFRS と共通の枠組みをもたないまま混在する状況となり，これを改善すべく，UK-GAAP と IFRS とのコンバージェンスが模索された。

　しかし，当時，UK-GAAP を IFRS にコンバージェンスすることは最適な選択でないという結論に達した。その理由は，(1) UK-GAAP に膨大な改訂を施す必要がある，(2) IFRS が適用対象としていない企業すなわち公的説明責任（public accountability）を負わない企業に焦点を当てた会計基準が必要である[8]，などの課題が浮き彫りになった点にある。

　その後，2009年8月に，諮問資料「方針提案：イギリス会計基準の将来」（Policy Proposal: The Future of UK-GAAP）が公表され，翌年の2010年10月に「連合王国およびアイルランドにおける財務報告の将来」（The Future of Financial

Reporting in the UK and Republic Ireland) という包括的なタイトルのもと，公開草案第43号「財務報告基準の適用」(Application of Financial Reporting Standards) および第44号「中規模企業に対する財務報告基準」(Financial Reporting Standards for Medium-sized Entities；以下，FRSME と記す) が公表された[9]。

公開草案第43号では，上場企業のみならず中小企業を適用対象とした抜本的な会計基準設定の改革案が提示され，第44号において FRSME の草案が示された。FRSME は，中小企業版 IFRS を基礎にしているが，これを完全に採択したものではなく，EU 版 IFRS との一貫性を考慮しつつ，一部の規定では会社法の会計規定や税務等との調整を図った内容であった。

その後，両草案は改訂され，2012年1月に公開草案第46号「財務報告上の要求事項の適用」(Application of Financial Reporting Requirement)，および同第48号「連合王国およびアイルランド共和国において適用される財務報告基準」(The Financial Reporting Standard applicable in the UK and Republic of Ireland) が公表された。公開草案第48号は，同第44号と同様に，中小企業版 IFRS を土台にして作成されたが，これを完全に採択せず，会社法の会計規定や税務等との調整が図られた上に，EU 版 IFRS との一貫性を考慮した修正が加えられていた。また，これらの草案に関連して，公開草案第47号「開示減免の枠組み」(Reduced Disclosure Framework) があわせて公表された。

2012年11月，公開草案第46号が FRS 第100号「財務報告上の要求事項の適用」として確定されるとともに，第47号が FRS 第101号「開示減免の枠組み」として確定された。また，公開草案第48号は，その改訂案が2012年に再公開草案として公表された後，2013年3月に FRS 第102号「連合王国およびアイルランドにおいて適用される財務報告基準」として確定された。FRS 第102号は，従来の会計基準を single volume に置き換えるために，公開草案第44号および第48号と同様に，中小企業版 IFRS を基礎にして開発されたが (FRC [2013], p. 227)，必要に応じて会社法および EU 版 IFRS との調整が図られている。

これらの基準の公表にともない，従来の会計基準すなわち SSAP, FRS，および UITF 摘要書に加えて，審議途中の段階にあった財務報告公開草案 (Financial Reporting Exposure Draft；FRED) が，すべて撤廃されることとなった (FRC [2012b], pars. 14, 25)。また，FRSSE は，それが従来の SSAP および FRS を簡素化して作成された会計基準であることから，今回の SSAP および FRS の撤廃にともなって関連基準が改訂された[10]。

以上の過程を経て，FRS 第100号，第101号，および第102号を中心とし，これらに会社法上の会計および開示規定，改訂 FRSSE，および SORP を加えた新たな UK-GAAP が形成された（**図表 7 - 3** および**図表 7 - 4**）。

**図表 7 - 3** UK-GAPP 改革過程における主要刊行物

| 公表年 | 主 要 刊 行 物 |
|---|---|
| 2004年 | 討議資料「IFRS とのコンバージェンスのための戦略」 |
| 2005年 | 公開草案「方針書：ASB の役割」 |
| 2009年 | 諮問資料「方針提案：イギリス会計基準の将来」 |
| 2010年 | 公開草案第43号「財務報告基準書の適用」<br>　　　　第44号「中規模企業に対する財務報告基準」（FRSME） |
| 2012年 | 公開草案第46号「財務報告上の要求事項の適用」<br>　　　　第47号「開示減免の枠組み」<br>　　　　第48号「連合王国およびアイルランドにおいて適用される財務報告基準」 |
|  | FRS 第100号「財務報告上の要求事項の適用」<br>　　第101号「開示減免の枠組み」 |
| 2013年 | FRS 第102号「連合王国およびアイルランドにおいて適用される財務報告基準」 |

（出所）　FRC［2013］, Appendix V, par. A5.1より抜粋。

**図表 7 - 4** 新旧 UK-GAAP

| 旧 UK-GAAP | 新 UK-GAAP |
|---|---|
| ・会社法上の会計および開示規定<br>・SSAP<br>・旧 FRS<br>・UITF 摘要書<br>・FRSSE<br>・SORP | ・会社法上の会計および開示規定<br>・新 FRS<br>・改訂 FRSSE<br>・SORP |

## 2　概念フレームワーク「財務報告原則書」の撤廃

上述した会計基準の改廃にともなって，概念フレームワークであった「財務報告原則書」（Statement of Principles for Financial Reporting）もあわせて撤廃されることとなった（FRC［2012b］, par. 15）[11]。

「財務報告原則書」に代わる基礎概念の体系として，FRS 第102号セクション

2において「諸概念および基準全体にかかる諸原則」(Concepts and Pervasive Principles)が規定されている。これらの定義は，中小企業版IFRSにおけるそれと大きく異なるところはない(FRC [2013], Appendix Ⅱ, p. 291)[12]。「財務報告原則書」に代わって，現在IASBによって開発が進められている「財務報告の概念フレームワーク」(the Conceptual Framework for Financial Reporting)が導入される可能性があるが，現時点において，この点に触れた具体的な記述は関連資料に見受けられない。

なお，FRS第102号のセクション2では，次の項目が規定されている。

- 財務諸表の目的
- 財務諸表における情報の質的特性
- 財務諸表の構成要素の定義，認識，および測定
- 基準全体にかかる認識および測定の一般原則(pervasive recognition and measurement principles)
- 発生主義(accrual basis)
- 財務諸表における認識
- 当初認識時の測定
- 二次測定(subsequent measurement)
- 相殺

## Ⅳ 財務報告基準書第101号および第102号の適用

財務諸表の作成にあたって適用される具体的な要求事項は，FRS第102号において規定されている。他方，FRS第100号は，イギリスにおける財務報告上の要求事項がどのように適用されるかを示したものであり，特定の問題を取り扱った会計基準ではない。また，FRS第101号は，後述する適格企業(qualifying entity)がEU版IFRSを適用する場合の開示減免規定である(FRC [2012c], pars. 1, 2)。

こうした一連の新たなFRSの適用対象は，FRSSEの適用対象外の企業であるか，またはFRSSEの適用が可能でありながら，これを選択しない企業である。当該企業はFRS第102号に準拠して財務諸表を作成することになるが，FRS第102号を適用しない場合，EU版IFRSに準拠しなければならない。また，当該企業が適格企業である場合，その個別財務諸表の作成において，FRS第101号が

適用される (FRC [2012b], par. 2)。すなわち, FRS 第102号は, FRSSE の適用外企業もしくは FRSSE の適用を選択しない企業で, EU 版 IFRS, FRS 第101号を選択しない企業に対して適用される (FRC [2012b], par. (ⅷ))。

当該企業が FRSSE の適用対象外であるか否かは, 会社法上の小規模会社 (および小規模グループ) の定義に照らして判断される[13]。小規模会社 (および小規模グループ) は, 次のとおり定義されている (2006年会社法第382条および第383条)。この定義に該当しない企業 (または企業グループ) の財務諸表に対して, FRS 第102号または EU 版 IFRS が適用される。

図表 7-5　会社法における小規模会社および小規模グループの定義

| 小規模会社 (単体) | 小規模グループ |
| --- | --- |
| 次のうち最低2つの要件を満たすこと<br>① 売上高6.5百万ポンド未満<br>② 総資産3.26百万ポンド未満<br>③ 従業員50名以下 | 次のうち最低2つの要件を満たすこと<br>① 売上高6.5百万ポンド (純額) または7.8百万ポンド (総額) 未満<br>② 総資産3.26百万ポンド (純額) または3.9百万ポンド (総額) 未満<br>③ 連結従業員50名以下 |

次に, 適格企業とは, 真実かつ公正な概観を提供することを目的として公表される連結財務諸表に含まれている企業をいう (FRC [2012c], Appendix Ⅰ, Glossary)。たとえば, S社の会計情報がその親会社であるP社の連結財務諸表に含まれている場合, S社は適格企業となる。この場合, P社が EU 版 IFRS を適用するのであれば, S社は, その個別財務諸表を会社法上の「企業グループ内の財務報告の一貫性」(Consistency of financial reporting within group) (2006年会社法第407条) に従って EU 版 IFRS を適用して作成するが, 適格企業であるため, FRS 第101号による開示減免規定を受けることが可能となる (KPMG／あずさ監査法人編 [2014], 99頁)。また, 適格企業が FRS 第102号を適用している場合であれば, FRS 第102号の各セクションにおいて示されている開示減免規定が適用される (FRC [2012c], par. (x))。

FRS 第101号または第102号の適用に関連して, すでに任意で EU 版 IFRS に準拠している企業であっても, 適用基準を EU 版 IFRS に代えて FRS 第101号または第102号に変更することが認められている (FRC [2012b], Appendix Ⅱ, Note Legal Requirements, pars. A2.14, A2.15)。

##  財務報告基準書第102号の特徴

　繰り返しになるが，イギリスにおける中小企業会計基準は一貫して，中小企業版IFRSを基礎にして開発されてきたが，必要に応じて会社法および税法，ならびにEU版IFRSとの調整が図られてきた。

　なかでも会社法との調整が中心に行われているFRS第102号の主要な項目として，「財政状態計算書」(Statement of Financial Position)（第4セクション），「包括利益および損益計算書」(Statement of Comprehensive Income and Income Statement)（第5セクション），「連結および分離財務諸表」(Consolidated and Separate Financial Statements)（第9セクション），および「企業結合およびのれん」(Business Combinations and Goodwill)（第19セクション）などがあげられる。

　イギリスでは，会社法の規定に基づいて作成される財務諸表は「会社法財務諸表」(Companies Act accounts)と称され，EU版IFRSに準拠して作成される財務諸表すなわち「国際会計基準財務諸表」(IAS accounts)と区別される。FRS第102号に基づいて作成される財務諸表は，FRS第102号がEU版IFRSを選択しない企業に適用されることから，会社法財務諸表に該当する。それゆえ，「財政状態計算書」および「包括利益および損益計算書」の各セクションでは，その基礎となった中小企業版IFRSの規定の大半が会社法上の規定によって除外され，かつ置き換えられている（FRC［2013］, Appendix Ⅱ, Significant Differences between FRS 102 and the IFRS for SMEs, p. 291）。

　また，「連結および分離財務諸表」では，連結財務諸表に関する中小企業版IFRSの規定が会社法に基づいて改訂されている（FRC［2013］, Appendix Ⅱ, Significant Differences between FRS 102 and the IFRS for SMEs, p. 292）。

　さらに，のれんの償却について，中小企業版IFRSでは償却期限を10年と規定しているのに対し，FRS第102号では会社法との整合性を考慮し，原則として5年以内に償却するよう要求している（FRC［2013］, par. 19.23(a)）。

##  おわりに

　本章では，イギリスにおいてEU版IFRSが導入されて以来進められてきたUK-GAAPの改革過程を概観し，当該改革において中小企業版IFRSを基礎に

した会計基準の開発および改廃が行われてきたことを明らかにした。また，その一方で，会社法や税法に配慮した規定が存在することをあわせて指摘した。

今回の改革によって，イギリスでは IFRS（EU 版 IFRS および中小企業版 IFRS）を基軸にした会計規制が構築されたといえる。新たな UK-GAAP の規定は，2005年1月1日以降の会計年度から適用されるため，当該規制が企業および経済社会に如何なる影響を与えるのか，この点に関心が集まることになるであろう。

### 注

1　FRSSE の詳細については，河﨑［2001a］，河﨑［2001b］，および河﨑［2001c］を参照されたい。
2　イギリス会社法と税務の関係については，坂本・藤井［2008］を参照されたい。
3　齊野［2014］では，UK-GAAP の改革について，会計基準設定体制の改編を含めた内容を示している。
4　ここにいう IAS 規制とは，EU 規制（EU Regulation）1606/2002をさす。
5　親会社以外の会社のグループ財務諸表は，2006年会社法第404条または国際会計基準に準拠して作成することが可能である（2006年会社法第403条(2)）。
6　FTSE100とは，LSE に上場する銘柄のうち時価総額の上位100銘柄によって構成される株価指数をいう。FTSE に関する詳細は，http://www.ftse.com/index.jsp を参照。
7　ISDX については，http://www.isdx.com/default.aspx を参照されたい。
8　当時，IASB では，中小企業版 IFRS の適用基準に公的説明責任概念を導入することを検討していた。結局，支持を得られず，導入を断念するに至っている（Reporting by Ronita Ram（Sydney University），at Konan University, May 2012.）。こうした IASB の動向がイギリスに影響を与えた可能性がある。

なお，公的説明責任は，後述する公開草案第44号において導入されたが，定義が困難である等の理由により，撤廃されるに至っている。
9　中規模企業とは，次の規定すなわち①売上高22.8百万ポンド未満，②総資産11.4百万ポンド未満，および③従業員250名以下の3点のうち2点を満たす企業をいう（会社法第465条(3)）。
10　FRSSE の改訂の詳細は，FRC［2012b］, par. 16を参照されたい。
11　「財務報告原則書」には，公益企業を対象とした「財務報告原則書−公益企業を対象とした解釈−」（Statement of Principles for Financial Reporting-Interpretation for Public Benefit Entities），および「報告に関する基準書：退職給付−開示」（Reporting Statement：Retirement Benefits-Disclosures）があるが，これらもあわせて撤廃される（FRC［2012b］, par. 15）。
12　FRS 第102号セクション2における基礎概念は，1989年に当時の国際会計基準委員会（International Accounting Standard Committee；IASC）によって公表された「財務諸表の作成と表示のためのフレームワーク」（Framework for the Preparation and Presenta-

tion of Financial Statements）と共通する点が少なくないが，これは，中小企業版 IFRS の基礎概念が当該フレームワークに依拠して作成されているためである。
13　小規模企業に対する適用要件は，会社法第381条から第384条に規定されている。この点は，FRC［2012b］, Appendix Ⅱ, pars. A2.8, A2.12においても示されている。

### 【参考文献】

ASB［2009］, Consultation Paper, *Policy Proposal: The Future of UK GAAP*, ASB.
―――［2010a］, FRED, *The Future of Financial Reporting in the UK and Republic of Ireland, 43 Application of Financial Reporting Standards, 44 Financial Reporting Standards for Medium-sized Entities, Part One: Explanation*, October 2010, ASB.
―――［2010b］, FRED, *The Future of Financial Reporting in the UK and Republic of Ireland, 43 Application of Financial Reporting Standards, 44 Financial Reporting Standards for Medium-sized Entities, Part Two: Draft Financial ReportingStandards*, October 2010, ASB.
―――［2010c］, *The Future of Financial Reporting in the United Kingdom and Republic of Ireland; The Key Facts*, October 2010, FRC.
―――［2010d］, *The Future of UK Financial Reporting Standards (power point)*, November 2010, ASB.
BIS［2011］, Proposals to Reform the Financial Reporting Council, Impact Assessment（IA）, BIS 0323, BIS.
FRC［2005］, *The Implications of New Accounting and Auditing Standards for The 'True and Fair View' and Auditors' Responsibilities*, FRC.
―――［2012a］, *Proposals to Reform the Financial Reporting Council: a Joint Governmentand FRC Response*, FRC.
―――［2012b］, FRS 100, *Application of Financial Reporting Requirement*, FRC.
―――［2012c］, FRS 101, *Reduced Disclosure Framework*, FRC.
―――［2013］, FRS 102, *The Financial Reporting Standard applicable in the UK and Republic of Ireland*, FRC.
―――［2014a］, FRS 103, *Insurance Contracts*, FRC
―――［2014b］, *The FRC and its Regulatory Approach*, FRC.
LSE［2010］, *A Guide to Listing on the London Stock Exchange*, LSE, http://www.londonstockexchange. com/companies-and-advisors/main-market/documents/brochures/gude-tolisting.pdf.
―――［2014］, *AIM Rules for Companies*, LSE, http://www.londonstockexchange.com/companies-and-advisors/aim/advisers/aim-notices/aimrulescompaniesmay2014.pdf
PWC［2013］, *Similarities and differences-A comparison of current UK GAAP, new UK GAAP (FRS102) and IFS*, Bloomsbury Professional.

河﨑照行［2001a］「英国における中小会社の会計基準（FRSSE）：その全体像と簡素化のプロセス(1)」『税経通信』第56巻第8号，9-11頁。
―――［2001b］「英国における中小会社の会計基準（FRSSE）：その全体像と簡素化のプロセス(2)」『税経通信』第56巻第10号，17-30頁。
―――［2001c］「英国における中小会社の会計基準（FRSSE）：その全体像と簡素化のプロセス(3)」『税経通信』第56巻第11号，35-42頁。
―――［2011］「英国の会計制度改革と中小企業版IFRS」『会計・監査ジャーナル』第23巻第4号，137-142頁。
河﨑照行監訳［2011］『シンプルIFRS』中央経済社。
KPMG／あずさ監査法人編著［2014］『英国の新会計制度』中央経済社。
齊野純子［2006］『イギリス会計基準設定の研究』同文舘出版。
―――［2011］「イギリスにおける中規模企業に対する財務報告基準」国際会計研究学会・研究グループ（主査：河﨑照行）『各国の中小企業版IFRSの導入実態と課題』最終報告書（2011年9月），第14章，143-149頁。
―――［2014］「IFRSを基軸とするイギリス会計規制の概観」『関西大学商学論集』第59巻第3号（2014年12月）。
坂本雅士・藤井誠［2008］「主要国の会計と税務に関する実態調査（その1）〜イギリスとアメリカ〜」『季刊会計基準』第22号（2008年9月），185-196頁。

# 第 8 章

# スウェーデン

## I はじめに

　北欧諸国の会計基準設定団体は多くの場合，中小企業版会計基準を公表している。その代表的な事例の1つがスウェーデンである。本章では，スウェーデンにおける会計制度（財務報告制度）を概観したうえで，中小企業会計制度の近年の動向（Kプロジェクト）を紹介し，その上で，スウェーデンにおける中小企業版IFRSの現状を整理する。最後に会計基準の国際統合とりわけ中小企業版IFRSの適用に向けた今後の対応について若干の考察を行う。

## II スウェーデンにおける会計制度

　スウェーデンにおいては，1995年年次計算書類法（Annual Accounts Act）[1]と1999年記帳法（Book-Keeping Act）によって構成された会計法（Accounting Acts）が会計制度の基本法とされ，同国におけるGAAP開発の制度的フレームワークを形成している（BFN［2011］；Deloitte［2010］）。

　年次計算書類法は，欧州における会計調和化の基本法として制定されたEC会社法指令第4号および第7号の諸規定を国内法化するために制定された法律であり[2]，それまでのスウェーデンにおける会計制度の基本法であった会社法（Companies Act）の諸規定を，会計調和化に対応する形で改訂・継承したものである。

　年次計算書類法は，報告企業に対して「スウェーデンGAAPに準拠して公正な表示を与える財務諸表を作成する」ことを要求し，かかる観点からその第10章では，貸借対照表，損益計算書，評価原則，財務情報の開示事項，連結会計，年次事業報告の作成に関する諸規定を設けている[3]。

　スウェーデンでは，会計法が規定する制度的フレームワークのもとで，上場企

業版会計基準（RR 基準）はスウェーデン財務報告協議会（RR, Redovisningsrådetsrekommendationer, Swedish Financial Reporting Council）によって，非上場企業版会計基準（BFN 基準）はスウェーデン会計基準審議会（BFN, Bokföringsnämnden, Swedish Accounting Standards Board）[4]によって，それぞれ開発されてきた。このように上場企業版会計基準と非上場企業版会計基準が異なる基準設定団体によって開発されてきた点が，スウェーデンにおける会計制度の1つの大きな特徴となっている。ただし，EU 規則 No. 1606/2002（IAS 規則）によって域内上場企業に対して IFRS の適用が義務づけられるようになったことに伴い，RR は独自基準の開発を停止している（第Ⅲ節参照）。しかし既存の RR 基準はその後もスウェーデン GAAP を構成するものとして位置づけられ，その効力が維持されている。現行制度における RR 基準は図表8-1のとおりである。

**図表8-1　現行制度における RR 基準**

| RR | Preface | RR | Preface | RR | Preface |
|---|---|---|---|---|---|
| 1 | Group Accounting | 12 | Property, Plant and Equipment | 21 | Borrowing Costs |
| 2:02 | Inventories | 13 | Investments in Associates | 22 | Presentation of Financial Statements |
| 4 | Net Profit or Loss for the Period | 14 | Joint Ventures | 23 | Related Party Disclosures |
| 5 | Changes in Accounting Policies | 15 | Intangible Assets | 24 | Investment Property |
| 6:99 | Accounting for Leases | 16 | Provisions, Contingent Liabilities and Contingent Assets | 25 | Segment Reporting |
| 7 | Cash Flow Statement | 17 | Impairment of Assets | 26 | Events after the Balance Sheet |
| 8 | The Effect of Changes in Foreign Exchange Rates | 18 | Earnings per Share | 27 | Financial Instruments: Disclosure and Presentation |
| 9 | Income Taxes | 19 | Discontinuing Operations | 28 | Accounting for Government Grants |
| 10 | Construction Contracts | 20 | Interim Financial Reporting | 29 | Employee Benefits |
| 11 | Revenue | | | | |

（引用者注）　網掛けは，関連する BFN 基準が存在する RR 基準を示す。
（出所）　Göransson [2008], p. 51.

上場企業にはIFRSの適用が義務づけられている（したがって，基準を選択する余地がない）のに対し，非上場企業にはRR基準とBFN基準のいずれかを選択することが容認されている。BFN基準を選択した場合，BFN基準がカバーしない会計処理についてはRR基準を準用することが，BFNによって勧告されている（Göransson [2008]，p. 51）。Financial Standards Forum [2010] によれば，BFN基準はRR基準と類似したものであったが，「小規模企業に大いなる負担の軽減を提供」したとされている。Göransson [2008]（p. 50）は，現行のスウェーデンGAAPの構造を**図表 8 - 2** のように要約している。

図表 8 - 2　スウェーデン GAAP の構造

（引用者注）　上場企業には必ずしもFull IFRSが適用されるわけではない。
（出所）　Göransson [2008], p. 50.

# Ⅲ　中小企業会計制度の近年の動向—Kプロジェクト—

　スウェーデンでは伝統的に，すべての企業に統一的な会計原則を適用するべきであるという基本方針が採用されてきた。しかし，IASBが中小企業版IFRS（IFRS for SMEs）の開発に着手したことに対応して，BFNは1998年にこの基本方針を転換することになった。こうして開始されたのが，Kプロジェクト（K Project）である。

　Kプロジェクトでは，企業がその規模によって，K1〜4の4つのカテゴリーに区分され，各カテゴリーに分類された企業群に対して異なる会計基準の適用が図られる。その概要は以下のとおりである[5]。

K1に分類されるのは個人企業(one-man business)であり,これら企業には最も簡略な会計基準(K1基準)が2007年から適用されている。K2に分類されるのは,過去2年間の平均従業員数50人未満,過去2年間の総資産2,500万スウェーデンクローナ(約3億円)未満,過去2年間の純売上高5,000スウェーデンクローナ(約6億円)未満の非上場企業であり,これらの企業には国内税法と連携した会計基準(K2基準)が2008年から適用されている。K3はK2と代替可能な選択肢として設けられたカテゴリーであり,したがって当該カテゴリーに分類される企業はK2のそれと同じである。K3を選択した企業には,RR1-RR29,BFN基準,中小企業版IFRSを組み合わせた簡略基準(K3基準)が適用される予定であるが,現在のところK3基準は開発途上にある。K4に分類されるのはすべての上場企業であり,これらの企業にはIFRSが適用される[6]。

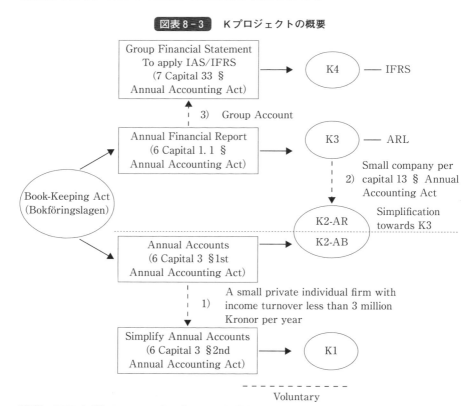

図表8-3　Kプロジェクトの概要

(出所) BFN. ただし Göransson [2008], p. 52から引用。

各カテゴリーに分類された企業は，より上位のカテゴリーを自主的に選択すること（たとえば，K2に分類された企業がK4を自主的に選択すること）は認められているが，より下位のカテゴリーを選択すること（たとえば，K2に分類された企業がK1を選択すること）は認められていない。

Göransson［2008］は，以上にみるKプロジェクトのしくみを**図表8-3**のように要約している（Göransson［2008］，p.50）。つまり，Kプロジェクトは，中小企業版IFRSを含むIFRSの適用に対応するために設計された規模別会計制度となっているのである。そうした規模別会計制度のもとで，非上場企業に対して，従来の税法指向型（利害調整型）の会計基準（K2基準）とIFRS指向型（情報提供型）の会計基準（K3基準）の選択を求めるスキームが組み込まれている点が，とくに注目される。BFNは，小規模であっても，国際資本市場で資本調達している企業については，国際基準を選択する可能性を保証するべきであるという立場をとっている（Göransson［2008］，pp.94-95）。K2とK3の選択制は，BFNのこうした立場を具体化したものといえるであろう。

なお，現在のところスウェーデンにおいては，Kプロジェクト以外に，中小企業版IFRSの適用にかかわる制度的取組みはなされていないようである。

## Ⅳ スウェーデンGAAPと中小企業版IFRSの現状

第Ⅲ節の最後に述べたように，スウェーデンにおける中小企業はそのほとんどが中小企業版IFRSの適用に着手していない状況にあり，その適用についての方向性さえも明確に示されていないのが現状である。中小企業版IFRSの指向する方向性は現行会計基準，すなわちスウェーデンGAAPにより対応できるものとされる（Aamir and Farooq［2010］，p.101）。したがって，スウェーデンの中小企業は財務報告において規模別会計制度を基軸とし，中小企業版IFRSの適用にあたっての積極的な取組みはなされていないことが理解されるのである。

スウェーデンの会計基準は，第Ⅲ節で紹介したKプロジェクトにみる規模別会計制度にその特徴の1つが見出される。ここに観察されるスウェーデンGAAPに対して，中小企業版IFRSはどのように理解されているのであろうか。本章では，主として，Aamir and Farooq［2010］を素材として，スウェーデンの中小企業版IFRSに対する姿勢を明らかにしたい。

既述のように，Kプロジェクトとは，企業をその性質と規模に基づき，K1〜4

の4つのカテゴリーに分類し，そのカテゴリーに分類された企業群ごとに異なった会計基準が適用される規模別会計制度である。スウェーデンGAAPは，「原則主義」(principles-based)と「細則主義」(rule-based)の双方に基づく会計基準を採用している。K2プロジェクトは原則主義に，K3プロジェクトは細則主義にそれぞれ基づいている。したがって，BNF (Swedish Accounting Standards Board；SASB)は，K3プロジェクトに適用される会計基準が中小企業版IFRSの影響を部分的に受ける可能性があることを示唆している (Aamir and Farooq [2010], pp. 91-92, 97, 101)。かかる可能性については注目すべき点であろう。

　Aamir and Farooq [2010]は，スウェーデンにおける中小企業はスウェーデンGAAPに依拠しているものの，とりわけK3プロジェクトが中小企業版IFRSの指針に従って開発・準備されるならば，さらなる変化と改善が期待されるであろうことを指摘している (Aamir and Farooq [2010], p. 101)。

　それにと同時に，以下のようなデメリットも指摘しているのである (Aamir and Farooq [2010], p. 101)。

---

① スウェーデンGAAPは100年近く同国の企業で適用され，スウェーデンの会計法 (swedish laws) と税規制 (tax regulations) を両立していることから，企業はスウェーデンGAAPを容易に放棄し，新しい会計基準を適用することはない。
② 多くの中小企業は中小企業版IFRSを根拠のないものであるとする見解を共有している。
③ 中小企業版IFRSは現行会計基準を複雑にするとともに多大なるコストを要する。
④ スウェーデンでは，企業と税務当局がほとんど対等関係にあるため，営業活動において発生する事象および取引に対して多くの会計処理があるのと同様に税法の規制を受けるため，その点が中小企業版IFRSとの相違であり，企業と財務当局双方の作業を複雑にする。

---

## おわりに
### ―中小企業版IFRSの適用に向けた今後の対応―

　中小企業庁 [2010] によれば，スウェーデンは，中小企業版IFRSのEU会計制度の組入れの要否に関して，賛成が多数とする国に属するとされている[7]。第

Ⅲ節でみたKプロジェクトの立ち上げとあわせて，このことは，同国が中小企業版IFRSの適用に積極的な姿勢を有する国であることを示している。

しかし，それは決して中小企業版IFRSの全面適用（full adoption）の可能性を示唆するものではない。というのは，中小企業版IFRSの適用に対応するK3基準は既述のように，RR1-RR29，BFN基準，中小企業版IFRSを組み合わせた簡略基準とすることが予定されているからである。このことは，スウェーデンが，中小企業版IFRSの適用にあたって部分適用方式を採用する方針であることを示している。

IFRS適用に対するスウェーデンの基本姿勢を理解するためには，下記の経緯にも留意しておく必要があろう。スウェーデンは，IAS規則によって2005年以降，域内上場企業に対してIFRSの適用が義務づけられた際に，IFRSの適用は連結財務諸表に限定する一方で，年次計算書類にはその適用を「禁止」（prohibit）する措置を講じた。年次計算書類は，RRの勧告に基づいて作成されるべきものとされ，当該勧告は，国内諸法制や課税所得計算等と調整されたいわゆるスウェーデン版IFRSをベースにして公表された（Financial Standards Foundation [2010]）[8]。つまり，スウェーデンの年次計算書類制度（国内財務報告制度）については，極めて厳格な部分適用方式が採用されているのである。本章における以上の考察から，スウェーデンにおける中小企業会計制度の設計（とりわけKプロジェクトの今後の進展）においては，上記と同等かそれ以上に厳格な部分適用方式が採用されるものと予想される[9]。

注

1　ただし，金融機関・証券会社と保険会社については，個別の年次計算書類法が，1995年に制定されている（木村［1998］）。
2　Göransson［2008］によれば，年次計算書類法の制定過程で，政府は会計と税務の制度的関係を断ち切ろうとしたが，その試みは失敗したとされる（Göransson［2008］，p. 46）。
3　その詳細については，Göransson［2008］，pp. 50-51を参照されたい。なお，年次計算書類法ではこの他，基本原則，ディスクロージャー，監査に関する諸規定も設けられている。
4　BFN［2011］によれば，同審議会は政府機関（governmental body）であるとされている。
5　Kプロジェクトに関する以下の紹介は，主としてGöransson［2008］，pp. 52-53；Lily［2009］，pp. 12-13に依拠している。
6　K1～3に分類される企業とK4に分類される企業は，補集合の関係にはない。BFNは，過去2年間の平均従業員数50人以上，過去2年間の総資産2,500万スウェーデンクローナ

以上，過去2年間の純売上高5,000万スウェーデンクローナ以上という3規準のうち，どれか1つを満たす企業は「大企業」（big company）に分類するものとしている（Göransson [2008], p. 53)。ただし，そこでいう「大企業」が K4 に分類される企業に該当するのか否かは不明である。
7　中小企業庁［2010］によれば，中小企業版 IFRS の EU 会計制度の組入れの要否に関して，賛成が多数とする加盟国は19ヵ国（ブルガリア，キプロス，チェコ，デンマーク，エストニア，ギリシャ，スペイン，ハンガリー，アイルランド，リトアニア，ルクセンブルク，マルタ，オランダ，ポーランド，ポルトガル，ルーマニア，スウェーデン，スロベニア，イギリス）であり，反対が多数とする加盟国は6ヵ国（オーストリア，ベルギー，ドイツ，フランス，イタリア，スロバキア）であるとされている。
8　Oldham［1975］（pp. 154-155）によれば，スウェーデンの会計実務においては課税所得計算が強い影響力を持ち，「課税所得額を低減させるために利益数値を最小化すること」が伝統的に「健全な実務」とみなされてきたとされる。
9　Lily et al.［2006］（p. 68）は，税務と会計ルールの緊密な関係を1つの根拠にして，スウェーデンの中小企業会計においては，公正価値会計よりも原価主義会計のほうが適合性が高いとし，部分適用であれ，中小企業版 IFRS の適用には慎重であるべきと結論づけている。

## 【参考文献】

Aamir, S. and U. Farooq［2010］, *IFRS for SMEs: Assessing the Preparedness of SMEs in Sweden to Adopt International Financial Reporting Standard (IFRS) for Small and Medium-sized Entities (SMEs)*, LAP LAMBERT Academic Publishing.
BFN［2011］, *BFN Bokföringsnämnden*, http://www.bfn.se/english.aspx.
Cooke, T. E.［1988］, *Financial reporting in Sweden*, Institute of Chartered Accountants in England and Wales.
Deloitte［2011］, *IAS Plus, Sweden, Accounting Stnadards Updates by Jurisdiction*, http://www.iasplus.com/country/sweden.htm.
Financial Standards Foundation［2010］, *E Standards Forum Sweden International Financial Reporting Standards*, http://www.estandardsforum.org/sweden/standards/international-financial-reporting-standards#.
Göransson, W.［2008］, *The Pain Versus the Gain: A Qualitative Study on the Proposed IFRS for SMEs Whether It Would Be Suitable for Companies in Sweden*, University Essay from Umeå Universitet/HandelshögskolanvidUmeåUniversitet, http://umu.diva-portal.org/smash/record.jsf?pid=diva2:142517.
Lily, I., L. Huang and P. T. T. Hien［2009］, *Accounting for Small and Medium Sized Enterprises in Sweden*, School of Economics and Management, Lund University, http://www.fek.lu.se/.

Oldham, K.M. [1975], *Accounting Systems and Practice in Europe*, Gower Press.
Swedish Institute of Authorised Public Accountants [1998], *Swedish accounting & auditing*, Swedish Institute of Authorised Public Accountants.
木村敏夫［1998a］「スウェーデンの財務報告制度―財務報告制度と会計規制設定―」愛知学院大学論叢『経営学研究』第7巻第3号，71-78頁。
――――［1998b］「スウェーデンの企業財務報告書―1995年年次計算書類法を中心に―」名古屋経済大学市邨学園短期大学経済・経営研究会『経済経営論集』第6巻第1号，37-53頁。
中小企業庁［2010］『諸外国における会計制度の概要―中小企業の会計に関する研究会事務局参考資料1―』中小企業庁事業環境部財務課，平成22年9月，1-38頁。

# 第9章

# アメリカ

## I はじめに

　各国の企業会計制度においては，経済のグローバル化を背景として国際財務報告基準（以下，IFRSと表記する）を内国の基準として導入し，上場企業に対する会計基準の国際的な統合が進展してきた（日本会計研究学会特別委員会 [2012]）。他方，非公開の中小企業の会計制度においてはIFRSの直接的あるいは間接的な影響を回避するために，IFRSを内国化した会計基準から分化し，ローカルな制度条件を加味した会計基準を設定しようとする動向が各国で観察される（国際会計研究学会 [2011]）。

　周知のように，日本においては2005年8月1日に日本税理士会連合会，日本公認会計士協会，日本商工会議所，企業会計基準委員会の4団体が「中小企業の会計に関する指針」（中小指針）を公表し，2014年2月3日には平成25年版が公表されている。また，中小企業の会計に関する検討会は，2012年2月1日に「中小企業の会計に関する基本要領」（中小会計要領）を公表している。それは，「自社の経営状況の把握に役立つ会計」，「利害関係者への情報提供に資する会計」，「会計と税制の調和を図った会社計算規則に準拠した会計」，「過重な負担を課さない会計」等の考え方に立って作成されたものである。

　非公開の中小企業向けの会計基準設定の動向は，アメリカにおいてもみることができる。財務会計基準審議会（以下，FASBと表記する）は，2012年7月31日に，討議資料『非公開企業の意思決定フレームワーク：非公開企業の財務会計および財務報告に関する指針を評価するためのフレームワーク』（FASB [2012]）を公表し，当該討議資料に対するコメントレターの検討を踏まえて改訂した討議資料（FASB [2013]）を2013年4月15日に再度公表し，2013年12月23日にはその確定版が公表されている。このガイドは，FASBおよび非公開企業評議員会

(PCC) が，一般に認められた会計原則（以下，US-GAAPと表記する）の下で非公開の中小企業が外部報告を行うときの代替的会計基準（認識，測定，開示，表示等）の設定を行うための指針となるものである。今後は，当該最終指針に基づいて中小企業向けに US-GAAP の簡素化が可能かどうかの判断がなされることになる。

　また，アメリカ公認会計士協会（以下，AICPAと表記する）は，2012年11月１日に公開草案『中小企業の財務報告フレームワークの提案』（AICPA [2012]）を公表した。当該フレームワークはカナダ勅許会計士協会（以下，CICA と表記する）から許諾を得て CICA ハンドブックの内容をアメリカ企業向けに必要な部分の改訂を行い作成されたものである（AICPA [2013a], p. ii）。とりわけ，財務報告の概念フレームワークについては，CICA ハンドブックの概念フレームワーク「財務諸表の諸概念」（詳細は，浦崎 [1989] を参照されたい）の内容をほぼ複製したものとなっている。AICPA は，公開草案に関するコメントを踏まえて，2013年６月に『中小企業の財務報告フレームワーク』（AICPA [2013a]，以下中小企業版 FRF[1]と表記する）を正式に公表している。本章は，中小企業版 FRF（AICPA [2013a]）に提示されている概念フレームワークの全体像を明らかにし，個別基準の特徴について適宜言及することで，アメリカにおける中小企業会計の現状について検討することを目的とするものである。

## II　中小企業版 FRF の意義と特徴

　AICPA が公表した中小企業版 FRF は，US-GAAP に基づく財務諸表の作成が義務づけられていない場合に，汎用的な用途（general use）の財務諸表の作成と当該財務諸表の外部的な利用にとって適切な規準となるものである（AICPA [2013a], p. v）。従来，US-GAAP に準拠した財務諸表の作成が義務づけられていない場合の会計実務の基準として，「その他の包括的会計基準（other comprehensive bases of accounting）」（以下，OCBOA と表記する。cf. Madrey [2006]）が適用されてきた。

　OCBOA は，当該基準を設定する権威ある機関が存在せず，OCBOA に基づく財務諸表の作成は，AICPA の監査基準審議会（Auditing Standards Board，以下 ASB と表記する）が公表した監査基準書第62号「特別報告」（以下，AU623と表記する）が主要な指針となってきた（Madrey [2006], p. 1.02）。AU623によれば，

OCBOAとして，①政府規制当局による基準，②税務申告のための税法基準，③現金主義および修正現金主義，④特定の項目に適用される物価水準会計等があげられている（ASB［1989］, par. 4）。

FASBが非公開企業向けの会計基準の策定の枠組みを議論している中で，FASBに先んじてAICPAが中小企業版FRFを設定したことは，OCBOAの公式ルール化をねらいとするものであったと指摘されている（河﨑［2013］）。AICPAは中小企業版FRFの採用を義務づける権限を有するものではなく，企業経営者による任意の選択に委ねられているが（AICPA［2013a］, p. vii），すでに述べたように一定のデュー・プロセスを踏んで中小企業版FRFが公表されていることからも相当の権威づけを行う意図があったことを窺い知ることができる。また，中小企業版FRFに準拠して財務諸表を作成した場合，経営者は当該財務諸表が特別目的のフレームワークである中小企業版FRFに準拠している旨を表明することができる（AICPA［2013a］, p. vii）。

AICPAは，中小企業版FRFの背景を記述した文書においてOCBOAの適用対象となる非公開企業は数百万であるとしているが（AICPA［2013b］），アメリカセンサス局による2012年10月公表の2010年統計では従業員500人未満を中小企業として分類した会社数は5,717,302社である（http://www.census.gov/econ/susb/）。なお，アメリカ中小企業庁（Small Business Administration：SBA）が公表する中小企業の規模基準は，原則として，製造業・鉱業について従業員数500人未満，非製造業について売上高700万ドル未満であるが，業種・業態によって異なる細則が定められている（http://www.sba.gov/content/summary-size-standards-industry）。そのため，規模基準による中小企業の分類は複雑となっており，一義的に中小企業を定義できないことから，AICPAは中小企業版FRFを適用することができる中小企業を次のように説明している（AICPA［2013b］）。

中小企業版FRFの適用が想定される会社は，US-GAAPに準拠した財務諸表を作成する必要がなく，またその作成が義務づけられていない。それらの会社は，通常，小規模の企業であって，株式を公開し所有構造を変更する意図はなく，高度に専門化した事業を行っているわけではない。また，そのほとんどは，出資と経営が一致した所有者による経営形態で，営利を目的とした事業活動を行っている。さらに，社内には公認会計士などの会計スタッフがいない場合が多く，外部の会計事務所に会計業務を依存している。

AICPAは，OCBOAに内在していた制度上の問題点（設定主体や基準の正統性

等）を解決し，不特定多数の外部利用者に向けた定期的な財務報告ではなく，特別目的の財務報告の制度化をすすめ，後述するように特別目的のフレームワークに準拠して作成された財務諸表の監査（IAASB［2009］）と連携させることで，中小企業会計制度の構築を図ろうとしていることに中小企業版 FRF の意義を認めることができる。AICPA は，中小企業版 FRF の設定を通じて，制度の安定性（robust），基準の簡素化（simplified），経営に役立つ会計（useful），理論的な整合性（consistent），簡潔な開示規定（concise），利用目的との関連性（relevant）等の問題点を改善し（AICPA［2013b］），中小企業にとって加重負担のないコストに見合った財務諸表の作成と財務報告を行う環境を整備しようとしたことが読み取れるのである。

## III 中小企業版 FRF の概念フレームワーク

### 1 中小企業版 FRF の体系

中小企業版 FRF は，概念フレームワークに相当する「財務諸表の諸概念」を含め31章で構成され，A 4 版で188頁の分量である。**図表 9 - 1** は，中小企業版 FRF の体系を示したものである。AICPA によれば，中小企業版 FRF に基づく会計情報の認識・測定・伝達に関する特徴は次のような点にあると述べられている（AICPA［2013b］）。

① 伝統的な会計原則と税法基準を適切に組み合わせた会計ルール
② 利用目的に合わせた開示規定
③ 歴史的原価による測定原則
④ 経営者による財務諸表作成の選択
⑤ 簡素化された原則主義の会計基準
⑥ 変動持分事業体の概念を除いた簡素化された連結モデルの採用

また，中小企業版 FRF によって作成された財務諸表の主要な利用者として，中小企業の所有者，弁護士・医者等の職業専門家，銀行その他の資金提供者，保険会社，保証人，個人投資家等があげられている（AICPA［2013b］）。

**図表9−1** 中小企業版 FRF の体系

| 概念フレームワーク | 財務諸表の諸概念（第1章） |
|---|---|
| 一般原則等 | 財務諸表の表示に関する一般原則と会計方針（第2章） |
| 採用時の検討事項 | 移行措置（第3章） |
| 基本財務諸表 | 財政状態計算書（第4章）<br>流動資産および流動負債（第5章）<br>特定の金融資産・金融負債に関する会計上の特別の考慮（第6章）<br>事業活動計算書（第7章）<br>キャッシュ・フロー計算書（第8章） |
| 個別基準 | 会計方針の変更，会計上の見積りの変更，および誤謬の訂正（第9章）<br>リスクと不確実性（第10章）<br>持分，負債，およびその他の投資（第11章）<br>棚卸資産（第12章）<br>無形資産（第13章）<br>有形固定資産（第14章）<br>長期耐用資産の処分と非継続事業（第15章）<br>契約（第16章）<br>偶発事象（第17章）<br>持分（第18章）<br>収益（第19章）<br>退職給付およびその他退職後給付（第20章）<br>所得税（第21章）<br>子会社（第22章）<br>連結財務諸表および少数株主持分（第23章）<br>ジョイント・ベンチャー投資（第24章）<br>リース（第25章）<br>関連当事者取引（第26章）<br>後発事象（第27章）<br>企業結合（第28章）<br>プッシュダウン会計（第29章）<br>非貨幣取引（第30章）<br>外貨建取引（第31章） |

## 2　財務諸表の諸概念

　財務諸表の諸概念は，営利企業の一般目的財務諸表（以下，財務諸表と表記する）[2]の作成と利用の基礎となる諸概念を記述するものである。かかる財務諸表は，

企業実体（entity）に関する財務情報の外部利用者に共通する情報ニーズだけではなく，当該企業の所有者および経営者のニーズも満たすように意図されている（AICPA [2013a], par. 1.01）。また，財務諸表の諸概念は，中小企業版 FRF に関する専門的判断を行使するときに，財務諸表の作成者および会計実務家が利用することのできるものである（AICPA [2013a], par. 1.02）。さらに，財務諸表の諸概念は，特定の測定問題やディスクロージャー問題に関する諸原則を設定するものではなく，中小企業版 FRF の他の箇所における特定の諸原則に優先するものではない（AICPA [2013a], par. 1.03）。

### (1) 財務諸表の目的

財務諸表の目的は，経営者，債権者およびその他の利用者が資源配分の意思決定を行うとき，または経営者の受託責任の評価を行うとき，もしくはその双方を行うときに，以下の事項に関する有用となる情報を伝達することである（AICPA [2013a], par. 1.08）。

① 企業実体の経済的資源，債務，および持分
② 企業実体の経済的資源，債務，および持分の変動
③ 企業実体の経済的業績

それらの情報を表示し利用者に伝達する財務諸表は，通常，財政状態計算書，事業活動計算書，持分変動計算書，そしてキャッシュ・フロー計算書である。財務諸表の注記は，財務諸表の付属明細書と同様に，財務諸表の必須の部分である。しかしながら，単一の財務表，たとえば財政状態計算書のみを作成する場合であっても，本フレームワークの利用を妨げるものではない。しかしながら，財政状態計算書と事業活動計算書の双方を作成する場合には，同時にキャッシュ・フロー計算書をも作成しなければならない（AICPA [2013a], par. 1.04）。なお，財務諸表にとって重要性を有しない項目は，独立した科目としての表示または注記の対象とはならない（AICPA [2013a], par. 1.09）。

### (2) 質的特性

質的特性は，財務諸表において提供される情報の属性を定義し記述するものである。その属性は，利用者にとって情報を有用にするものである。4つの主たる

質的特性は，理解可能性，目的適合性，信頼性，および比較可能性である（AICPA [2013a], par. 1.10）。周知のように，FASB と国際会計基準審議会（以下，IASB と表記する）による概念フレームワークの見直しに関するプロジェクトの成果によれば，「財務情報が有用となるためには，目的適合的であり，かつ，情報が表現しようと意図することを忠実に表現するものでなければならない。財務情報は，比較可能であり，検証可能であり，適時性があり，そして理解可能であれば，当該情報の有用性は高まる」（FASB [2010], par. QC4）と述べられている。そこでは，有用性を規定する基本的質的特性が目的適合性と忠実な表現であり，その他の特性は有用性を補強する質的特性である。中小企業版 FRF における質的特性の構成（図表9-2）からも知られるように，AICPA は信頼性の特性を残したままである。

情報の有用性を規定する主要な質的特性として信頼性を従前どおり位置づけている理由は，端的にいって，前述のように，中小企業の財務諸表作成目的に受託責任の概念を残していることにあるものと理解している。すなわち，信頼性は，コストベースの受託責任会計の枠組みで生まれた概念であり，受託責任解除の目的で作成される会計情報の特性であって，利害調整を目的とするときに最もハードな情報を提供するコストベースの計算体系と密着して展開されてきたからである。つまり，情報の信頼性なる概念は，情報の正確性（虚偽表示の有無）がその基底にあるものとして解釈されてきたということである。

その意味で，中小企業版 FRF では，中立性の阻害要因として保守主義を信頼性の要素として説明しており，会計実務に定着している保守主義に基づいた会計処理（浦崎 [1989], 59-60頁）に過度の保守的判断が行使された場合に，表現の忠実性が損なわれ情報に偏向が生じるおそれがある（AICPA [2013a], par. 1.13）。

図表9-2 質的特性の構成

| 主要な質的特性 | 主要な質的特性の要素 |
| --- | --- |
| 理解可能性 | 利用者による事業活動・会計に関する合理的理解・研究態度 |
| 目的適合性 | 予測価値，フィードバック価値，適時性 |
| 信頼性 | 表現の忠実性，検証可能性，中立性，保守主義 |
| 比較可能性 | 複数企業の企業間比較可能性，同一企業の期間的比較可能性 |

## (3) 財務諸表の構成要素

　財務諸表の目的に基づいて提供される基本的情報は，(a)企業実体の経済的資源，債務，および持分，および(b)企業実体の経済的資源，債務，および持分の変動に関する情報である。それらを表現する財務諸表の構成要素は，**図表9-3**に示すように，資産，負債，持分，収益，費用，利得，損失の7つの構成要素である。純利益は，収益および利得から費用および損失を控除した後の残余額であり，増資および減資を除き，一般に企業実体の持分を増減させるすべての取引および事象を含んでいる。また，指摘するまでもなく，財務諸表の注記は，財務諸表の諸

**図表9-3** 財務諸表の構成要素

| 財務諸表 | 構成要素 | 定　義 |
| --- | --- | --- |
| 財政状態計算書 | 資産 | 資産は，過去の取引または事象の結果として企業実体が支配する経済的資源であり，かつ企業実体はその経済的資源から将来の経済的便益を獲得することができるものである。 |
| | 負債 | 負債は，過去の取引または事象から生じる企業実体の債務である。その債務の返済は，資産の移転または利用，サービスの提供，あるいは経済的便益を将来へ繰り越すことによってなされる。 |
| | 持分 | 持分は，ある企業実体の資産からその負債を控除した後の所有者権益である。 |
| 事業活動計算書 | 収益 | 収益は，経済的資源の増加分である。それは，企業実体の経常的な活動から生じる資産のインフローまたは価値の増加もしくは負債の減少によりもたらされる。 |
| | 費用 | 費用は，経済的資源の減少分である。費用は，企業実体の経常的な収益創出活動またはサービス提供活動から生じる資産のアウトフローまたは価値減少もしくは負債の増加によってもたらされる。 |
| | 利得 | 利得は，企業実体に影響を及ぼす臨時的または偶発的取引および事象から生じる持分の増加そして収益または増資による持分の増加を除いたその他のすべての取引，事象および環境から生じる持分の増加である。 |
| | 損失 | 損失は，企業実体に影響を及ぼす臨時的または偶発的取引および事象から生じる持分の減少そして費用または減資による持分の減少を除いたその他のすべての取引，事象および環境から生じる持分の減少である。 |

項目の明瞭性を高め，その詳細な説明を行う媒体であるから，財務諸表の重要な部分であるが，財務諸表の構成要素とはみなされない（AICPA［2013a］, par. 1.17-1.30）。

### 3　財務諸表の構成要素の認識

認識とは，ある項目を財務諸表に計上するプロセスである。認識は，ある科目名（たとえば，棚卸資産または売上高）のもとに関連するものを加算合計することによりその総額を決定することである。同様の項目は，表示の目的のために財務諸表においてグループ化される（AICPA［2013a］, par. 1.31）。認識は，財務諸表の注記に項目を開示することを意味しない。注記は，財務諸表において認識された項目に関してさらに詳しい説明をするかまたは認識の規準に合わないために財務諸表において認識されない項目に関する情報を提供するかのいずれかである（AICPA［2013a］, par. 1.32）。ある特定の項目が認識されるか否かについては，特定の環境が認識規準に合うかどうかを考察することによる専門的判断の適用が求められる（AICPA［2013a］, par. 1.33）。認識規準は次のとおりである（AICPA［2013a］, par. 1.34）。

---

① 項目が適切な測定の基礎を有していること。および関連する金額に関して合理的な見積りができること。
② 将来の経済的便益の獲得または費消に関連する項目について，そのような便益が獲得されまたは費消される可能性が高いこと。

---

上記の認識規準を適用する場合，ある項目が要素の定義と合致するが，将来の経済的便益が獲得されるかまたは費消されるという確率が高くないため，または関連する金額の合理的見積りができないときは，財務諸表の注記において関連する情報が開示される（AICPA［2013a］, par. 1.35）。

中小企業版FRFにおける認識の特徴は，中小企業の会計実務を考慮して，発生主義会計に基づく伝統的な会計原則を許容していることにある。とくに，収益費用対応の原則に基づく会計処理について言及されている。そこでは，収益に対応する費用の計算については，発生した取引または事象に基づいて当該会計期間に関連づけられる，もしくは，配分によって関連づけられ（AICPA［2013a］, par. 1.39），売上高と売上原価の直接的対応，売上高と販売費・一般管理費の期間的

対応についての説明が明示的になされている。また，支出が将来の経済的便益をまったく生み出さないとき，あるいは，将来の経済的便益を資産として認識する資格がないとき，もしくはその資格がなくなったときには，当期の費用として認識することはいうまでもない（AICPA [2013a], par. 1.42）。

## 4 財務諸表の構成要素の測定

測定とは，財務諸表において認識される項目の金額を決定するプロセスである。ある金額を測定するために複数の測定属性が認められている。しかし，財務諸表は，主として測定ベースとして歴史的原価を用いて作成されている。その場合，取引および事象は，財務諸表において支払または受領された現金または現金同等物の金額で認識されているか，またはそれらが発生したときのそれらの市場価値で認識されている（AICPA [2013a], par. 1.43）。また，取替原価，実現可能価値，現在価値，市場価値が，限られた状況下において使用される（AICPA [2013a], par. 1.44）。また，財務諸表は，当該会計期間の通貨の一般購買力の変動（インフレーション，または，デフレーション）が資本に及ぼす影響を修正することなしに作成されていることに注意しなければならない（AICPA [2013a], par. 1.45）。

中小企業版 FRF を適用するためには，当該企業がゴーイング・コンサーンであることを要することが強調されている。すなわち，財務諸表は，企業実体がゴーイング・コンサーンであるという前提のもとに作成されており，その意味するところは，企業実体は，予測可能な将来においても事業活動を継続し，通常の事業活動を通して資産を実現し負債を返済することができるであろうということである。種々の測定属性は，企業実体が予測可能な将来において事業活動を継続することを期待できないときに，例外的に，適切なものとなるかもしれない（AICPA [2013a], par. 1.46）。

##  中小企業版 FRF の個別基準の特徴

ここでは，中小企業版 FRF において，中小企業の属性を考慮しながら，最も特徴となる棚卸資産と有形固定資産の評価基準に関する規定を中小企業版 IFRS と比較することでその特徴を明らかにしたい。ここで，棚卸資産と有形固定資産をとり上げたのは，日本の「中小企業の会計に関する指針」の棚卸資産の原則時価評価や固定資産の減損会計が中小企業会計の実態に適合しないという批判があ

り（河﨑・万代［2012］，10頁，61頁），少なくともその点に関連して中小企業版FRFではどのような取扱いとなっているかを明確にするためである。

　図表9－4にまとめた中小企業版FRFの規定について特徴となるのは，棚卸資産について後入先出法が許容されていることである。IFRSにおける国際会計基準第2号「棚卸資産」（以下，IAS第2号と表記する）では，2003年の改正にあたって，それまで選択可能な処理方法として認めていた後入先出法の採用を認めないこととしている。その理由として，以下の3つがあげられている（企業会計基準委員会［2008］，34-5項-34-8項）。

> ①　後入先出法は，棚卸資産が過去に購入したときからの価格変動を反映しない金額で貸借対照表に繰り越され続けるため，その貸借対照表価額が最近の再調達原価の水準と大幅に乖離してしまう可能性がある。
> ②　棚卸資産の期末の数量が期首の数量を下回る場合には，期間損益計算から排除されてきた保有損益が当期の損益に計上され，その結果，期間損益が変動することとなる。
> ③　棚卸資産の実際の流れを忠実に表現しているとはいえない。

　このように，中小企業版IFRSはIFRSの簡素化したものとして，後入先出法も認められないようになっている[3]。しかし，中小企業版FRFでは，原価の算定方法として後入先出法が採用されている。これは，中小企業版IFRSと異なった行き方をとっているが，その理由はアメリカでは税法上後入先出法が認められていることから，中小企業の会計実務における税法基準と中小企業版FRFとの間の相違を少なくすることを目的として，税法基準を中小企業版FRFに組み入れていることによるものである（AICPA［2013c］，Q19）。つまり，中小企業の経営者による中小企業版FRFの選択は任意であるが，中小企業の会計実務を考慮しその採用を促すために後入先出法を許容したものである。

　図表9-4に示した中小企業版FRFの規定の次の特徴としてあげられるのは，減損会計が要求されないことである。2012年に公表された中小企業版FRFの公開草案では，投資の減損，固定資産の減損，無形資産の減損，リースの減損，金融資産の減損等があげられていたが，2013年の正式版ではそれらの減損会計に関する諸規定がすべて削除されている。減損会計は，たとえば，固定資産についていえば，当該資産の収益性が低下したことにより，その投資額を回収する見込み

**図表9-4** 中小企業版FRFと中小企業版IFRSにおける評価基準の比較事例

| | | 中小企業版FRF | 中小企業版IFRS |
|---|---|---|---|
| 棚卸資産 | 評価基準 | 原価と正味実現可能価額とのいずれか低い額 | 原価と完成および販売までの費用控除後の見積販売価格とのいずれか低い額 |
| | 評価方法 | 原価の測定技法：<br>　標準原価法，売価還元法<br><br>原価の算定方法：<br>　個別法，先入先出法，<br>　後入先出法，総平均法 | 原価の測定技法：<br>　標準原価法，売価還元法，<br>　最終仕入原価法等<br><br>原価の算定方法：<br>　個別法，先入先出法，<br>　加重平均法 |
| | 減損処理 | 要求されない | 完成および販売までの費用控除後の販売価格で測定し，減損損失を認識する。状況によっては過年度の減損の戻入も要求している。 |
| 有形固定資産 | 評価基準 | 歴史的原価 | 歴史的原価 |
| | 減損処理 | 要求されない | 当該資産の帳簿価額をその回収可能価額まで減額する。 |
| | 減価償却 | 定額法，変動償却法，逓増償却法，逓減償却法 | 定額法，定率法，生産高比率法 |

が立たなくなったときに，帳簿価額を一定の条件の下で回収可能価額まで減額する会計処理のことである（武田［2008］, 258頁）。減損会計に関する規定が削除されたのは，資産の回収可能価額を測定する際に一般的に用いられる時価は，取引市場が存在しないなどの原因で，時価が見積もられないまたはその信頼性が確保されない場合があるため，それに基づく減損処理の信頼性も低下することが理由の1つとして考えられる。また，デリバティブの時価評価が求められていないこと（AICPA［2013a］, par. 6.02）から考えると，減損会計の規定を削除することは，将来事象の予測や見積計算など中小企業の経営者にとって加重負担となるような実務を軽減したこともある。

## V おわりに

　日本をはじめ諸外国においても，IFRS導入問題を契機として，中小企業に固有の会計基準の必要性が認識されており，大企業よりも簡素化した会計基準を制度化することにより，「会計制度の二分化」が進行するとともに，各会計制度内部で複数の会計基準が併存し，「会計基準の複線化」が進行している。本章で検討したように，アメリカの中小企業会計の動向は，日本の動向に類似しており，AICPAの中小企業版FRFが中小会計要領と同様のアプローチ（ボトムアップ・アプローチ）を採用する一方，PCCの試みでは中小指針と同様のアプローチ（トップダウン・アプローチ）が採用されている（河﨑［2014］，11頁）。

　「会計制度の二分化」の現象の根底にあるのは，その国の会計文化の固有性であるといえよう。とりわけ，中小企業の会計制度（会計慣行）は，その色彩がきわめて強い。IFRSを導入した先進諸国・地域であっても，その多くが中小企業の会計基準として中小企業版IFRSを適用することなく，自国の会計慣行（伝統的な会計基準）を尊重し，その軽減化を図っていることが何よりの証左であろう（河﨑［2014］，12頁）。

注

1　公表された正式版では，中小企業版FRFとは別に中小企業版FRF会計フレームワーク（FRF for SMEs accounting framework）という表記法が用いられている。当該用語は，公開草案では用いられていなかったものである。本章では，中小企業版FRFは，中小企業版FRFと中小企業版FRF会計フレームワークと同義で用いている。

2　中小企業版FRF会計フレームワークは，特別目的の財務報告のフレームワークであるが，AICPAはCICAハンドブック・セクション1000で提示されている表記をそのまま引用し，一般目的財務諸表（general purpose financial statements）という用語を用いている。中小企業版FRF会計フレームワークは，特別目的のフレームワークとして作成されたにもかかわらず，中小企業版FRFの概念フレームワークである財務諸表の諸概念（第1章）では，営利企業の一般目的財務諸表を作成することが明示されており，用語法に矛盾が残っている。ここでは，一般目的財務諸表は，企業が公表する情報に依存するしかない不特定多数の外部利用者に対する情報開示の手段と考えるべきではなく，当該財務諸表は経営者その他の利用者にとって汎用的な用途に利用できると考えることが妥当であるとみている。その理由は，財務諸表の作成の選択として，財政状態計算書あるいは事業活動計算書のうちいずれかの1つの計算書のみの作成が認められ，財政状態計算書と事業活動

計算書の2つを作成する場合には，キャッシュ・フロー計算書の作成も行う必要があり，この場合にのみ完全なセットの財務諸表が作成されることとなるからである。
3 それを受けて，日本では，IAS第2号の改正にあたってIASBが後入先出法の採用を認めないこととしたことを重視し，会計基準の国際的なコンバージェンスを図るため，選択できる評価方法から後入先出法を削除することとした（企業会計基準委員会［2008］，34-12項）。また，日本における「中小企業の会計に関する指針」や「中小企業の会計に関する基本要領」においても後入先出法は認められていない。

【参考文献】

AICPA［2012］, *Proposed Financial Reporting Framework for Small-and-Medium-Sized Entities*, Exposure Draft, prepared by the AICPA FRF for SMEs Task Force.
―――――［2013a］, *Financial Reporting Framework for Small-and Medium-Sized Entities*, American Institute of Certified Public Accountants.
―――――［2013b］, *Evolution of a New Non-GAAP Reporting Option*.
―――――［2013c］, FRF for SMEs Frequently Asked Questions.
（http://www.aicpa.org/InterestAreas/FRC/AccountingFinancialReporting/PCFR/Pages/FRF-SMEs-FAQ.aspx）
ASB［1989］, SAS No. 62（AU Section 623）*Special Report*, AICPA.
FASB［2006］, *Statement of Financial Accounting Standards No. 157-Fair Value Measurements*, Financial Accounting Standards Board.
―――――［2010］, *Statement of Financial Accounting Concepts No. 8*, Chapter 1, The Objective of General Purpose Financial Reporting, and Chapter 3, Qualitative Characteristics of Useful Financial Information, September 2010.
―――――［2012］, *Private Company Decision-Making Framework*, Discussion Paper, Financial Accounting Standards Board.
―――――［2013］, *Private Company Decision-Making Framework*, Financial Accounting Standards Board and Private Company Council.
IAASB［2009］, *International Standards on Auditing 800*, SPECIAL CONSIDERATIONS-AUDITS OF FINANCIAL STATEMENTS PREPARED IN ACCORDANCE WITH SPECIAL PURPOSE FRAMEWORKS, IFAC（国際監査基準第800号「特別な考慮事項－特別目的の枠組みに準拠して作成された財務諸表の監査」日本公認会計士協会国際委員会翻訳）．
IASB［2009］, *IFRS for SMEs*, International Accounting Standards Board（ASBJ訳［2009］「中小企業向け国際財務報告基準」）．
Madrey, J. L.［2006］, *OCBOA Guide*, 2007 edition, CCH.
池田公司［2011］「アメリカの中小会社会計」国際会計研究学会・研究グループ報告（最終報

告)』『各国の中小企業版IFRSの導入実態と課題』所収,115-119頁。
浦崎直浩［1989］「財務諸表の基礎概念－カナダ勅許会計士協会の『ハンドブック』・セクション1000を中心として－」『商経学叢』第36巻第1号,53-69頁。
─── ［2002］『公正価値会計』森山書店。
─── ［2013］「特別目的の財務報告フレームワークと中小企業会計」『會計』第184巻第3号,42-56頁。
神森智［2010］「中小企業会計の概念フレームワーク─その必要性と試案─」『松山大学論集』第21巻第4号,293-314頁。
川西安喜［2011a］「非公開企業のための会計基準設定に関するブルー・リボン・パネルの報告書」『会計・監査ジャーナル』第669号,105-110頁。
─── ［2011b］「コメント募集『非公開企業会計基準改善会議を設置する計画』」『会計・監査ジャーナル』第677号,35-40頁。
河﨑照行［2006］「中小会社会計指針の国際的動向」,武田隆二編著［2006］第Ⅲ部第3章所収。
─── ［2012］「SME基準と諸外国における小規模会社の会計ルール」『税研』第28巻163号,50-55頁。
─── ［2013］「米国における中小企業会計の新たな動向」『税經通信』第68巻第10号,17-23頁。
─── ［2014］「会計制度の二分化と会計基準の複線化」『會計』第186巻第5号,1-13頁。
河﨑照行・万代勝信編著［2012］『詳解 中小会社の会計要領』中央経済社。
企業会計基準委員会［2008］「企業会計基準第9号─棚卸資産の評価に関する会計基準」。
古賀智敏［2000］「アメリカ中小会社の会計・監査制度」,武田隆二編著［2000］第Ⅱ部第1編第1章所収。
国際会計研究学会［2011］『各国の中小企業版IFRSの導入実態と課題』(「研究グループ報告」最終報告,委員長・河﨑照行)。
朱愷雯［2014］「アメリカにおける中小企業会計のフレームワークに関する研究－AICPAの見解を中心として－」『国際会計研究学会年報』2013年度第1号(通号33号),91-104頁。
武田隆二編著［2000］『中小会社の計算公開と監査－各国制度と実践手法』清文社。
─── 編著［2006］『中小会社の会計指針』中央経済社。
─── ［2008］『会計学一般教程(第7版)』中央経済社。
中小企業庁［2002］『中小企業の会計に関する研究会報告書』経済産業省。
─── ［2010］『諸外国における会計制度の概要』事業環境部。
永田守男［2013］「米国における税と会計の一致」『會計』第184巻第3号,57-71頁。
日本会計研究学会特別委員会［2012］『会計基準の国際統合と財務報告の基礎概念』(最終報告書,委員長・藤井秀樹)。

# 第10章

# カナダ

## I はじめに

　カナダ勅許会計士協会（Canadian Institute of Chartered Accountants；CICA）（CPA [2013a]）の会計基準審議会（Accounting Standards Board；AcSB）は，2006年に国際会計基準審議会（International Accounting Standards Board；IASB）が設定した国際財務報告基準（International Financial Reporting Standards；IFRS）をカナダ会計基準として社会的に説明責任のあるカナダ会社（canadian publicity accountable enterprises，以下，上場会社）に適用する決定を盛り込んだ「カナダ会計基準：新しい方向性　戦略計画（Accounting Standards in Canada：New Direction-Strategic Plan，以下，戦略計画）」を公表した（CICA [2006]；AcSB [2007a]）。AcSBは，上場会社，公的説明責任のない会社（private enterprises，あるいはnon-publicly accountable entities，以下，非上場会社），そして非営利組織（not-for-profit organizations）というカナダの主要な報告事業体ごとに異なる会計戦略（異なる会計基準）を採用する方向であることも戦略計画においてあわせて述べている。

　主要な報告事業体ごとのニーズや能力に即した会計基準を構築すべきではないかという問題提起は2006年がはじめてではなく，カナダにおいて幾度となく検討されている。歴史的にも地理的にも深いかかわりを持つアメリカ会計制度の影響が大きいことから，AcSBは，1991年に締結した相互承認開示制度（MJDS：Muiti-Jurisdictional Disclosure System）（Drummond [1991]）を踏まえ，アメリカ会計基準との調和化を進めてきた。しかし調和化が進むにつれカナダ会計基準が詳細化や複雑化したため，財務諸表の作成要件やその費用が，とくに非上場会社にとって，過重負担となることが次第に問題視された（KPMG [2008]）。

　AcSBは2008年に上場会社について，2011年1月1日以降開始する事業年度か

らIFRSをカナダ会計基準として適用することを正式に決定した。この決定の1年前の2007年に，アメリカ証券取引委員会（Securities and Exchange Commission；SEC）は，同年の11月以降，外国民間会社がアメリカ市場で資金調達する場合にIFRSに準拠して財務諸表を作成していれば，差異調整表の開示を要求することなくそのまま承認すると定めている（SEC [2007]）。アメリカによる決定は，IFRSに準拠して作成した財務諸表が，カナダ会社が最も恩恵を受けるアメリカを含んでグローバルに通用することを意味し，カナダのIFRSへの完全適用決定の後押しとなった。しかし，SECの決定と各国それぞれが抱える事情を考慮しないIFRSの完全適用というカナダの決断は，非上場会社が高度な会計基準に準拠することで被るであろう負担をさらに深刻化させる懸念を抱かせ，カナダはできる限り早く明確な方向性を示す必要性に迫られることになった。

2009年12月，AcSBは，「非上場会社向けカナダ会計基準（Accounting Standards for Private Enterprises in Canada；ASPE）」を公表し，2010年にCICAハンドブック（CICA Handbook）の「会計（ACCOUNTING）」のPart IIとして組み入れた（CICA [2010a]）。これにより，非上場会社は，2011年1月1日以降開始する事業年度から，IFRSまたはASPEどちらかを選択し適用することが必要となった。

次節では，2009年のASPEの承認に至るまでの過去10年間のカナダにおけるいくつかの重要な出来事について述べていく。

## II 2009年 ASPE 承認までの10年間の出来事

カナダ経済は，数千社ある上場会社よりも数多く，何百万と存在する非上場会社により支えられている（AcSB [2006]）。一般的に非上場会社の経営者は，人件費の問題から会計専門家を雇用できない，あるいは重要な外部利害関係者が少数であることから会計専門家を雇用する必要がない，と考える傾向にある。さらに，上場会社に対してのみ適用されるアメリカ会計基準と異なり，すべてのカナダ会社に対し一律にカナダ会計基準への準拠を求めているカナダの連邦並びに各州（すべての州ではない）の法的規制により，高度かつ複雑な会計基準に準拠し財務諸表を作成するよう強要されることは，非上場会社にとって過度な負担になっているとして長年にわたり問題視されてきた。実際，負担を軽減するため，限定付き評価を受ける前提でカナダ会計基準に準拠せず財務諸表を作成したり，監査や

レビューからコンピレーション契約に変更する非上場会社も少なくなかった。

## 1　1980年代

非上場会社向け会計基準を認めるか否かがはじめて検討されたのは1980年代であった（AcSB［2007b］）。リース会計や連結会計などの複雑な会計処理の採用に伴い，会社の規模別の財務諸表作成要件の採用の必要性が主張されはじめた時期であった。このときは，会社の規模を識別する具体的な定義がない，会計基準を違えることにより会社規模別の財務状況比較ができないなど解決すべき問題が山積していたこともあり，最終的にダブルスタンダードは必要ないという結論に達している。しかしながら一応の結論が出た後も，CICAは会社規模別の財務諸表作成要件の採用に関する審議を継続していた。

## 2　1990年代

1990年代半ばになると状況に変化が生じている。ターニングポイントとみなされている1995年のCICAハンドブック　セクション3861「金融商品：ディスクロージャーとプレゼンテーション（Financial Instruments：Disclosure and Presentation）」の公表を背景に，財務報告を負担と思うか否か，具体的に負担と思う項目は何かなどの調査が行われた。調査を踏まえてAcSBは，カナダ会計基準内で上場会社とは異なる報告原則の確立することを奨励すると述べた調査報告書「小規模会社による財務報告（Financial Reporting by Small Business Enterprises）」を，1999年に公表している（Mersereau［2002］）。また，2005年まで続いた戦略協議をCICAは1995年から開始している。

## 3　2002年

1999年の調査報告書を踏まえ，AcSBは，CICAハンドブック　セクション1300「別途報告（Differential Reporting）」を公表し，カナダ会計基準およびガイドラインの範囲内で費用対効果を考慮した上で，別途報告オプションとして現行カナダ会計基準の適用除外を認めている。画期的な決定であったが，別途報告オプションを利用するための要件として，非上場会社であること，懸念事項（異なる情報公開により利用者を混乱させる，比較可能性を損うなど）を考慮し，会社のすべての所有者（そうでなければ議決権のない株主も含む）からの同意（unanimous consent）を得ることが要求されるという高いハードルの設定に加え，費用対効

果がなかなか認められなかったことから，利用にまで至るケースは限られたようである。

### 4 2003年

IASBが「中小規模会社向け国際財務報告基準（IFRSs for Small and Medium-sized Entities，以下，中小企業版IFRS）」の構築に着手していたことを参考としてあげておく。

### 5 2005年

1995年に開始した戦略協議を踏まえ，AcSBは非上場会社のための戦略も含む「戦略計画の公開草案，カナダ会計基準：将来の方向性（Accounting Standards in Canada：Future Directions-Draft Strategic Plan）」を公表し，コメントを募集した。

### 6 2006年

そして既述したように，戦略計画を公表し，IFRSの適用の検討を正式に開始した。また，AcSBは，「すべてに適合する万能な基準はない（One size does not necessarily fit all）」と述べ，上場会社と非上場会社および非営利組織に異なる戦略（会計基準の採用）を推進すべく，区分して検討を行う旨を述べている。

先の公開草案に対し多くの関係者から，現行カナダ会計基準はとても複雑で非上場会社に過度な負担がかかりすぎる上，費用対効果も期待できず，非上場会社向けに緩やかな会計基準が必要であるとの意見が寄せられた（CICA［2007a］）。このような意見を踏まえ，カナダ経済の中枢を担う非上場会社に適切な財務情報の作成および公開を求めるには，上場会社とは取り巻く状況や採用する処理が異なることを理解し，非上場会社の財務情報の利用者のニーズに対応し，費用対効果に適い，経営管理に資するようなASPEを早急に設定することが必要不可欠であるという考えのもと，CICAは戦略計画を作成している。

### 7 2007年

AcSBは，非上場会社向け会計基準の発展に寄与する，最も適切かつカナダ独自の財務報告アプローチを採用するため，財務報告の将来の方向性に対する利害関係者の意見を募集し（Invitation to Comment，以下，ITC），それと同時に討議資料（Discussion Paper）を公表した。討議資料には，非上場会社の財務情報利用

者ニーズの包括的調査の結果，重要な問題に対する暫定的な結論および非上場会社向け会計基準設定にとりうる3つのアプローチが含まれている。

　AcSBが，財務諸表利用者ニーズの包括的調査の結果を踏まえて熟考した上で導き出した，重要な問題に対する暫定的な結論は次のとおりである。

① 会計基準はあらゆる会社が適用可能であるべきという前提に立って，非上場会社も適用可能であること。
② 非上場会社の「外部の財務諸表利用者に一般目的財務諸表を公表するが，重要な外部情報利用者は存在しない」という特徴を鑑み，非上場会社のニーズに応えうる会計基準を展開すること。
③ 上記②の例として，会計基準以外の基準や会計基準外のフレームワーク（non-GAAP standards または framework other than GAAP）の利用も検討すること。
④ 非上場会社向け会計基準は，その規模に関係なく，すべての非上場会社に適用を認める（規模判定を行わず，量的規準で判断する）こと。
⑤ 非上場会社と上場会社間で概念フレームワークを共有すること。
⑥ 財務報告ニーズに適う場合は，カナダ会計基準に準拠するという選択を認めること。

　非上場会社向け会計基準を開発するアプローチとして提案された選択肢は，次の3つである。

ⓐ 上場会社向け会計基準に基づくトップダウン・アプローチ（a top-down approach based on public enterprises GAAP）
　　当時認められていた別途報告のように，カナダ会計基準（移行後はIFRS）を非上場会社のニーズに適うよう要件の削除や修正を行うアプローチ。上場会社がIFRSを実際に採用するまで，非上場会社もこのアプローチを適用することはできない。
ⓑ 中小企業版IFRSを基礎とするアプローチ（an approach based on the IASB's proposed standards for small and medium-sized entities standard）
　　IASBがIFRSを中小会社向けに簡素化（simplification）・自己完結し，各国の個々の状況を考慮することなく，国際的な利用可能性のみを考慮し設定した会計基準を，カナダの非上場会社のニーズに合うよう修正を加えながら採用するアプローチ。中小企業版IFRSはカナダの非上場会社からみれば技術的にかなり複雑

であり，適用できないか，もしくは適用するためにかなりの修正を行わなければならないため，3つの選択肢の中で最も適用を躊躇する意見が出されている。
ⓒ 非上場会社向け会計基準を独自に発展させるアプローチ（an independently developed set of standards for private enterprises）
　カナダ会計基準および IFRS を支える概念フレームワーク（IFRS が設定した「財務諸表作成並びに公表のための IASB フレームワーク」を参照している（2007年討議資料の29））を共有することを前提に，カナダ会計基準の修正利用や必要項目の新規規定などにより非上場会社向け会計基準を独自に発展させるアプローチ。大部分が新たに設定される予定である。

　同年，CICA は，「個人経営会社向けフレームワーク（the Framework for Owner Managed Enterprises，以下，FOME）」を公表している（CICA [2007b]）。FOME の公表は，カナダ会計基準が IFRS を完全適用した場合に，個人経営会社（以下，OME）が受ける影響を CICA が懸念したためとされる。また，業務管理のために明確で比較可能な財務情報を十分に活用して正しいビジネス判断を下し，カナダ経済を活性化させるという重要な役割を継続して担えるよう，OME のためのシンプルな会計フレームワークの展開が不可欠であると考えられたことも公表理由である。FOME は，以下の内容を基礎概念として設定されている。

① 一般大衆に対する説明責任がなく，公表目的で財務諸表を作成しない会社のためのフレームワークである。ニーズに適い理解しやすい財務諸表を OME に作成させることを目標とする。
② カナダ会計基準の財務報告要件と基本となる概念の部分を共有する。
③ 会計基準外のフレームワークに基づく会計処理を利用する特殊ケースを提案する。

　具体的には，迅速な対応，厳格かつ広範囲にわたる教育や訓練の排除，包括的かつ原則ベースのフレームワークの設定，取得原価主義の採用，情報公開要件の軽減，単独型システムなどを求めている。取り巻く状況や現行カナダ会計基準の適用による負担の過度化問題など同じ課題に直面していることから，同時期に公表された FOME は ASPE 設定の参考例とされ，上記の基礎概念のうち①はもちろんのこと，とくに③は注目すべき概念として非上場会社向け会計基準での採用

の有無が検討された。

## 8 2008年

2007年の ITC, 討議資料そして FOME の結果を受け，何度か検討会の場が持たれた。そして，完全版 IFRS をカナダ会計基準として採用すること，また，非上場会社には完全版 IFRS または非上場会社向け会計基準の選択を可能とする決定を下した。非上場会社向け会計基準は，中小企業版 IFRS の採用ではなく，2007年の討議資料で提案された「上場会社との概念フレームワークの共有を前提に非上場会社向け会計基準を独自に発展させるアプローチ」に基づき，2008年時点のカナダ会計基準を修正利用した，カナダ独自で開発された会計基準とされた。

# Ⅲ 2009年公開草案の公表と2009年 ASPE の承認

## 1 2009年版公開草案

2009年4月，AcSB は，非上場会社向け会計基準を2011年1月1日以降開始する事業年度から施行することを目的として「ASPE 公開草案」を公表し，内容に対するコメントの募集を行った（AcSB［2009a］）。公開草案は，具体的な目的を測定要件の簡素化（複雑な測定要件の排除）と財務情報の公開要件の大幅な削減とするなど，非上場会社とその財務情報利用者のニーズに適う内容となっていると評価できる。

公開草案では，次にあげるような主要かつ基本的なアプローチが提案されている。

① ASPE は非上場会社のニーズを検討し設定されるべきであり，規模に関係なくすべての非上場会社に適用する（規模判定を行わず，量的規準で判断する）。
② すべての非上場会社は，以下にあげた戦略面や事業内容面を考慮し，また作成する情報の信頼性や適正性の維持が可能な範囲で，カナダ会計基準（IFRS）と ASPE のどちらかを採用するか自主的に選択することができる。どちらを選択したとしてもカナダ会計基準に準拠して報告したことになる。
　(i) 近い将来に新規株式公開予定である。
　(ii) 親会社や重要な投資家から IFRS に準拠した財務情報の公開が要求されている。

(ⅲ)　特殊な事業活動を行っている。

　また IFRS と ASPE を比較し検討する場合，鍵となる大きな要素は次の4つである（Deloitte［2009］）。

　①　有用性（Usability）

　　非上場会社の利害関係者は，IFRS と同水準の情報公開を求めておらず，また情報を直接得ることも可能な立場にある。そのため，ASPE における情報公開要件は，非上場会社のニーズに即してカナダ会計基準よりも軽減されるべきである。非上場会社は，IFRS への準拠を選択する場合，その報告要件が利害関係者のニーズに対応するか，非上場会社の報告目的の達成に寄与するかを考慮すべきである。

　②　費用（Cost）

　　IFRS への移行はすべての面において費用負担が大きい。しかしながら，外国会社との取引や証券市場への上場を将来的に見据えた場合，IFRS への移行は非上場会社にとって不可欠である。短期ニーズ並びに長期ニーズの両方を重視し，費用負担を意思決定の1つの要素として捉えることが重要である。

　③　敏捷さ（Agility）

　　非上場会社は，利害関係者ニーズに応えるために，財務情報や監査済財務諸表が如何に早く必要か，また，IFRS に準拠した財務諸表を作成するためには会社のシステム，プロセス，そして資源を必要不可欠な投資として如何に早く確立すべきか，も判断基準として考慮しなければならない。

　④　特別な配慮（Specific consideration）

　　IFRS の特殊な要件により，IFRS の適用のために特別な配慮が必要な場合は，これを考慮する。たとえば，投資用不動産の測定に IFRS は公正価値の使用を認めているが，ASPE は要求していない。

③　基礎概念に対する理解の相違は情報利用者に混乱を引き起こす可能性が大きいため，非上場会社と上場会社は概念フレームワークを共有する。

④　カナダ会計基準にとくに問題点がないこと，時間の短縮を行えること，教育・訓練費を削減できること，そして利用者が理解しやすいことを理由に，2008年6月1日現在のカナダ会計基準をベースに，必要な箇所のみ修正して対応する（会計基準外のフレームワークに基づく会計処理を利用する特殊ケースを含めない）。

⑤ 将来的に完全版IFRSへの移行を見据えて，また，情報利用者ニーズに対応するために必要な場合，ASPEは迅速かつ適時に改訂される。
⑥ 原則主義を採用し，適切かつ迅速な判断が必要な場合は専門家の判断に委ねる。
⑦ 単独（Stand-alone）基準として公表する。
⑧ 会社の財務諸表の適正表示に資する重要な情報の提供と利用者のニーズに焦点を置き，カナダ会計基準よりも情報公開要件をできる限り削減する（報告のシンプル化）。
⑨ 諮問委員会（Advisory Committee）と問題を分かち合い協力する。
⑩ 比較可能性や報告すべき情報の一貫性を維持するため，カナダ会計基準（IFRS）とのリンクを維持する。

具体的かつ即時の対応が求められた内容としては，次のようなものがある。

ⓐ 上場会社と概念フレームワークを共有する具体例として，資産，負債，収益，費用の定義および認識基準は原則的に現行カナダ会計基準の内容を維持しながらもシンプル化する。維持するか否かの判断は費用対効果の考慮に基づいて判断する。
ⓑ 必要な場合を除き，「EICアブストラクト（Emerging Issues Committee Abstracts）」に含まれる詳細な概念はASPEから削除する。「EICアブストラクト」は詳細すぎるため，非上場会社に不必要な情報公開を強いる可能性が高いことが理由である。
ⓒ ASPEが設定された場合，不適用となる現行カナダ会計基準の項目を削除する。たとえば，会計方針の選択または要件の簡素化に代わられるという理由で，セクション1300「別途報告」はその対象となる。
ⓓ 情報公開要件を次の3種類に限定している。会計方針，リスクと不確実性，異例の出来事である。
ⓔ ASPEに準拠して作成された財務諸表が，
　(a) 利用者にとってわかりやすく，比較可能な情報である。
　(b) ASPEのもと，適切な会計情報を提供する。
　(c) 費用対効果が見込める範囲内で作成される。
など，高い水準を維持できるようセクション1500「新規採用（First-time adoption）」が新規に規定された。セクション1500の基本原則はASPEの遡及適用と会計方針の選択である。しかしセクション1500は，企業結合，公正

価値，従業員将来給付，累積換算差額，金融商品，株式報酬，資産除去債務，関連当事者取引の各項目に関して遡及適用費用が収益を超える場合に，各項目別の特別な規定（修正表示を行わない選択）を認めている。

## 2　2009年 ASPE

　2009年12月，AcSB は非上場会社向け会計基準のテキストを発表し，ASPE を正式に承認した（AcSB［2009b］）。ASPE の最も重要かつ注目すべき点は，繰り返しとなるが，2008年6月現在のカナダ会計基準をベースに必要な箇所のみ修正した，シンプルな会計基準であることと AcSB は強調している。AcSB が強調するように，ASPE は，情報利用者から問題ありとされた以下にあげた項目に関して，現行カナダ会計基準の複雑な測定と情報公開要件の簡素化（削減）の実施並びに2009年版公開草案の訂正を鑑みて作成された。

① 非上場会社に適用するには問題ありとして，費用対効果の面からカナダ会計基準の変更が提案された項目（認識，測定，報告）
- 金融商品（通常，取得原価または償却原価で測定。独立した金融商品（free-standing derivatives）は公正価値で測定）
- 償却をしないのれんとその他の無形固定資産（必要な場合，報告単位別減損テストの実施）
- 従業員将来給付（確定給付制度を対象に会計方針の選択を認めるなど，平滑および簡素化アプローチの範囲を拡大）
- 株式報酬（最小価値方式を算出値方式に変更）
- 将来所得税（納税額方式か将来所得税方式を選択）
- 長期保有資産（取得原価または償却原価で測定）
- 資産除去債務（現在債務を確定するために必要な将来費用の最良推定値を用いて測定）
- 連結会計（合弁事業への投資額は公正価値評価）
- 自己形成の無形固定資産（開発費を資産か費用計上の選択）

② ASPE と公開草案の間の主な違い
- 測定の簡素化の内容の変更。たとえば，先にあげた金融商品（取得原価あるいは償却原価での評価に加え，公正価値評価も認可へ）や従業員将来給付（限定されていた簡素化をすべての確定給付制度に認可）
- 選択権が維持される項目の増加。たとえば，一部の別途報告項目の維持

- たとえば，金融商品，所得税，関係会社取引など非上場会社にとって重要であるとされた項目に関連する EIC アブストラクトを ASPE に含むことを決定
- 利用者のニーズを踏まえて経営者報酬と政府滞納送金額の情報公開要件の削除
- 初年度採用のオプションとして，不動産，機械装置，備品などを公正価値で測定

AcSB は，ASPE の承認までの一連の流れに関して，以下のように評価している（AcSB［2009c］）。

ⓐ カナダ経済の中核を担う非上場会社が財務報告において優先する事項についての理解を深めることができた。
ⓑ 非上場会社の特殊な状況を重視した ASPE の設定となった。
ⓒ 適切に専門的なアドバイスをする諮問委員会の活躍は，高い品質を保ち，理解しやすく，強制力のある ASPE の提供に大いに貢献している。諮問委員会については，
  (a) ASPE の迅速な発展を支援する目的で設立
  (b) 非上場会社と関連のある人々（財務諸表利用者，財務諸表作成者，一般実務家，監査人，ビジネスアドバイザー，学者など）で構成
  (c) 2008年から2009年にかけて AcSB と会合を持ち，費用対効果を考慮した上で，ASPE の検討課題に対してさまざまに勧告
  (d) ASPE の方向性に関する意見交換の機会を提供するために，勧告内容を AcSB のウェブサイトで公開

などの説明がある。

好意的な評価の反面，AcSB は，

ⅰ 上場会社の財務担当役員（CFO）と比較した場合，非上場会社の CFO の専門能力が低下し，会計士が二極化するのではないか。将来的な会計教育のあり方はどうあるべきか。
ⅱ ASPE とカナダ会計基準（IFRS）の一貫性をどのように，あるいはどの程度の水準で維持すべきか。さらに，カナダ会計基準が定期的に改正あるいは新規規定される頻度や速度に ASPE は遅れることなく追随できるのか。
ⅲ 異なる情報公開要件により比較可能性が損なわれることで，ASPE を採用する非上場会社にとって現段階では想定外の不利に働くケースが生じないか。

ⅳ ASPE に準拠し作成された財務諸表は適正表示されているといえないのではないか。

ⅴ ASPE の利用は利益，貸借対照表，さまざまな財務比率などに多大に影響する。非上場会社がこの影響の度合いを把握できないのではないか。

などを懸念している。

## Ⅳ ASPE 導入以降

2010年，2009年に承認された ASPE が CICA ハンドブック「会計」の part Ⅱとして正式に導入された。また，AcSB は2006年－2011年の戦略計画におけるすべての目標を2010年までに達成したため，2010年に新たに2011年－2016年の戦略計画を設定した（AcSB [2010]）。2011年－2016年の目標として ASPE の水準の維持，財務報告の継続改良，追加トピックスの対処，実務上生じた課題の検討などをあげ，さらに ASPE を支援並びに監視する目的で非上場会社諮問委員会（Private Enterprise Advisory Committee）を新たに設置している。費用対効果と適正報告を目指すアプローチの継続採用も掲げている。

移行期日の最終年である2011年において，ASPE もしくは IFRS への移行は滞りなく行われたが，わずかであるが移行が間に合わず上場廃止になった企業があると報告されている。というのも，カナダの上場企業約4,000社のうち半数は非常に規模が小さく，費用対効果が認められないにもかかわらず，大企業と同様に説明責任があるとして IFRS の適用が強制されるためである。

2011年以降，ASPE は1年から2年に1度のペースで更新（改良）される予定である。ASPE は2つのプロセスを経て定期的に変更される（BDO [2011]）。全面改良（Major Improvements）と年次改良（Annual Improvements）である。全面改良は ASPE の重要な変更であり，年次改良には含まれない。年次改良の目的はガイダンスや語彙の説明および意図しない結果，コンフリクト，見落としの訂正などであり，手間を省くため一括で行う。

2012年，ASPE の定期的な更新プロジェクトとして，AcSB は2012年版公開草案「非上場企業向け会計基準の改良（Improvements to Accounting Standards for Private Enterprises）」を公表し，いくつかのセクションの修正を提案した。この提案は年次改良であり，例外を除き2013年の1月以降に適用されている（AcSB [2012]）。

2013年も2012年同様に，AcSBは2013年版公開草案「非上場企業向け会計基準の改良」を公表し，いくつかのセクションの修正案を示した。この提案も年次改良であり，例外を除き2014年の1月以降に適用されている（CPA［2013b］）。

## Ⅴ　おわりに

　AcSBは，公開会社，非上場会社，非営利組織それぞれに異なる会計基準を適用する方向性を示した2005年の「戦略計画の公開草案，カナダ会計基準：将来の方向性」の全面的なレビューを2014年に行っている。

　AcSBは，「すべてに適合する万能な基準はない」を信念に，多くの企業が適正な財務報告を行えるよう，会社形態別の異なる会計基準の適用を進めてきた。AcSBはあらゆる利害関係者との対話から，2014年現在もこの戦略は基本的には現実に合致していると考えているが，個別項目の単位で懸念が寄せられたようである。そのためAcSBは，2015年に2016年－2021年の戦略計画を公表し，新しい方針を通じて上記の基本信念の理解を改めて促す予定である（Mezon［2014］）。

### 【参考文献】

AcSB［2006］, *Canadian Accounting Standards PRIVATE COMPANY STRATEGIES, NEW DIRECTIONS*, BULLETIN#2, Accounting Standards Board.
―――［2007a］, *ACCOUNTNG STANDARD IN CANADA Implementation Plan for Incorporating IFRSs into Canadian GAAP*, Accounting Standards Board.
―――［2007b］, *Financial Reporting by Private Enterprises*, Accounting Standards Board.
―――［2008］, *Strategic Planning-Private Enterprises*, Accounting Standards Board.
―――［2009a］, *Generally Accepted Accounting Principles for Private Enterprises Exposure Draft*, Accounting Standards Board.
―――［2009b］, *Generally Accepted Accounting Principles for Private Enterprises*, Accounting Standards Board.
―――［2009c］, *FYI accounting standards MESSAGE FROM THE CHAIR*, Accounting Standards Board.
―――［2009d］, *GAAP for Private Enterprises Background Information and Basis for Conclusions: AcSB Exposure Draft*, Accounting Standards Board.
―――［2010］, *Accounting Standards in Canada: Building on New Directions 2011-2016*, Accounting Standards Board.

［2012］, *2012 Improvements to Accounting Standards for Private Enterprises, Background Information and Basis for Conclusions*, CICA Handbook-Accounting Part Ⅱ, Accounting Standards Board.

BDO［2011］, *ASSURANCE AND ACCOUNTING ACCOUNTING STANDARDS FOR PRIVATE ENTERPRISES (ASPE) UPDATE 2011.*

CICA［2006］, *Accounting Standards in Canada: New Direction-Strategic Plan*, Canadian Institutes of Chartered Accountants.

　　　　　　［2007a］, *Developing New Accounting Framework for Owner-manager Business*, Canadian Institutes of Chartered Accountants.

　　　　　　［2007b］, *Framework for Owner Managed Enterprises*, Canadian Institutes of Chartered Accountants.

　　　　　　［2008］, *Accounting Standards Board Decision Summary*, Canadian Institutes of Chartered Accountants.

　　　　　　［2010a］, *CICA Standards and Guidance Collection, Accounting Part Ⅱ-Accounting Standards for Private Enterprises*, Canadian Institutes of Chartered Accountants.

　　　　　　［2010b］, *The CICA's Guide to Accounting Standards for Private Enterprises in Canada*, Canadian Institutes of Chartered Accountants.

　　　　　　［2011］, *Accounting Standards for Private Enterprises, A Guide to Understanding Transitional Options and Accounting Policy Choices*, Canadian Institutes of Chartered Accountants.

　　　　　　［2011］, *Conversion to Accounting Standards for Private Enterprises: Basic Transition Steps*, Canadian Institutes of Chartered Accountants.

　　　　　　［2014］, *CPA Canada Financial Reporting Alert, AMENDED-2013 Annual Improvements to Accounting Standards for Privates Enterprises*, CHARTERED PROFESSIONAL ACCOUNTANTS CANADA.

CPA［2013a］, *Powered by People Annual Report 2013-2014*, Chartered Professional Accountants Canada.

　　※　カナダの3つの会計専門職協会は，2013年，高品質な財務および管理会計のサービスを提供する目的を掲げかねてより検討してきた統一を実施し，CPA CANADA（Chartered Professional Accountants CANADA）として活動を開始している。新規の称号としてCPAを用いる。

　　　　　　［2013b］, *CPA Canada Financial Reporting Alert, AMENDED-2013 Annual Improvements to Accounting Standards for Private Enterprises*, Chartered Professional Accountants Canada.

Deloitte［2009］, *Canadian GAAP at a crossroads Which path should private companies choose: GAAP for Private Enterprises or International Financial Reporting Standards?*

DO［2010］, *ASSURANCE AND ACCOUNTING FILLING THE GAAP: New Standard for Private Companies.*

Drummond, Anna T. [1991], Villanova Law Review, *Securities Law International of Securities Regulation-Multijurisdictional Disclosure System for Canada and the U. S.*, 36 Vill. L, Rev 775, Villanova University School of Law Digital Repository.

KPMG [2008], *Canadian GAAP for Private Business-The Choices to Be Made*, KPMG.

──── [2009], *Issues in Private Company Reporting CFERF Executive Research Report*, KPMG.

Mersereau, Annie [2002], *A CHANGE IN CANADIAN GAAP THAT WILL BE OF INTEREST TO MOST CANADIAN CORPORATIONS*, CPA-CANADA, 2002.

Mezon, Linda F. [2014], *One size doesn't fit all: the AcSB's strategy holds true*, Chartered Professional Accountants Canada.

SEC [2007], *Roadmap for the potential use of financial statements prepared accordance with IFRS by U. S. issuer*, SEC Release Nos. 33-8982; 34-58960; File No. S27-08.

Thornton, Grant [2010], *New Development summary*.

# 第Ⅲ部
## アジア・オセアニアにおける現状と課題

第11章　オーストラリア
第12章　中　　国
第13章　台　　湾
第14章　韓　　国
第15章　シンガポール
第16章　マレーシア
第17章　タ　　イ
第18章　フィリピン

# 第11章

# オーストラリア

## I はじめに

　本章は，オーストラリア会計基準審議会（以下，AASB と表記する）が，2010年6月に公表した会計基準 AASB1053「階層別オーストラリア会計基準の適用」（AASB［2010a］）の概要を紹介し，オーストラリアにおける中小企業会計制度のあり方を検討することを目的とするものである。

　オーストラリアの会計基準は，規模基準による小会社に対してその適用が免除される場合を除き，例外なく適用されてきた。しかし，オーストラリアが国際財務報告基準（以下，IFRS と表記する）をアドプションする以前から会社形態や会社規模に応じた基準の適用が，財務諸表作成のコスト負担等を理由に，ディファレンシャル・レポーティング（differential reporting）という名称で議論されてきた。

　AASB は，国際会計基準審議会（以下，IASB と表記する）が公表した中小企業版 IFRS は，当初，完全版 IFRS と異なる体系を持った一般目的財務諸表作成に関する基準の体系になるものと考えていた。したがって，AASB は，それまで議論されてきたディファレンシャル・レポーティングのフレームワークを改訂する際に，完全版オーストラリア会計基準とは異なる一般目的財務諸表の要件を検討することが適切であり，そのような観点から中小企業版 IFRS の採用について検討を行っていた（Australian Government［2008］, p. 4；AASB［2010a］, par. BC11）。また，オーストラリア政府の財務報告評議会（Financial Reporting Council）もこのような方向性を評価していた（AASB［2010a］, par. BC11）。

　結論としては，AASB は，中小企業版 IFRS をそのまま採用することはせず，オーストラリア会計基準の開示規定を削減した会計基準 AASB 2010-2「簡素化開示要件から生ずる会計基準の改訂」（AASB［2010b］）を会社階層別に適用することを最終的に決定した。ただし，次のような条件のもとで中小企業版 IFRS を

参照し，その基準を国内化する方針であることが示されている[1]。

---

① 簡素化された開示規定の適用を受ける企業（階層2の企業）に適用する認識・測定の要件が中小企業版 IFRS の規定と同一である場合には，中小企業版 IFRS の規定を直接引用する。
② 簡素化された開示規定の適用を受ける企業（階層2の企業）に適用する認識・測定の要件が中小企業版 IFRS の規定と同一でない場合には，中小企業版 IFRS を開発するときに IASB が行った「利用者のニーズ」と「コスト－ベネフィット」の原則を用いて当該規定の導入について検討する。

---

**図表11-1　用語の定義**

① 一般目的財務諸表
　　特定の情報ニーズに合わせて報告書を作成するように企業に要求する立場にない利用者のニーズを満たすことを意図する財務諸表。
② 公的説明責任
　　経済的意思決定を行うが，特定の情報ニーズに適った報告書を作成するように企業に要求する立場にない，企業外部の現在および潜在的な資源提供者ならびにその他の人々に対する説明責任。
　　プライベートセクターの営利企業は，次の場合に公的説明責任がある。
　　(ア) 公開市場で負債商品または持分商品が取引されていること。公開市場で取引を行うために負債商品または持分商品の発行をする過程にあること。公開市場は，国内株式市場，海外株式市場，店頭市場，地方・地域の市場を含んでいる。
　　(イ) 企業の主たる業務に関連して，企業外部の幅広いグループの人々に対して受託責任を有する資産を企業が保有していること。これは，銀行，信用組合，保険会社，証券ブローカー・ディーラー，投資信託会社，投資銀行などがある。
③ 報告実体
　　資源配分に関する意思決定を行い，そして当該意思決定を評価する利用者にとって有用となる情報を企業の財務諸表から入手することに依存している利用者が存在することを合理的に期待することができる実体のことである。報告実体は，単体の場合もあるし，あるいは，親会社とそのすべての子会社を含めたグループであることもある。

なお、図表11-1は、本章での議論の前提となる用語の定義（AASB［2010a］, p. 12）である。本図表では、一般目的財務諸表、公的説明責任、報告実体という3つの用語の定義が示されている。

## II 会社法における財務諸表の作成と提出に関する規定

オーストラリアにおける階層別会計基準についての検討を行う前に、オーストラリア会社法における財務諸表の作成と提出に関する規定をみておきたい。オーストラリア会社法（Corporations Act 2001, sec.112）によると、会社は、閉鎖会社（proprietary company）と公開会社（public company）に分類される。閉鎖会社の種類として、株式会社（limited by shares）、株式無限責任会社（unlimited with share capital）がある。公開会社の種類は、株式会社（limited by shares）、保証有限責任会社（limited by guarantee）、株式無限責任会社（unlimited with share capital）、および、鉱業の特例として無責任会社（no liability company）がある。オーストラリア証券投資委員会（Australian Securities and Investments Commission, 以下 ASIC と表記する）が公表した2014年6月末時点の登録会社総数は、2,118,666社である。

閉鎖会社の条件は、株式会社あるいは株式資本を有する無限責任会社のいずれかであり、かつ、非従業員株主が50人未満であるということである。保証有限責任会社および無責任会社は、閉鎖会社となることはできない。また、オーストラリアでは1995年に会社法の改正があり、閉鎖会社に関して規模規準が適用され、大規模閉鎖会社と小規模閉鎖会社という分類が導入された。以下に列挙する3つの規準のうち少なくとも2つの規準を満たすときは、小規模閉鎖会社として分類される[2]。

① 会計年度末に従業員50人未満
② 会計年度の連結総営業収益2,500万ドル未満
③ 会計年度末の連結総資産1,250万ドル未満

オーストラリア会社法の規定によると、上記の会社のうち規模規準を満たす小規模閉鎖会社を除き、原則として会社規模や法的形態にかかわりなく、取締役は

会社の経営成績および財政状態に関して真実かつ公正な概観を与えるような損益計算書および貸借対照表ならびにキャッシュ・フロー計算書を作成し（Corporations Act 2001, sec.292, 293, 295, 297），これを取締役報告書ならびに監査報告書とともに株主総会前に株主に送付しなければならない（Corporations Act 2001, sec. 298-301, 307, 308）。

取締役は，会計基準および規制に従って財務諸表を作成するが（Corporations Act 2001, sec.296），それが真実かつ公正な概観を与えるものではないと判断されるときは，それを補足する情報を注記において提供しなければならない（Corporations Act 2001, sec.295(3)(c), 297）。

監査人は，監査報告書において，基本的に，(a)財務報告書が会社法に準拠しているかどうか（会計基準に準拠しているかどうか，真実かつ公正な写像を与えるものであるかどうかを含む），(b)監査人は監査の実施にあたり必要なすべての情報，説明，援助を得たかどうか，(c)財務報告書の作成と監査のために十分な財務記録が

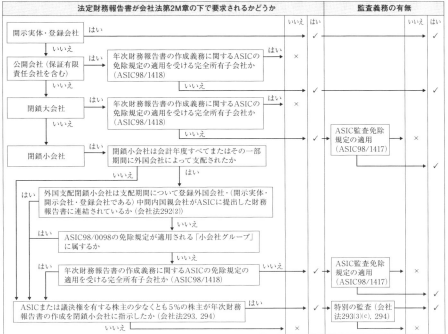

図表11-2　法定年次財務報告書の作成と監査

**図表11-3　年次財務報告書の関係機関への提出期限**

|  | 開示実体 | | その他の公開会社 | その他の登記会社 | 閉鎖会社 | | |
|---|---|---|---|---|---|---|---|
|  | 上場会社 | 非上場会社 | | | 小会社 | 大会社 | 祖父大会社 |
| 取締役宣言書と取締役報告書への署名 | 3ヵ月 | 3ヵ月 | 4ヵ月 | 3ヵ月 | ＊ | 3ヵ月 | 4ヵ月 |
| 年次報告書のASICへの提出 | 3ヵ月 | 3ヵ月 | 4ヵ月 | 3ヵ月 | ＊ | 4ヵ月 | ＊ |
| 年次報告書の株主への送付 | 17週 | 4ヵ月 | 4ヵ月 | 3ヵ月 | ＊ | 4ヵ月 | 4ヵ月 |
| 年次株主総会の招集通知の送付 | 28日 | 21日 | 21日 | ＊ | ＊ | ＊ | ＊ |
| 年次株主総会の開催 | 5ヵ月 | 5ヵ月 | 5ヵ月 | ＊ | ＊ | ＊ | ＊ |
| 年次登記申告書のASICへの提出 | 各年1月31日まで | | | 3ヵ月 | 各年1月31日まで | | |
| 年次報告書・半期報告書の基本構成 | ① 財務諸表（損益計算書，貸借対照表，キャッシュ・フロー計算書）<br>② 財務諸表注記<br>③ 財務諸表および注記に関する取締役宣言書 | | | | 半期報告書は開示実体のみが作成義務を有する。<br>年次報告書は年次財務報告書の略称であり，半期報告書は半期財務報告書の略称である。 | | |
| 株主宛年次報告書の形式 | 完全年次報告書と要約年次報告書の選択（会社法 sec.314）<br>完全年次報告 ① 年次報告書　② 取締役報告書　③ 監査報告書　要約年次報告 ① 要約財務報告書　② 取締役報告書　③ 監査報告書<br>注）要約年次報告書を選択する場合でも株主の要求があるときは，完全年次報告書を提供する。 | | | | | | |
| ASICへ提出される全書類の構成 | 年次報告 ① 年次報告書　② 取締役報告書　③ 監査報告書　半期報告 ① 半期報告書　② 取締役報告書　③ 監査報告書<br>注）ASICへ要約年次報告書を提出することはできない。 | | | | | | |
| 年次登記申告書の構成 | ① オーストラリア会社番号<br>② 登記社名<br>③ 登記事務所の住所<br>④ 本社住所<br>⑤ 取締役・会社秘書の住所，氏名，生年月日，出生地<br>⑥ 発行済株式に関する情報（種類別）<br>⑦ 保証オプション（種類別未発行株式数）<br>⑧ 大株主情報（種類別に上位20名の氏名・住所，保有株式数等）<br>⑨ 会社の流動性<br>⑩ 最終の持株会社（オーストラリア会社番号，社名，所在地） | | | | | | |

維持されてきたかどうかについて意見表明しなければならない（Corporations Act 2001, sec.307）。

図表11-2は，先に掲げた会社法上の会社組織が年次財務報告書を作成しかつ監査を受ける義務を有するかどうかをまとめたものである（PriceWaterhouse-Coopers［1999］）。本図表から知られるように開示実体，公開会社，大規模閉鎖会社は，年次財務報告書の作成と監査の義務を有している。

小規模閉鎖会社は原則として当該義務を負うものではないが，ASICがそれを要求する場合，そして，議決権を有する株主のうち5％を超える株主が年次財務報告書の作成と監査を要求する場合には，当該免除規定は適用されない。先に実数を示した閉鎖会社の99％強の会社が，当該免除規定の適用を受けている。

図表11-3は，年次財務報告書の関係機関への提出期限をまとめたものである。上場会社についてみてみると，ASICへの年次財務報告書の提出は3ヵ月以内と規定されており，日本において有価証券報告書を内閣総理大臣へ提出する期限と一致している。また，年次株主総会の開催時期については，日本では決算日後3ヵ月以内と規定されているが，オーストラリアではその期限が5ヵ月となっている点で相違している。

## Ⅲ 階層別オーストラリア会計基準の適用

オーストラリアでは，上で述べた財務報告制度における会社の財務諸表作成や監査に係るコスト負担等の問題を主たる理由としてディファレンシャル・レポーティングのフレームワークに関する議論が1990年代から行われ，オーストラリアの会計基準には何らかのディファレンシャル・レポーティングの規定が盛り込まれてきた。「報告実体」の概念は，ディファレンシャル・レポーティング制度の中核概念である。会計概念ステートメントSAC1「報告実体の定義」[3]では，その定義が示されており，現行の会計基準AASB101「財務諸表の表示」においてそれが引用されている（AASB［2010a］, par. BC2）。

周知のように，オーストラリア会計基準はIFRSに対応した規定をとり入れ，基準適用に関して，次のような規定が置かれている（AASB［2010a］, par. BC3）。

① 会社法パート2M.3の規定により財務報告書の作成が義務づけられ，かつ，報告実体である実体

② その他の報告実体の一般目的財務諸表
③ 一般目的財務諸表である，または，一般目的財務諸表として提供される財務諸表

　AASB1053「階層別オーストラリア会計基準の適用」の公表前には，上記の規定に該当する営利企業および非営利企業のいずれも，すべての認識，測定，表示および開示の規定が適用されていた。会社法の下にある開示実体，公開会社，大規模閉鎖会社等は，会計基準に準拠した財務諸表の作成と提出が義務づけられている。大規模閉鎖会社は，会社法の3つの規模基準のうち少なくとも2つを満たすものをいう。

① 会計年度末に従業員50人超
② 会計年度の連結総営業収益2,500万ドル超
③ 会計年度末の連結総資産1,250万ドル超

　したがって，すでに述べたように，小規模閉鎖会社は，外部報告の義務が免除されることになるが，外国企業の支配下にある場合，あるいは，5％の株主が要求した場合には，財務報告書の作成と提出が義務づけられる。
　以上のことにより，オーストラリア会計基準の完全適用の報告負担が免れるのは，一般目的財務諸表でない財務諸表を作成する非報告実体のみである。もちろん，非報告実体の財務諸表は特別目的財務諸表と分類されるが，会社法の範疇の組織と見なされるときは真実かつ公正な概観の規定の適用を受けることになる（AASB［2010a］, par. BC5）。
　上記の非報告実体に適用される会計基準は，当該組織の特殊性を考慮して，次の基準が適用される（AASB［2010a］, par. BC5）。

- AASB 101 Presentation of Financial Statements
- AASB 107 Statement of Cash Flows
- AASB 108 Accounting Policies, Changes in Accounting Estimates and Errors
- AASB 1031 Materiality
- AASB 1048 Interpretation of Standards

ただし，ASIC の見解では，会社法2M 章に基づいて財務諸表を作成する義務のある非報告実体はすべての会計基準の認識および測定の規定に準拠しなければならないとしている。この見解に従うならば，非報告実体が適用を免除される基準は，AASB 101，AASB 107，AASB 108を除くその他の基準の開示要件である（AASB［2010a］, par. BC7）。また，IFRS を組み込んでいる AASB 公式見解に加えて，一部またはすべての非営利企業にとくに適用されるオーストラリア会計基準は次のとおりである（AASB［2010a］, par. BC8）。

- AASB 1004 Contributions;
- AASB 1049 Whole of Government and General Government Sector Financial Reporting;
- AASB 1050 Administered Items;
- AASB 1051 Land under Roads;
- AASB 1052 Disaggregated Disclosures; and
- AASB Interpretation 1038 Contributions by Owners Made to Wholly-owned Public Sector Entities.

　以上のとおり，現行の財務報告制度における会計基準の適用やコスト負担を考慮した会計基準適用の免除規定は，煩雑で容易に理解することができないきらいがある。そのような状況を考慮し，AASB は2010年6月に会計基準 AASB1053「階層別オーストラリア会計基準の適用」を公表し，ディファレンシャル・レ

**図表11-4　階層別基準適用の枠組み**

| 階層区分 | 対象企業 | 適用基準 |
|---|---|---|
| 階層1 | ① 公的説明責任のあるプライベートセクターの営利企業<br>② オーストラリア政府および州政府，準州および地方政府 | オーストラリア会計基準 |
| 階層2 | ① 公的説明責任のないプライベートセクターの営利企業<br>② プライベートセクターの非営利のすべての実体<br>③ 政府機関以外のパブリックセクターの実体 | オーストラリア会計基準－簡素化された開示要件 |

（注）　階層2の適用会社であっても規制当局は階層1の会計基準の適用を強制することができる（AASB［2010a］, par. 11-15）。

ポーティングのフレームワークを具体化することとなった。

**図表11-4**は，階層別会計基準適用の枠組みをまとめたものである。本図表から知られるように，階層1の会社には上場会社が該当し，IFRSベースのオーストラリア会計基準が適用され，階層2の会社には非上場会社が該当し，開示要件が簡素化されたオーストラリア会計基準が適用されることになる。

**図表11-5**は，階層1と階層2に適用される会計基準の内容を示したものである。上述のように，階層1のオーストラリア会計基準はIFRSベースの会計基準にオーストラリア企業の固有の状況を考慮した要件が盛り込まれている。階層2は，原則として開示要件が簡素化されたものである。階層2が要求する開示とIASBの中小企業版IFRSが要求する開示は極めて類似している。しかし，両者は直接に比較可能なものではない。その理由は，階層2は，完全版IFRSに相当する認識と測定の要件を持っているが，中小企業版IFRSは完全版IFRSの認識と測定の要件が改訂された限定版であるからである。さらに，階層2の会社に適用される認識，測定，開示の要件は，オーストラリア会計基準を改訂する都度，見直されることになる。中小企業版IFRSが定期的にIFRSの改訂にあわせて見直しすることになっているのと同じである。

**図表11-5　階層別会計基準の内容**

| 階層別会計基準 | | 基準の内容 |
| --- | --- | --- |
| 階層1 | オーストラリア会計基準 | IFRSおよびオーストラリア企業に固有の要件で構成されている。 |
| 階層2 | オーストラリア会計基準－簡素化された開示要件 | 階層1の認識と測定の要件を含むが開示要件はかなり簡素化されている。 |

(注)　階層2の適用会社は，その判断により，一般目的財務諸表の目的に矛盾しない限りで階層1の詳細な開示を行うことができる（AASB [2010a], par. 16)。

**図表11-6**は，階層1の会計基準と階層2の会計基準の具体的な構成を一覧形式で比較できるようにしたものである[4]。階層2に含まれない基準には，「4　保険契約」，「6　鉱物資源の調査と評価」，「9　金融商品」，「118　収益」，「120　政府補助金の会計」，「129　超インフレ経済下の財務報告」，「132　金融商品：表示」，「139　金融商品：認識と測定」等である。

## 第11章 オーストラリア

**図表11-6** オーストラリア会計基準と簡素化開示規定の会計基準の比較

| 階層1　オーストラリア会計基準 | 階層2　簡素化開示規定 |
|---|---|
| 1　First-time Adoption of Australian Accounting Standards | 1　First-time Adoption of Australian Accounting Standards |
| 2　Share-based Payment | 2　Share-based Payment |
| 3　Business Combinations | 3　Business Combinations |
| 4　Insurance Contracts | |
| 5　Non-current Assets Held for Sale and Discontinued Operations | 5　Non-current Assets Held for Sale and Discontinued Operations |
| 6　Exploration for and Evaluation of Mineral Resources | |
| 7　Financial Instruments: Disclosures | 7　Financial Instruments: Disclosures |
| 8　Operating Segments | 8　Operating Segments |
| 9　Financial Instruments | |
| 10　Consolidated Financial Statements | |
| 11　Joint Arrangements [for for-profit entities] | |
| 12　Disclosure of Interests in Other Entities | 12　Disclosure of Interests in Other Entities |
| 13　Fair Value Measurement | |
| 14　Regulatory Deferral Accounts | |
| 101　Presentation of Financial Statements | 101　Presentation of Financial Statements |
| 102　Inventories | 102　Inventories |
| 107　Statement of Cash Flows | 107　Statement of Cash Flows |
| 108　Accounting Policies, Changes in Accounting Estimates and Errors | 108　Accounting Policies, Changes in Accounting Estimates and Errors |
| 110　Events after the Reporting Period | 110　Events after the Reporting Period |
| 111　Construction Contracts | 111　Construction Contracts |
| 112　Income Taxes | 112　Income Taxes |
| 116　Property, Plant and Equipment | 116　Property, Plant and Equipment |
| 117　Leases | 117　Leases |
| 118　Revenue | |
| 119　Employee Benefits | 119　Employee Benefits |
| 120　Accounting for Government Grants and Disclosure of Government Assistance | |
| 121　The Effects of Changes in Foreign Exchange Rates | 121　The Effects of Changes in Foreign Exchange Rates |
| 123　Borrowing Costs | 123　Borrowing Costs |
| 124　Related Party Disclosures | 124　Related Party Disclosures |
| 127　Consolidated and Separate Financial Statements | 127　Consolidated and Separate Financial Statements |

| | |
|---|---|
| 128　Investments in Associates and Joint Ventures ［for for-profit entities］ | 128　Investments in Associates |
| 129　Financial Reporting in Hyperinflationary Economies | |
| 132　Financial Instruments: Presentation | |
| 133　Earnings per Share ［for for-profit entities］ | 133　Earnings per Share |
| 134　Interim Financial Reporting | 134　Interim Financial Reporting |
| 136　Impairment of Assets | 136　Impairment of Assets |
| 137　Provisions, Contingent Liabilities and Contingent Assets | 137　Provisions, Contingent Liabilities and Contingent Assets |
| 138　Intangible Assets | 138　Intangible Assets |
| 139　Financial Instruments: Recognition and Measurement | |
| 140　Investment Property | 140　Investment Property |
| 141　Agriculture | 141　Agriculture |
| 1004　Contributions | |
| 1023　General Insurance Contracts | |
| 1031　Materiality | |
| 1038　Life Insurance Contracts | |
| 1039　Concise Financial Reports | |
| 1048　Interpretation of Standards | |
| 1049　Whole of Government and General Government Sector Financial Reporting | |
| 1050　Administered Items | 1050　Administered Items |
| 1051　Land Under Roads | |
| 1052　Disaggregated Disclosures | 1052　Disaggregated Disclosures |
| 1053　Application of Tiers of Australian Accounting Standards | |
| 1054　Australian Additional Disclosures | |
| 1055　Budgetary Reporting | |
| 1056　Superannuation Entities | |

（注）　階層1の基準の一覧には，非営利組織に対してのみ適用される基準については，これを含めていない。また，この一覧は，2014年11月1日現在のものである。

## Ⅳ　おわりに

　オーストラリアは完全版IFRSを積極的に導入したにもかかわらず，中小企業向けの会計基準として中小企業版IFRSを採用することはせず，1990年代から議

論されてきたディファレンシャル・レポーティングの枠組みを踏襲し，大企業向けの会計基準の開示規定を簡素化する途を選び，階層別に会計基準を適用することで，中小企業の財務報告に係る過重なコスト負担を軽減しようとするところに，オーストラリア財務報告制度の特色を窺い知ることができる。

本章で検討してきたAASB1053「階層別オーストラリア会計基準の適用」は，2013年7月1日以降に開始する会計年度に適用されることになるが，オーストラリアにおける規模別会計基準の適用に関する特徴を以下に摘記することで本章のむすびとしたい。

① 中小企業版IFRSのオーストラリアへの導入については，簡素化された開示規定の適用を受ける企業（階層2の企業）に適用する認識・測定の要件が中小企業版IFRSの規定と同一である場合には，中小企業版IFRSの規定を直接引用する。
② 簡素化された開示規定の適用を受ける企業（階層2の企業）に適用する認識・測定の要件が中小企業版IFRSの規定と同一でない場合には，中小企業版IFRSを開発するときにIASBが行った「利用者のニーズ」と「コスト－ベネフィット」の原則を用いて当該規定の導入について検討する。
③ 公的説明責任のないプライベートセクターの営利企業については，階層2に分類され，開示規定が簡素化された会計基準が適用される。認識と測定に関する基準については，階層1に分類される企業に適用されるものと同等の会計基準が，原則として適用される。階層1と階層2の企業に適用される会計基準の比較については図表11-6を参照されたい。

注

1　簡素化された開示規定が適用される階層2の企業の認識・測定基準の策定に関する方針は，次の文書に明示されている。Australian Accounting Standards Board, *Tier2 Disclosure Principles.* この文書は，AASBのホームページで検索することにより入手することができるが，年度の情報が表記されていない。当該文書では，認識および測定の要件が同一である場合のアプローチと認識および測定の要件が同一でない場合のアプローチに分けて詳細に述べられている。
2　オーストラリア会社法における会社の規模規準は，ASICの関連ウエブページからの引用である。URLは，次のとおりである。http://www.asic.gov.au/asic/asic.nsf/byheadline/Are + you + a + large + or + small + proprietary + company%3F?openDocument
3　オーストラリアの会計概念ステートメント（Statement of Accounting Concepts）の第1号SAC1「報告実体の定義」は，1990年にオーストラリア会計研究財団（Australian

Accounting Research Foundation）と会計基準検閲審議会（Accounting Standards Review Board）が共同で公表したものである。それ以外の概念ステートメントは次のとおり第4号まで公表されている。
　SAC2「一般目的財務報告の目的」（1990）
　SAC3「財務情報の質的特性」（1990）
　SAC4「財務諸表の構成要素の定義と認識」（1995）
4　この比較表は，2011年5月末時点でAASBのホームページから引用したものであり，その後のディファレンシャル・レポーティングの適用を受ける階層2の企業の会計基準の改訂作業により，基準の追加・削除が行われている場合があるので注意されたい。

## 【参考文献】

Australian Accounting Standards Board ［2010a］, *Application of Tiers of Australian Accounting Standards*, AASB Standard, AASB 1053.
───── ［2010b］, *Amendments to Australian Accounting Standards arising from Reduced Disclosure Requirements*, AASB Standard, AASB 2010-2.
Australian Government ［2008］, *Annual Reports 2007-08*, Financial Reporting Council, Australian Accounting Standards Board, Auditing and Assurance Standards Board.
CCH ［1999］, *1999 Australian Corporations & Securities Legislation*, 10th Edition, Sydney, CCH Australia Ltd.
PriceWaterhouseCoopers ［1999］, *Value Accounts Holdings: Annual and Half-Year Financial Reporting 1999*, Sydney.
浦崎直浩［2000］『オーストラリアの会計制度に関する研究』近畿大学商経学会。

# 第12章

# 中　国

## I　はじめに

　中国財政部は2011年10月18日に「小企業会計準則」（財会〔2011〕17号；以下「小企業会計準則」〔2011〕と記す）を公布した。「小企業会計準則」〔2011〕は，2013年1月1日までに施行されることとなっており，またそれの公布によって，2004年に公布された「小企業会計制度」（財政部作成）が廃止された。このため，中国における小企業（定義は第Ⅲ節を参照）に関する会計は，とくに2013年以降において，当該準則に基づくものとなっている。したがって，中国における中小企業会計を理解するには，「小企業会計準則」〔2011〕に関する理解と考察が欠かせない。そこで，本章では，中国における中小企業に関する会計を概説する上で，「小企業会計準則（2011年公布：2013年まで施行）」を中心に分析を進める。

　中国の中小企業会計を分析する重要性は，3つの側面から考えることができる。第1に，周知のように，中国はいまや世界経済の成長エンジンであり，GDPが世界2位を占める。経済的重要性から，中国における企業会計の分析が重要である。第2に，そのように経済的に重要な中国において，中小企業が国の経済を支えている実態がある。たとえば，中国の域内にある企業の数は477万であるが，小企業が企業全体に占める割合では，企業数に関して97.11％，従業員数に関して52.95％，売上高に関して39.34％，資産総額に関して41.97％を占めている[1]。中国も他の国と同様に中小企業の経済活動が国の経済基盤となっていることから，中国会計という視点で考えるときでも，中国の中小企業会計が重要なテーマとなる。第3に，国際会計の視点からIASB主導の「会計基準の国際的統一化」，「大企業と区別する中小企業会計のあり方の検討」の波は，中国でも直接的・間接的にそれらの影響を受けた基準作りに至ったのかを確認する必要があると考えられる。

そこで，本章では，中国における中小企業会計の重要で最新の関心事である「小企業会計準則」［2011］に焦点をあて，それがIASBの影響を受けていたか，その特徴などについて考究する。あわせて，2014年現在，中国の「中小企業の会計」の現状についても整理する。

## Ⅱ 中国における会計制度体系［2014］
### ——中小企業会計制度体系を視野に入れて

2014年現段階の中国における会計制度体系は，**図表12-1**のようにまとめられる[2]。1985年に公布され，1993年と1999年に2回にわたり改訂された「会計法」はそのフレームワークの上位法律である。当該法律は中華人民共和国の最高国家権力機構である全国人民代表大会で承認され，「中華人民共和国国家主席令」として発効されたものである。

また，「企業財務会計報告条例」は，中国の最高国家権力の執行機関である国務院から2000年6月に公布され，2001年1月から施行された条例「中華人民共和国国務院令」である。外部から資金を調達する企業と大中規模の企業は，財務諸表の作成と対外的な開示について当該条例の適用を受けなければならない。さらに，「企業会計準則」は，国務院の構成機関の1つである財政部の中の会計司によって作成されるものである[3]。

加えて，適用企業の違いによって，中国の会計制度体系を確認することができる。2001年1月に施行された「企業会計制度」は，1998年公布された「株式有限会社会計制度」を前身の制度にもち，適用企業は小規模・金融企業以外である[4]。また，「企業会計準則」［2007］は全企業，2011年公布され2013年まで施行された「小企業会計準則」［2011］は小規模企業を適用企業としている。

本章の目的である中国における中小企業会計の状況の解明を鑑みれば，小規模企業を対象とする「小企業会計準則」［2011］が分析の対象となろう。

第12章　中国　161

**図表12-1**　中国における会計制度体系（2014年）

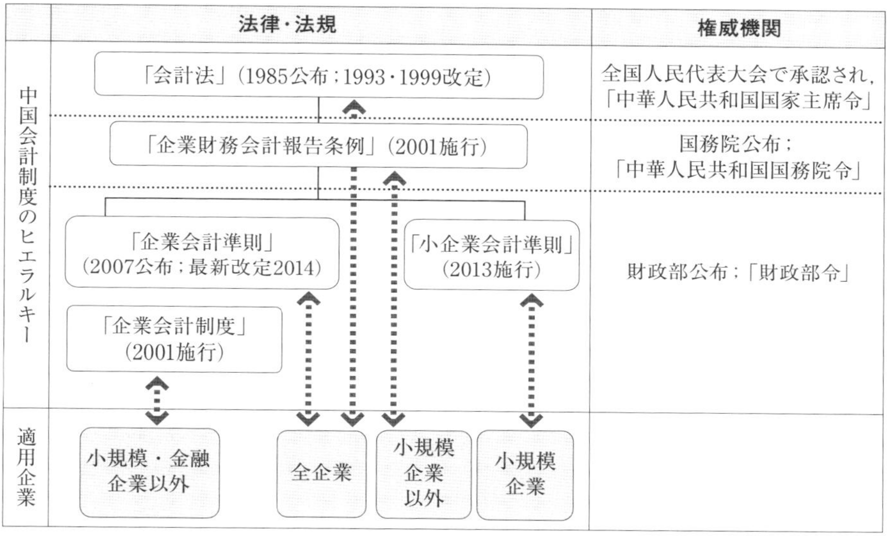

| | 法律・法規 | 権威機関 |
|---|---|---|
| 中国会計制度のヒエラルキー | 「会計法」（1985公布；1993・1999改定） | 全国人民代表大会で承認され，「中華人民共和国国家主席令」 |
| | 「企業財務会計報告条例」（2001施行） | 国務院公布；「中華人民共和国国務院令」 |
| | 「企業会計準則」（2007公布；最新改定2014）　「小企業会計準則」（2013施行） | 財政部公布；「財政部令」 |
| | 「企業会計制度」（2001施行） | |
| 適用企業 | 小規模・金融企業以外　　全企業　　小規模企業以外　　小規模企業 | |

## III　中国の中小企業の状況と区分
### ——国際的比較視点を用いながら

　本節では，図表12-1中，適用企業が「小規模企業」という記述があるが，どういう基準をもって小規模企業というのか，中国における中小企業の区分について検討する。

　**図表12-2**は中国の工業・情報化部，国家統計局，国家発展・改革委員会，財政部が連合して作成した「中小企業を分ける規準規定（中小企業划型標準規定）」（工信部聯企業［2011］300号）の規定を参考に，作成したものである。当該規定は，中国において現時点の2014年でも中小企業の区分に利用される最新規定である。また，比較するために，**図表12-3**において，日本の「中小企業基本法」における中小企業の区分を示しておく。図表12-2と図表12-3と比較すると，資産総額と資本金の額を単純に比較できないが，従業員数の側面から，中国において「小企業」と分類された企業が，日本において「中小企業」に分類される可能性があることがわかる。

図表12-2 中国の中小企業の区分

(単位：人数，万元)

| 産業 | 中企業 | | | 小企業 | | |
|---|---|---|---|---|---|---|
| | 従業員数 | 売上高 | 資産総額 | 従業員数 | 売上高 | 資産総額 |
| 農林牧漁業 | — | 500～20,000 | — | — | 50～500 | — |
| 工業 | 300～1,000 | 2,000～40,000 | — | 20～300 | 300～2,000 | — |
| 建築業 | — | 6,000～80,000 | 5,000～80,000 | — | 300～6,000 | 300～5,000 |
| 卸売業 | 20～200 | 5,000～40,000 | — | 5～20 | 1,000～5,000 | — |
| 小売業 | 50～300 | 500～20,000 | — | 10～50 | 100～500 | — |
| 運送業 | 300～1,000 | 3,000～30,000 | — | 20～300 | 200～3,000 | — |
| 倉庫業 | 100～200 | 1,000～30,000 | — | 20～100 | 100～1,000 | — |
| 郵政業 | 300～1,000 | 2,000～30,000 | — | 20～300 | 100～2,000 | — |
| ホテル業 | 100～300 | 2,000～10,000 | — | 10～100 | 100～2,000 | — |
| 飲食業 | 100～300 | 2,000～10,000 | — | 10～100 | 100～2,000 | — |
| 情報通信業 | 100～2,000 | 1,000～100,000 | — | 10～100 | 100～1,000 | — |
| IT産業 | 100～300 | 1,000～10,000 | — | 10～100 | 50～1,000 | — |
| 不動産業 | — | 1,000～200,000 | 5,000～10,000 | — | 100～1,000 | 2,000～5,000 |
| 不動産管理業 | 300～1,000 | 1,000～5,000 | — | 100～300 | 500～1,000 | — |
| 物品賃貸業 | 100～300 | — | 8,000～120,000 | 10～100 | — | 100～8,000 |
| その他の産業 | 100～300 | | | 10～100 | | |

(注) ①中国の域内にあるすべての企業に適用する。
②「工業」は鉱業，製造業，電力・ガス・水の生産・供給業を含む。
(出所) 「中小企業を分ける規準規定（中小企業划型標準規定）」（工信部联企业［2011］300号）より作成。

図表12-3　日本の「中小企業基本法［2013］」における中小企業の区分

|  | 中小企業者 (下記のいずれかを満たすこと) | | うち小規模企業者 |
|---|---|---|---|
|  | 資 本 金 | 常時雇用する従業員 | 常時雇用する従業員 |
| ①製造業・建設業・運輸業，その他の業種（②〜④を除く） | 3億円以下 | 300人以下 | 20人以下 |
| ②卸売業 | 1億円以下 | 100人以下 | 5人以下 |
| ③サービス業 | 5,000万円以下 | 100人以下 | 5人以下 |
| ④小売業 | 5,000万円以下 | 50人以下 | 5人以下 |

(注)　法人税法における中小企業は「資本金1億円以下の法人」と定義されている。
(出所)　中小企業庁『平成25年度中小企業施策総覧』より作成。

##  中国の中小企業会計にかかる取組み　──国際的比較視点をとり入れて

　図表12-4は，中国の小企業にかかる法律や通達を時系列の順でまとめたものである。2003年1月1日施行された「中小企業促進法」を皮切りに，中国において，中小企業に対する会計基準の設定が本格化され始め，2011年において，「小企業会計準則」［2011］という形に実を結んだことが読み取れる。

図表12-4　中国の小企業にかかる法律や通達

| タイトル | 施 行 日 | 発行機関 |
|---|---|---|
| 「中小企業促進法」（中華人民共和国主席令（第69号）） | 2003年1月1日 | 2002年6月29日第9回全国人民代表大会常務委員会第28次会議により承認 |
| 「小企業会計制度」（財会［2004］2号） | 2005年1月1日 | 財政部会計司 |
| 「非公有制の個人私営企業の発展を支持と誘導するためのいくつかの意見」（国発［2005］3号） | 2005年2月19日 | 国務院 |
| 「国務院による中小企業の更なる発展を促進するためのいくつかの意見」（国発［2009］36号） | 2009年9月19日 | 国務院 |
| 「小企業会計準則」（財会［2011］17号） | 2013年1月1日 | 財政部会計司 |

**図表12-5　中小企業会計に関する取組み～「IASB」対「中国」対「日本」**

| | IASB/IASC | 中　　国 | 日　　本 |
|---|---|---|---|
| 1998年4月 | 「中小企業の会計」研究プロジェクト立ち上げ | | |
| 2002年6月 | | 「中小企業促進法」 | 「中小企業の会計に関する研究会報告書」（中小企業庁） |
| 2003年9月 | 「中小企業版IFRS」策定の決定 | | |
| 2004年4月 | | 「小企業会計制度」 | |
| 2004年6月 | 「討議資料：中小企業の会計基準に対する予備的見解」 | | |
| 2005年2月 | | 国発［2005］3号 | |
| 2005年8月 | | | 「中小企業の会計に関する指針」 |
| 2007年2月 | 「公開草案：中小企業版IFRS」公表 | | |
| 2009年7月 | 「中小企業版IFRS」公表 | | |
| 2009年9月 | | 国発［2009］36号 | |
| 2010年8～9月 | | | 「中小企業の会計に関する研究会・中間報告書」，「非上場会社の会計基準に関する懇談会・報告書」 |
| 2011年10月 | | 「小企業会計準則」［2011］ | |

　中国における中小企業会計に関する取組みについてIASBと日本とを対比したものは，**図表12-5**のようにまとめられる。とくに2011年公開された「小企業会計準則」は2009年7月のIASBによる「中小企業版IFRS」の公表を受けてからの展開と理解されれば，中国はIASBに後追いをしている部分があると理解できる。一方，日本における中小企業会計の取組みも着々と行われているようである。

## V 中国の「小企業会計準則」の内容
―国際的比較視点をとり入れて

　前節では「小企業会計準則」[2011] までの中国における中小企業会計にかかる取組みについて，国際的比較の視点をとり入れた分析を試みた。本節では，「小企業会計準則」[2011] の具体的な内容について，掘り下げて検討したい。

　「小企業会計準則」[2011] は，「会計法」(1985公布；1993・1999改定) に従い，中国の域内の小企業に適用される（図表12-1を参照）。小企業の規模が小さく，業務内容が単純で，会計専門家が少なく，会計情報利用者のニーズが相対的に単一であることから，「小企業会計準則」は簡素化されるべきである（简化要求）とされている（『小企業会計準則解釈』5頁）。

　「小企業会計準則」[2011] は本文が10章90条，付録1つで構成されている。その内容を一覧表示したのが**図表12-6**である。

**図表12-6**　「小企業会計準則」[2011] の構成と内容

| 項　目 | 内　　容 |
| --- | --- |
| 第1章　総則 | |
| 第1条 | 「会社法」が上位規定 |
| 第2条 | 「中小企業を分ける規準規定（中小企業划型标准规定）」（工信部联企业 [2011] 300号）に準拠する小企業が適用対象 |
| 第3条 | 「企業会計準則」との関係 |
| 第4条 | 「企業会計準則」への適用の変更時の対応 |
| 第2章　資産 | |
| 第5～6条 | 資産は，小企業が過去の取引などによって，小企業が所有あるいはコントロールしているもので，小企業に経済的便益をもたらす資源（経済利益的資源）である。小企業の資産は，取得原価で測定されるべきで，減損をしない。 |
| 第7条～15条 | 流動資産について |
| 第16条～26条 | 長期投資について |
| 第27条～37条 | 固定資産と生物資産について |
| 第38条～42条 | 無形資産について |
| 第43条～44条 | 繰延資産について |

| | 第3章　負債 | |
|---|---|---|
| 第45条 | 負債は，小企業が過去の取引などによって，経済的便益の流出が予想される現時点の義務（现时义务）である。小企業の負債は流動負債と非流動負債に分けられる。 | |
| 第46条～50条 | 流動負債について | |
| 第51条～52条 | 非流動負債について | |
| | 第4章　持分（所有者権益） | |
| 第53条 | 持分（所有者権益）は，小企業の資産から負債を控除したのち，所有者が享有する部分を指す。払込資本（实收资本），資本剰余金（资本公积），利益剰余金（盈余公积），未分配利益（未分配利润）を含む。 | |
| 第54条 | 払込資本（实收资本）（小企業への投資者が契約などに基づき，小企業へ投入したもの）について | |
| 第55条 | 資本剰余金（资本公积）（投資者の出資額が登記資本より超過した部分）について | |
| 第56条 | 利益剰余金（盈余公积）（法定積立金と任意積立金）について | |
| 第57条 | 未分配利益（未分配利潤）について | |
| | 第5章　収益（収入） | |
| 第58条 | 収益（収入）は，小企業が日常の生産・経営活動により形成され，持分の増加をもたらし，所有者による資本拠出と関係ない経済的便益の流入（経済利益的総流入）であり，商品販売収益と労務提供収益に分けられる。 | |
| 第59条～61条 | 商品販売収益について | |
| 第62条～63条 | 労務提供収益について | |
| 第64条 | 商品販売収益と労務提供収益が同時に生じた場合 | |
| | 第6章　費用 | |
| 第65条 | 費用は，小企業が日常の生産・経営活動中に発生し，持分の減少をもたらし，所有者による資本拠出と関係ない経済的便益の流出（経済利益的総流出）である。 | |
| 第66条 | 小企業の費用は，発生主義に基づき計上されるべき | |
| | 第7章　利益（利潤）および利益分配 | |
| 第67条 | 利益は，小企業が一定会計期間における経営成果を指す。 | |
| 第68条 | 営業外収入について | |
| 第69条 | 政府補助について | |
| 第70条 | 営業外支出について | |

| | |
|---|---|
| 第71条 | 所得税について |
| 第72条 | 投資者への分配について |
| 第8章 外貨業務 | |
| 第73条 | 小企業の外貨業務は，外貨の取引（外币交易）と財務報告に計上する外貨の取り扱いに分けられる。 |
| 第74条 | 外貨の取引（外币交易）について |
| 第75～76条 | 記帳する貨幣と金額について |
| 第77条 | 外貨建ての貨幣性項目と非貨幣性項目の会計処理について |
| 第78条 | 外貨建ての財務諸表を作り直すとき，決算日の為替レートを適用すべき |
| 第9章 財務報告（财务报表） | |
| 第79条 | 財務報告（财务报表）は，小企業の財務状況，経営成績およびキャッシュ・フローの構造性の描写（结构性表述）であり，少なくとも貸借対照表（资产负债表），損益計算書（利润表），キャッシュ・フロー計算書（现金流量表）および付属明細書（附注）で構成される。 |
| 第80条 | 貸借対照表（资产负债表）について |
| 第81条 | 損益計算書（利润表）について |
| 第82～85条 | キャッシュ・フロー計算書（现金流量表）について |
| 第86条 | 付属明細書（附注）について |
| 第86～88条 | その他 |
| 第10章 附則 | |
| 第89条～90条 | 本準則の適用範囲。2013年1月1日施行と同時に「小企業会計制度」［2004］廃止 |
| 付録：会計勘定，主要帳簿処理および財務報告 | |

(注) 中国の会計用語について，中国語での「収入」＝収益；中国語での「利潤」＝利益である。
また，「経済利益」は英語でいう「economic benefit」である。

「小企業会計準則」［2011］はまず上位規定や適用範囲企業などについての記載がある第1章：総則で始まり，財務諸表の構成要素に沿った形で，第2章：資産，第3章：負債，第4章：持分，第5章：収益，第6章：費用，第7章：利益およびその分配が続く。さらに，最後の第8章：外貨業務，第9章：財務報告はディスクロージャーを意識する財務諸表の内容・開示についての規定となっている（図表12-6）。

中身を確認すると、随所において小企業に対して、会計処理の簡素化の規定が見受けられる。たとえば、小企業の資産について、取得原価で計上され、減損を行わない（第6条）。また、第8章の外貨業務に関しては、貨幣性項目と非貨幣性項目の取扱いの違いを明確にしながら（第77条）、日本の会計基準のように本店・在外支店・在外子会社の会計処理について、別々の換算基準を利用しない。

「小企業会計準則」[2011] の内容をより詳細に検討するために、IASB「中小企業版IFRS」[2009] と対比して分析を行った。**図表12-7** はその対比分析の結果をまとめたものである。

**図表12-7** 中国「小企業会計準則」[2011] 対 IASB「中小企業版IFRS」

| 比較項目 | 中国「小企業会計準則」[2011] | IASB「中小企業版IFRS」 |
|---|---|---|
| 紙幅 | 本文が10章90条、付録1つ | 本文と Basis for Conclusions および Checklist の3つで構成され（参考文献を参照）、本文だけで35セクション、232頁に及ぶ。 |
| 適用対象 | 「中小企業を分ける規準規定（中小企業划型標准規定）」（工信部联企业 [2011] 300号）に準拠する小企業（第2条、具体的には第Ⅲ節を参照）。 | 公的説明責任のない企業であり、かつ外部の財務諸表利用者に一般目的財務諸表を公表する企業（セクション1）。 |
| 概念フレームワーク | 右項の内容がほとんどなく、条文の中から、財務諸表の構成要素には資産、負債、持分、売上および費用があることが読み取れる。 | 財務諸表の目的、情報の質的特性、財務諸表の構成要素、構成要素の認識・測定、発生主義、財務諸表の認識など詳しく記載されている（セクション2）。 |
| 上記のことから、IASBのほうは分量が多く、広範であることがわかる。下記において、中国の条文の分類に従い、**各構成要素の定義のみに注目し比較する**。 |||
| 資産 | 資産は、小企業が過去の取引などによって、小企業が所有あるいはコントロールしているもので、小企業に経済的便益をもたらす資源（経済利益的資源）である（第5条）。小企業の資産は、①流動 | 資産とは、経済主体によってコントロールされる、主体に経済的便益の流入が期待されるまたは過去のイベントの結果としての資源である（セクション2、15条）。資産項目は、①現金および現金同等物、②取引関係やその他の売上債権、③金融資産（①、②および⑪を除く）、④棚卸資産、⑤有形固定資産、⑥公正価値で評価される投資資産、⑦無形資産、⑧取得原価－減価償却費累計額－修繕費で評価される |

第12章　中国　169

| | | |
|---|---|---|
| | 資産，②長期投資，③固定資産と生物資産，④無形資産，⑤繰延資産に分けられる（第7〜44条）。 | 生物資産，⑨公正価値で評価される生物資産，⑩関係会社（associates）への投資，⑪合弁会社（jointly controlled entities）への投資，⑫当期税金とかかわる資産（assets for current tax），⑬繰延税金資産である（セクション4，2条）。 |
| 負債 | 負債は，小企業が過去の取引などによって，経済的便益の流出が予想される現時点の義務（現時義務）である。小企業の負債は流動負債と非流動負債に分けられる（第45条）。 | 負債とは，過去のイベントから生じた経済主体の現時点の義務であり，または経済的便益をもたらす資源の経済主体からアウト・フローの生成が予測される清算による義務である（セクション2，15条）。負債項目は，①取引関係やその他の売上債務，②金融負債（①および⑤を除く），③当期税金とかかわる負債（liabilities for current tax），④繰延税金負債，⑤引当金資産である（セクション4，2条）。 |
| 持分 | 持分は，小企業の資産から負債を控除したのち，所有者が享有する部分を指し，「実収資本」（小企業への投資者が契約などに基づき，小企業へ投入したもの），資本剰余金，利益剰余金，未分配利益に分けられる（第53条）。 | 持分とは，経済主体の資産からすべての負債を除いたあとの残余持分である（セクション2，15条）。持分は認識された資産マイナス認識された負債の差である（セクション2，22条）。持分項目は，①少数株主持分，②親会社株主持分（equity attributable to the owners of the parent）である（セクション4，2条）。 |
| 収益 | 収益（収入）は，小企業が日常の生産・経営活動により形成され，持分の増加をもたらし，所有者による資本拠出と関係ない経済的便益の流入（経済利益的総流入）であり，商品販売収益と労務提供収益に分けられる（第58条）。 | IFRSは①包括利益計算書のみ，または②包括利益計算書と損益計算書の2つをパフォーマンス表示するのを認める（セクション2，23条）。Incomeとは，出資者の拠出ではない持分の増加を生じさせる資産の増強または負債の減少の形とした，報告期間における経済的便益の増加である（セクション2，23条）。収益項目は，①収益（revenue），②関係会社への投資による収益，③a）非継続事業による税引き後利益または損失とb）非継続事業における純資産の除去または公正価値マイナス販売費用で認識される税引き後利益または損失，のすべてを1つにした場合の純額（セクション5，5条；7条）。 |
| 費用 | 費用は，小企業が日常の生産・経営活動中に発生し，持分の減少をもたらし，所有者による資本拠出と関係ない経済的便益 | Expensesとは，出資者の拠出ではない持分の減少を生じさせる資産の減耗または負債の増加の形となる報告期間における経済的便益の減少である（セクション2，23条）。費用項目は，①金融費用，②関係会社への投資による損失，③税金費用，④a）非 |

| | |
|---|---|
| の流出（経済利益的総流出）である（第65条）。 | 継続事業による税引き後利益または損失とb）非継続事業における純資産の除去または公正価値マイナス販売費用で認識される税引き後利益または損失、のすべてを1つにした場合の純額（セクション5，5条；7条）。 |

　紙幅からみると，中国の場合，本文が10章90条，付録1つであるのに対して，IFRSは本文とBasis for ConclusionsおよびChecklistの3つで構成され（参考文献を参照），本文だけで35セクション，232頁にも及ぶ。また，適用企業の違いについては，前述のように中国の適用対象の条件は，「中小企業を分ける規準規定（中小企业划型标准规定）」（工信部联企业［2011］300号）に準拠する小企業であるが，IFRSでは公的説明責任のない企業であり，かつ外部の財務諸表利用者に一般目的財務諸表を公表する企業（セクション1）となっている。さらに，概念フレームワークのようなものは中国基準にはない。

　加えて，図表12-7の後半の部分において，範囲が比較的狭い中国の条文の分類に従い，財務諸表の構成要素の定義に着目し比較した。資産，負債，持分，売上および費用の定義について，中国の条文でいう「経済利益の資源」は「経済的便益」（economic benefit）と同義であることから，中国のものとIASBのものがほぼ同じであるといえる。

　このように，IASBのほうは分量が多く，中国のものよりも広範であるが，中心概念における本質的な差異が認められない。

## Ⅵ　おわりに

　本章では，2014年現在中国における中小企業に関する会計を概観するとともに，2010年に公布され2013年までの施行が要求された「小企業会計準則」［2011］を中心に考察を試みた。そこで，下記に示す考察の結論をまとめることでおわりに代えたい。

① 中国における会計制度体系（ヒエラルキー）は，「会計法」が最上位法律であり，「企業財務会計報告条例」が第2位法規で，また財政部から公布されている諸準則が第3位のもので構成される（図表12-1）。こうした会計制度のヒエラルキーの中，「小企業会計準則」［2011］は，「会計法」に準拠した上，中国におけ

る小規模企業の会計にかかわる中心的な規定となっている。
② 従業員数,売上高および資産総額を用いて,中国は中企業と小企業の区分をしている(図表12-2)。一方,中国において「小企業」と分類された企業が,従業員数の側面からみる場合,日本における「中企業」に分類されることもあることから,国によって,分類基準は異なっているといえる(図表12-3)。
③ 中国は2003年1月1日施行された「中小企業促進法」を嚆矢に,中国における中小企業にかかる法律や通達が数年に1度のペースで公布されるようになった(図表12-4)。IASBと日本との比較から,中国における中小企業にかかわる法律などの施行はIASBの後追い感が否めないが,非常に遅れた動向になっているともいえないようである(図表12-5)。
④ 中国における中小企業にかかわる会計の中心的役割を果たす「小企業会計準則」[2011]の基本方針は,一般的な会計準則よりも小企業会計を簡素化すべきであるとしている(简化要求)。適用対象である「小企業」とは,「中小企業を分ける規準規定(中小企业划型标准规定)」(工信部联企业[2011]300号)に準拠する小企業であり,産業別の差が大きいが,従業員数が少なくとも300名以下,売上高が農林漁業の場合500万元以下や建築業の場合6,000万元以下の企業である(図表12-2)。IASBの「中小企業版IFRS」の適用対象が公的説明責任のない企業であり,かつ外部の財務諸表利用者に一般目的財務諸表を公表する企業(セクション1)であることを想起すれば,適用対象という側面からは,IASBと中国との間に,大きな差があると理解できる(図表12-7)。
⑤ 「小企業会計準則」[2011]は本文が10章90条,付録1つであり,第1章:総則,第2章:資産,第3章:負債,第4章:持分,第5章:収益,第6章:費用,第7章:利益およびその分配,第8章:外貨業務,第9章:財務報告で構成される。条文の中身を吟味すると,会計処理の簡素化の思想が読み取れる規定は随所に存在する。たとえば,小企業の資産の評価について,取得原価が用いられ,減損も行わないとしている(第6条)。
⑥ 「小企業会計準則」[2011]とIASB「中小企業版IFRS」[2009]と対比し,分析した結果,IASBのほうは分量が多く,中国のものよりも広範であることがわかり,IASBにある概念フレームワークのようなものは中国基準にはないことがわかった。しかしながら,資産,負債,持分,収益および費用などの中心概念における本質的な差異は認められない(図表12-7)。

注
1 「小企業会計準則（公開草案）」［2010］の起草説明1頁；『小企業会計準則解釈』4頁。
2 個々の会計制度について，胡丹［2003a］および胡丹［2008］，また2011年までの状況については胡丹［2012］を参照されたい。
3 「会計制度」と「会計準則」の区別について，たとえば，葛家樹［2001］がある。
4 1998年公布された「株式有限会社会計制度」は当時注目された会計制度であり，それがあることで中国会計は国際会計基準との差が縮まったといわれている。Bao and Chow［1999］, p.91; Chen et al.［1999］, p. 99; 胡丹［2001］，137-141頁。

## 【参考文献】

Bao, B., and L. Chow［1999］, The usefulness of earnings and book value for equity valuation in emerging capital markets: Evidence from listed companies in the People's Republic of China. *Journal of International Financial Management and Accounting* 10(2): 85-104.

Chen, C. J. P., F. A. Gul, and X. Su.［1999］, A comparison of reported earnings under Chinese GAAP vs. IAS: Evidence from the Shanghai stock exchange. *Accounting Horizons* 13 (2): 91-111.

IASB［2009a］, *IFRS for SMEs*, International Accounting Standards Board.

────［2009b］, *Basis for Conclusions on IFRS for SMEs*, International Accounting Standards Board.

────［2009c］, *Illustrative Financial Statements Presentation and Disclosure Checklist on IFRS for SMEs*, International Accounting Standards Board.

葛家樹［2001］「会計制度と会計準則」『会計研究』。

孔光国［2009］『中小企業会計準則問題研究』東北財経大学出版社。

工信部聯企業［2011］300号「中小企業を分ける規準規定（中小企業划型標准規定）」工業・情報化部，国家統計局，国家発展・改革委員会，財政部。

国経貿中小企［2003］143号「中小企業規準暫定規定」国家経済貿易委員会，国家発展計画委員会，財政部，国家統計局。

国発［2005］3号「非公有制の個人私営企業の発展を支持と誘導するためのいくつかの意見」中国国務院。

────［2009］36号「国務院による中小企業の更なる発展を促進するためのいくつかの意見」中国国務院。

財会［2004］2号「小企業会計制度」中国財政部会計司。

────［2010］65号「小企業会計準則（公開草案）」中国財政部会計司。

────［2011］17号「小企業会計準則」中国財政部会計局。

小企業会計準則研究班［2012］『小企業会計準則解釈（小企业会计准则讲解）』東北財経大学出版社。

中華人民共和国主席令［2002］第69号「中小企業促進法」。

中国財政部会計司［2010］「『中小企業会計準則（公開草案)』の起草説明」。
小津稚加子［2009］「SME 版 IFRS の開発過程－公開草案（ED）構造化はどのようになされたのか－」『經濟學研究』第75巻第5・6合併号，65-77頁。
河﨑照行［2004］「中小会社会計基準の国際的動向」『企業会計』第56巻第7号，117-124頁。
─── ［2011a］「『中小企業会計指針』を巡る現状と課題」『産業経理』第70巻第4号，26-34頁。
─── ［2011b］「『中小企業版 IFRS』の特質と導入の現状」『會計』第178巻第6号，1 -12頁。
国際会計研究学会［2010］研究グループ報告（中間報告)「各国の中小企業版 IFRS の導入実態と課題」。
─── ［2011］研究グループ報告（最終報告)「各国の中小企業版 IFRS の導入実態と課題」。
胡丹［2001］「中国における市場改革及び国際会計基準導入への対応」『六甲台論集』第48巻第1号，133-150頁。
─── ［2003a］「中国新興資本市場の特徴と会計システムの国際的調和化」『産業経理』第63巻第1号，113-124頁。
─── ［2003b］「会計数値の価値関連性についての一考察──上海証券取引所の上場企業からの実証研究──」『東アジア研究』第2号，87-100頁。
─── ［2003c］「国際会計基準に基づく財務情報の価値関連性──上海証券取引所で上場した企業からの実証的証拠──」『会計プログレス』第4号，71-84頁。
─── ［2005］「国際会計基準導入を巡る議論－各国の対応・その特徴・問題点」『環太平洋経営研究』第6号，81-101頁。
─── ［2008］「中国における証券市場の発展と会計基準のグローバル化」『経済科学』第56巻第1号，1 -12頁。
─── ［2012］「中国における中小企業会計2011についての一考察－国際的比較視点を用いながら－」『経済科学』第59巻第4号，115～127頁。
平賀正剛［2009］「中小企業のための IFRS に関する一考察」（国際会計研究学会報告資料）。

# 第13章

# 台　湾

## I　はじめに

　企業活動のグローバル化を背景に，各国・各地域において多様な方法で国際財務報告基準（IFRS）が導入されている。さらに，IFRS導入の議論は公開企業のみならず，非公開企業・中小企業に対しても繰り広げられるようになった。とりわけ，2009年7月に国際会計基準審議会（International Accounting Standards Board；IASB）が，「中小企業のためのIFRS（国際財務報告基準）」（IFRS for Small and Medium-sized Entities；以下では，中小企業版IFRSとする）を公表したことは，各国における議論を促す契機となった。

　台湾においては，従来すべての企業に対して同一の会計基準が適用されてきた。しかし，公開企業等に対して，2013年より段階的にIFRSに準拠した財務諸表の作成が義務づけられることとなった。これに対して，大多数の中小企業を含む非公開企業に対しては，IFRS適用に関する規定はなく，現在，規制当局である経済部を中心に検討が進められている。本章では，台湾における完全版IFRS導入のアプローチについて概観した上で，規制当局の見解を手がかりに，台湾中小企業に適用される会計基準，具体的には中小企業版IFRS導入の動向について考察する。

## II　台湾における完全版IFRS導入のアプローチ

### 1　US-GAAPからIFRSとのコンバージェンスへ

　台湾における会計基準設定機関は，1984年に設立された財団法人中華民国会計研究発展基金会（財團法人中華民國會計研究發展基金會，Accounting Research and

Development Foundation；ARDF）である。ARDF は，行政院金融監督管理委員会（Finance Supervisory Commission；FSC）によって，「一般に公正妥当と認められる企業会計の慣行」（Generally Accepted Accounting Principles；GAAP）を開発する権限を付与されてきた。ARDF においては，財務会計基準委員会（Financial Accounting Standards Committee；FASC）が会計基準である財務会計準則公報（Standards of Financial Accounting Standards；SFAC）を設定する役割を担ってきた。

ARDF 設立当初は，アメリカとの経済的なつながりや委員の大多数がアメリカで学位を取得したことから，主に，US-GAAP が参考にされた（杜 [2006], 104頁）。1990年代後半には，証券監督者国際機構（International Organization of Securities Commission）による IFRS の承認や IFRS に対する EU やアメリカの対応に鑑み，FASC は IFRS を重視するようになった（杜 [2006], 104頁）。1999年には ARDF が IFRS とのコンバージェンスを決定したことを受けて，FASC は，既存の会計基準の改定および IFRS に合致する新たな会計基準の制定に取り組み，2009年4月までに41の SFAC が公表されている。

## 2　コンバージェンスからアドプションへ

その後 FSC は，世界各国で IFRS のアドプションが推し進められている現状，国内企業と国際企業の財務報告の比較可能性を強化する必要性，台湾資本市場の国際競争力の向上および外国資本の台湾投資の促進，国内企業の海外における資金調達コストの削減を目的に，2008年10月28日，IFRS のアドプションを検討するタスクフォースを立ち上げた。このタスクフォースは，台湾証券取引所（臺灣證券交易所；Taiwan Stock Exchange），中華民国証券店頭売買センター（中華民國證券櫃臺買賣中心；Gre Tai Securities Market），ARDF，各商工団体，公認会計士協会および政府機関の代表者から構成される。このタスクフォースによって，アドプションのタイムテーブルや適用範囲が検討され，2009年5月14日，FSC によって，IFRS アドプションのロードマップが公表された（行政院金融監督管理委員會 [2009]）。**図表13-1**は IFRS の適用対象と時期を示したものである。

**図表13-1** IFRSの適用対象と適用時期

| 企業・市場の種類 | | 設立年 | 企業数<br>（2014年12月） | 適用開始<br>年　　度 | 開示開始<br>年　　度 |
|---|---|---|---|---|---|
| 公開（発行）企業<br>（および金融機関） | 台湾証券取引所 | 1961年 | 849社 | 2012年度 | 2013年度 |
| | グレタイ売買市場上櫃株 | 1994年 | 682社 | | |
| | グレタイ売買市場興櫃株 | 2002年 | 282社 | | |
| | グレタイ売買市場創櫃板 | 2014年 | 42社 | | |
| | 非上場企業<br>(unlisted public companies) | — | — | 2013年度 | 2014年度 |
| 非公開（発行）企業 | | — | — | 未定 | 未定 |

（出所）行政院金融監督管理委員會［2009］，台湾証券取引所およびグレタイ証券取引所のweb siteを参照して作成。

　台湾におけるIFRSの適用方法としては，2010年度版IFRSを一括承認し，連結および個別財務諸表に適用していること，IAS第16号「有形固定資産」，IAS第38号「無形資産」およびIFRS第6号「鉱物資源の探査および評価」については，再評価モデルの選択を認められていないことが特徴である（IASB［2014］）。

　さらに，今後の展開として，2015年からは2013年度版IFRSが適用されること，2017年からは基準ごとに，EUが採用するエンドースメント方式が採用されることが決定されている。なお，海外で上場する企業については，2013年より最新版のIFRSを適用することが認められている（行政院金融監督管理委員會［2014］）。

## III　台湾の中小企業の概要

### 1　中小企業の定義

　図表13-2は台湾と日本における中小企業の定義を整理したものである。両者における中小企業の定義はおおむね同様であるが，日本の場合，業種が4区分であるのに対して，台湾の場合には製造業等とそれ以外の2区分である。

**図表13-2** 日台の中小企業の定義

| | 台　　湾 | 日　　本 |
|---|---|---|
| 定義の根拠 | 中小企業認定標準（第2条） | 中小企業基本法（第2条） |
| 中小企業の定義 | ・製造業，建設業，鉱業等は資本金8,000万台湾元（約2億8千万円）以下，従業員数200人未満<br>・上記以外の業種は，前年売上高が1億台湾元（約3億5千万円）以下，従業員数100人未満<br>（うち，従業員数5人未満の事業所は小規模企業とされる） | ・製造業，その他の業種：資本金3億円以下，従業員数200人以下<br>・卸売業：資本金1億円以下，従業員数100人以下<br>・小売業：資本金5,000万円以下，従業員50人以下<br>・サービス業：資本金5,000万円以下，従業員50人以下<br>（うち，製造業・その他の業種では従業員20人以下，商業・サービス業では従業員5人以下は小規模企業者とされる） |

（出所）　經濟部中小企業處「中小企業認定標準」および中小企業庁「中小企業者の定義」。

## 2　中小企業の特性

　台湾中小企業白書（中小企業白皮書）によると，2012年における台湾の中小企業数は130万6,729社で全企業数の97.67％，従業員数は848万4千人で全従業員数の78.12％，売上は11兆3,818億台湾元（約40兆円）で，全売上の30.23％を占めている。

　台湾中小企業の特性として，規模，業種，資金調達等についてとり上げる。

### (1)　企業規模

　**図表13-3**は，従業員数に応じた企業の割合を示したものである。従業員数5名未満の企業が79％，30人未満の企業は98％も占めることから，小規模の企業が大半を占めることがわかる。

### (2)　独立志向

　日本の中小企業が大企業の下請けが多く存在するのに対して，台湾においては，大企業と中小企業に系列関係があまり見られない（張［2006］）。また，「寧為鶏首，不為牛後」という諺に象徴されるように，大企業の雇われよりも，小さくても企業主になったほうがよいという台湾人の社会的価値観が見られる（朝元

図表13-3 台湾中小企業の従業員数

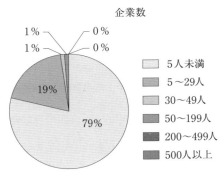

|  | 企業数 | 従業員数 |
|---|---|---|
| 5人未満 | 931,217 | 1,741,731 |
| 5〜29人 | 225,646 | 2,171,842 |
| 30〜49人 | 12,537 | 460,255 |
| 50〜199人 | 12,327 | 1,084,194 |
| 200〜499人 | 1,947 | 588,249 |
| 500人以上 | 1,137 | 1,970,801 |
| 合　計 | 1,184,811 | 8,017,072 |

（出所）行政院主計總處［2012］をもとに作成。

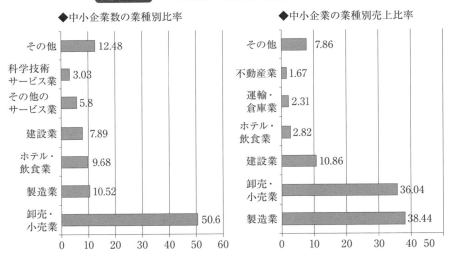

図表13-4 中小企業数・売上高の業種別比率［2012］

（出所）中小企業處「2013中小企業白皮書」45頁をもとに作成。

[2012]）。このことが企業規模にも関連していると思われる。

(3) 業　種

**図表13-4**から，企業数は卸売・小売業が過半数を占めるのに対して，売上については約36％であり，製造業は企業数では約10％であるのに対して，売上では約38％と最も高くなっている。逆に，ホテル・飲食業は企業数では約10％を占め

るが,売上は約3%にとどまっている。したがって,卸売・小売業やホテル・飲食業といったサービス業は,製造業に比して生産性が低いといえる。

(4) 輸出依存

台湾においては,「国内市場は公営企業と民間大企業によって掌握されていることがあるゆえに,中小企業は輸出依存にならざるを得なかった」(張[2006],19-20頁)。台湾中小企業白書によると,2012年中小企業国外売上の比率は,15.36%と高い。輸出相手国は,中国 (28%),北米 (21.05%),欧州 (12%),東南アジア (11.79%),日本 (11.2%),韓国 (3.13%) などである。

(5) 制度外金融への依存

台湾においては,資金調達の多くを制度外金融(無尽,親戚・友人からの借金,地下銭荘など)に依存してきたといわれている。制度外金融に依存する理由は,不確定要素が多く,担保物件が少ないため金融機関が貸出に積極的ではないことや,濃厚な親族関係が挙げられる(張[2006])。制度外金融については統計資料が乏しく,その実態を把握することは困難である。**図表13-5**は1992年の資料ではあるが,規模の小さい企業ほどインフォーマルシステム(制度外金融)への依

図表13-5 台湾民間企業の資金調達ルート

(%)

| 使用総資産<br>(100万 NT$) | 1983 | | | 1987-1991(平均) | | | 1992 | | |
|---|---|---|---|---|---|---|---|---|---|
| | 金融機関 | 短期債券市場 | インフォーマルシステム | 金融機関 | 短期債券市場 | インフォーマルシステム | 金融機関 | 短期債券市場 | インフォーマルシステム |
| 1以下 | 10.5 | 0 | 89.5 | 36.5 | 0 | 63.5 | 26.5 | 0 | 73.5 |
| 1-5 | 31.1 | 0 | 68.9 | 28.9 | 0 | 71.1 | 25.8 | 0 | 74.2 |
| 5-10 | 44.1 | 0 | 55.9 | 41.2 | 0 | 57.8 | 46.7 | 0 | 53.3 |
| 10-50 | 50.9 | 0.3 | 48.8 | 53.6 | 0.2 | 46.2 | 58.4 | 0.2 | 41.4 |
| 50-100 | 59.3 | 1 | 39.7 | 59.8 | 0.6 | 39.6 | 61.5 | 1 | 37.5 |
| 100-500 | 66.4 | 4.4 | 29.2 | 73.1 | 2.6 | 24.3 | 74.9 | 3.7 | 21.4 |
| 500-1000 | 65.8 | 15.9 | 18.3 | 80.4 | 6.9 | 12.7 | 80.6 | 8.2 | 11.2 |
| 1000以上 | 70.1 | 19.6 | 10.3 | 76.2 | 13.1 | 10.7 | 75.6 | 14 | 10.4 |

(出所) 蔡[2004],58頁。

存度が高い実態を示している。

　以上のことから，台湾中小企業の特性として，小規模，独立志向，制度外金融への依存，卸売・小売業の高い比率，輸出依存が挙げられる。

## IV　中小企業版 IFRS 導入の論点

　台湾における会計関連の法令としては，商業会計法，会社法，財務会計準則公報などがあり，公開企業にはこれらに加え証券取引法等の公開関連規定が適用される（安候建業聯合会計師事務所［2014］，61頁）。中小企業にとっては，IFRS または IFRS とのコンバージェンスが図られた財務会計準則公報のいずれを適用するとしても，過重な負担が強いられることになる。上述のように，現在，中小企業に対して今後どのような会計基準を適用するかについて，公式な決定はなされていない。そこで，本章では，経済部が主催し ARDF が協賛して開催された論壇「中小企業國際會計準則與國際接軌之可行性」[1]をとり上げ，台湾における中小企業版 IFRS 導入に関する論点を整理する。

### 1　公開企業との適用基準の分離

　台湾において中小企業版 IFRS を導入することを検討する上で，まず，公開企業と中小企業に適用される会計基準を分離するか否かが決定されなければならない。これについては，論壇出席者全員が分離することが適当であるとする。その理由について，次のように指摘される（莊［2011］，125頁）。

　公開企業の会計情報利用者は一般投資家を含むのに対して，中小企業の会計情報利用者は融資審査に関心を持つ者，税務当局，取締役・監査人を対象としており，彼らは各自の要求を満たすために会計情報を利用する。中小企業の各会計情報利用者の情報要求としては，以下が挙げられる。

> ①　銀行は，中小企業が提供した会計情報を参考に与信の判断を行う。
> ②　税務当局は，会計情報を利用して企業の利益を把握し，所得税額等を計算する。
> ③　取締役・監査人は分配利益を決定する際に会計情報を利用する。

　したがって，中小企業の財務情報をどのような内容にするかは，このような利用者の要求に依存する。公開企業と中小企業の情報要求とは異なっており，中小

企業が公的説明責任を有していないという特徴も明白である。

## 2　中小企業版 IFRS 導入のメリット・デメリット

公開企業と中小企業に適用される会計基準が分離されたとすれば，中小企業に対して，どのような会計基準を適用すべきかが考慮されなければならない。論壇では，中小企業版 IFRS を直接採用することのメリットとデメリットが提示されている（荘［2011］，126頁）。

◆メリット
① 中小企業版 IFRS は IFRS と同様に IASB により制定され，かつ世界の多数の国が使用していることから，中小企業版 IFRS を採用することにより財務諸表の品質を引き上げる印象を与える。
② 中小企業版 IFRS は IASB が制定するため，会計基準を維持するために追加的なコストを投入する必要がない。
③ 公開企業の子会社がその他の会計基準を採用している場合，親会社が連結財務諸表を作成する際，調整を必要とする。中小企業版 IFRS は IFRS の簡略版であるため，中小企業版 IFRS を適用すれば親会社の連結財務諸表作成コストを減少させることが可能である。
④ 中小企業が将来公開企業となる可能性もあるため，中小企業版 IFRS を適用すれば，初めて IFRS を導入する困難を避けることができる。
⑤ IFRS は頻繁に修正されるため，適用上の困難を伴うが，中小企業版 IFRS は中小企業の負担を考慮し，3年ごとに見直される。

◆デメリット
① 中小企業版 IFRS を直接採用することは，台湾の中小企業の特性に適合しないリスクがある。
② 中小企業版 IFRS は IFRS の選択可能な方法を削除し，企業の選択的弾力性が狭められた。具体的には，資産の再評価，利息の資本化および工事進行基準が容認されない。
③ 中小企業版 IFRS を直接採用する場合，中小企業にとって最大のコストは連結財務諸表の作成である。現在，国内の規定は個別財務諸表が主であるが，将来中小企業版 IFRS を適用した後，子会社を有する中小企業は連結財務諸表を作成する必要があり，作成コストをかなり増加させる可能性がある。その場合，親会社の売上の一定の割合に達しない子会社は連結に含めないなどの適用除外される範囲を設定すべきである。

以上のように，中小企業版 IFRS を直接採用することによるメリットが挙げられる半面，適用上の問題点が指摘されている。そこで，論壇では，中小企業版 IFRS を修正し，台湾中小企業に適用する基準とすることが提案されている（荘［2011］，127頁）。そうすることで，高品質かつ台湾中小企業の特性とも合致するということである。

## 3　中小企業会計基準の適用上の問題

さらに，論壇では，中小企業に対してどのような会計基準を適用する場合でも考慮しなければならない問題として，適用範囲およびコスト・ベネフィットについて提示されている（荘［2011］，127頁）。

### (1)　適用範囲

主管機関はいずれの基準を適用するにせよ，会計基準の適用範囲をいかに設定するかについて考慮しなければならない。適用範囲としては，公的説明責任や規模が考えられる。上場しているか否かで区別するならば，台湾国内の多数の企業は非上場である。しかし，その中には大規模で社会的影響力が大きい企業も存在する。また，親会社の資金を使用しているならば，公的説明責任を有するともいえなくはない。したがって，中小企業に対して会計基準間の選択権を与え，1度選択適用したら無断で変更してはならない，とすることも考えられる。

### (2)　コスト・ベネフィット

中小企業の会計基準が活用されるかどうかは，コスト・ベネフィットに見合うか否かに依存する。基準の適用がコスト・ベネフィットに見合わないと判断されれば，各企業とも何とかして適用を回避する方法を考えるであろう。このような基準の設定は資源の浪費である。たとえば，ベネフィットもないのに中小企業に連結財務諸表を作成することを強制した場合，子会社を設けないか，別の名義を使用して別のグループ会社として連結財務諸表の作成を回避するだろう。また，IFRS および中小企業版 IFRS ともに，固定資産の購入時に将来の廃棄費用も一括して認識することに対して，中小企業がこれを遵守する意思は高くないだろうし，税法も恐らく廃棄費用の繰上げ計上を容認しないだろう。

以上のように，中小企業版 IFRS を直接導入するにしても，台湾中小企業の状況を考慮した会計基準を適用するにしても，その適用範囲，中小企業の定義およ

びコスト・ベネフィットが考慮されなければならない。

## V 規制当局（経済部）の見解

Ⅳにおいて，台湾における中小企業版 IFRS 導入に関する論点を整理した。そこで，本節では，2012年に公表された『中小企業法規調整報告書』（以下，報告書）によって，中小企業版 IFRS 導入に関する経済部の見解について考察する。

### 1 中小企業版 IFRS 導入のメリット・デメリット

報告書によると，中小企業版 IFRS 導入のメリット・デメリットが次のように挙げられる。

| メリット | デメリット |
| --- | --- |
| ①公開企業またはグローバル企業に対する財務諸表の比較可能性の向上<br>②資金調達能力の向上<br>③会計基準の弾力性<br>④将来における IFRS へのスムーズな移行 | ①原則主義に伴う専門的判断の必要性<br>→移行期における時間とコスト |

### 2 中小企業版 IFRS 適用のコスト評価

経済部は OECD によるスタンダード・コスト・モデル（SCM）[2]に依拠し，最も重要なコストとして会計担当者向けの教育訓練にかかるコスト評価を実施した。

---

適用対象①：資本額3,000万台湾元以上の企業（20,054社）
適用対象②：年間売上高3,000万台湾元以上の企業（69,914社）
支 援 策 ①：現在一般に行われている会計担当者を対象とした教育訓練受講料1人当たり33,200台湾元
支 援 策 ②：会計士協会主催の講習を例にして，200名対象の講習料は50,000台湾元，1人当たり250台湾元
→ 適用対象①について支援策①②をとれば，22.16億～87.52億台湾元，対象②について支援策①②をとれば，77.25億～305.1億台湾元のコストを要する。

### 3　経済部の提案

上述のように，中小企業版 IFRS 導入のメリット・デメリット，教育訓練のコスト評価を検討した上で，報告書では次の3点が提案されている。

① **中小企業版会計原則の制定**

2つの会計制度を有するベネフィットおよび必要性，中小企業版 IFRS の原則主義が現行 GAAP よりも弾力性があること，財務諸表の比較可能性，資金調達能力を高め，将来の IFRS 適用に有利であることから，中小企業版 IFRS を基礎として，台湾中小企業の特性も考慮し，法令制度および商業環境も適時に評価し，台湾に相応しい中小企業の会計基準を設定する。

② **政府による支援**

新たな会計制度への移行期間に，政府機関は学界や会計プロフェッションと協力し，会計制度を遵守するコスト負担が大きい部分には，資源を提供し，教育・訓練を進める。これにより中小企業が合理的なコストを負担し，効率的に会計原則の変更を実施し，中小企業の会計制度の転換の困難度を減少させ，新会計制度のメリット，財務諸表の透明性を高める。

③ **中小企業の会計担当者の素養を引き上げる**

中小企業の経理担当者の素養を引き上げることを支援する。中小企業版 IFRS の原則主義による判断方法は，取引の本質に依拠したより簡便な会計処理を行えることから，短期的なコストよりベネフィットがはるかに大きい。

## VI　おわりに

以上，本章においては，台湾における完全版 IFRS 導入のアプローチを概観した上で，中小企業版 IFRS 導入の動向について，規制当局の見解を手がかりに考察した。

台湾においては，公開企業等に対して，2013年より IFRS に準拠した財務諸表の作成が義務づけられていた。これに対して，未公開の中小企業に中小企業版 IFRS が適用されるか否かについては，今後の商業会計法の改正を待たなければならない。とはいえ，本章でとり上げた論壇および経済部の報告書によると，中小企業版 IFRS を直接導入するさまざまなメリットが挙げられているものの，台湾中小企業の特性を考慮する必要性が強調されていた。したがって，中小企業版

IFRSを直接導入するのではなく，台湾中小企業の特性に配慮した中小企業版T-IFRSが適用されると考えられる。また中小企業版T-IFRSが適用されるにしても，その適用範囲を上場企業の子会社等の特定の中小企業のみに限定する可能性もある。今後は，本章でもとり上げた台湾中小企業の特性が中小企業版T-IFRSにどのように反映されていくのか，また中小企業版T-IFRSをどのように普及させていくのかについて注目したい。

注

1 論壇の参加者は，台北大学李建然氏（ARDF委員），淡江大学顔信揮氏（ARDF委員），安泰連合会計士事務所会計士陳兆宏氏，立木台湾連合会計士事務所会計士許坤錫氏，誠信連合会計士事務所会計士謝國松氏（ARDF委員）である。
2 SCMとは，90年代半ばにオランダ経済産業省（Dutch Ministry of Economic Affairs）により考案された，行政コストを貨幣額で測定するツールであり，現在は国際的評価を得ている。詳しくは下掲参考文献のOECDを参照されたい。

【参考文献】

IASB［2009］, *IFRS for SMEs*.
―――［2012］, *Guide to the IFRS for SMEs*.
―――［2014］, *IFRS APPLICATION AROUND THA WORLD JURISDICTIONAL PRPFILE: TAIWAN*. http://www.ifrs.org/Use-around-the-world/Documents/Jurisdiction-profiles/Taiwan-IFRS-Profile.pdf
OECD, *The SCM – main issues, advantages and challenges of quantification of administrative costs*. http://www.oecd.org/gov/regulatory-policy/49089127.pdf
Nakaoji, Yoko and Tsay, Yang-Tzong［2014］, *Current Status of the implementation of IFRS in Taiwan*『名桜大学紀要』第18号。
杜榮瑞［2006］「台灣與國際會計準則接軌之經驗」『會計』第253号。
張書瑋［2011］「中小企業國際會計準則－最新發展與變改革」『會計』第308号。
莊蕎安［2011］「中小企業國際會計準則與國際接軌之可行性」『會計』第308号。
勤業衆信聯合会計師事務所［2010］『台湾公司法・企業併購法』勤業衆信聯合会計師事務所。
　　　http://law.moeasmea.gov.tw/upload/download_173_90411296.pdf
行政院主計總處「100年普查結果統計表」, http://www.stat.gov.tw/ct.asp?xItem=35336&ctNode=543&mp=4
行政院金融監督管理委員會［2009］「推動架構」, http://www.twse.com.tw/ch/listed/IFRS/aboutIFRS.php
―――［2014］「全面升級推動架構」, http://www.twse.com.tw/ch/listed/IFRS/aboutUp-

date.php

經濟部中小企業處［2009］「中小企業認定標準」，http://www.moeasmea.gov.tw/ct.asp?xItem=672&ctNode=214

─────［2013］「2013中小企業白皮書」http://book.moeasmea.gov.tw/book/doc_detail.jsp?pub_SerialNo=2012A01114&click=2012A01114

經濟部［2012］「中華民國100年度中小企業法規調適檢討報告書」http://law.moeasmea.gov.tw/upload/download_173_90411296.pdf

朝元照雄［2012］『開発経済学と台湾の経験－アジア経済の発展メカニズム』勁草書房．

安候建業聯合会計師事務所（KPMG）［2014］『中華民国台湾投資環境案内2014年版』．

河﨑照行［2010］「『中小企業版IFRS』の特質と導入の現状」『會計』第178巻第6号．

─────監訳［2011］『シンプルIFRS』中央経済社．

─────［2012］「各国の中小企業版IFRSの導入実態と課題」『国際会計研究学会年報』第29号．

勤業衆信聯合会計師事務所［2011］『台湾ビジネスガイド』，勤業衆信聯合会計師事務所．

蔡志良［2004］「台湾中小企業における創業の実態と課題－ビデオカメラ並行輸入商社及び自動車部品製造業者の事例を中心に－」『地域政策研究』第7巻第2号．

台湾証券取引所［2012］「台湾資本市場の概況及び発展における新局面」https://www.saa.or.jp/news/pdf/data_taiwan201210.pdf

中小企業庁「中小企業者の定義」http://www.chusho.meti.go.jp/soshiki/teigi.html

張美玉［2006］「台湾における中小企業の制度外金融」『経営学紀要』第14巻第1号．

園田哲男［2007］『戦後台湾經濟の実証的研究－台湾中小企業の役割と課題－』八千代出版．

仲尾次洋子［2010］「台湾におけるIFRSへの対応」『名桜大学総合研究所紀要』第17号．

─────［2012］「台湾におけるIFRSアドプションの課題―台湾企業の事例を手がかりとして―」『會計』第181巻第1号

有限責任監査法人トーマツIFRSセンター・オブ・エクセレンス［2011］「おさえておきたい世界のIFRS事情（第3回）台湾」『企業会計』第63巻第3号．

# 第14章

# 韓　国

## I　はじめに

　韓国の会計制度は，歴史的には日本の会計制度を受け継いでいたが（李・李［2010］，121頁），2007年，「韓国採択国際会計基準」（以下，K-IFRSと略称する）が公表され，現在，上場企業に強制適用されている。

　韓国がK-IFRSを導入した理由として，1997年末の金融危機に際して，国際通貨基金（IMF）および世界銀行（IBRD）から緊急支援を受けたことがあげられる。当時の韓国では，粉飾会計と企業倒産が相次いだこと等によって，会計制度への不信感が急増していたことから，韓国は国際通貨基金と世界銀行に対し，その融資条件として会計制度改革を約束したとされる（李・李［2010］，122-123頁）。その結果，現在，韓国の上場企業には，完全版IFRSを翻訳したK-IFRSが強制適用されている。

　他方，非上場企業については，K-IFRSが任意適用とされている。韓国では，非上場企業向けの会計基準として，自国の会計基準であった「韓国企業会計基準」（以下，K-GAAPと略称する）を簡素化した会計基準を採用すべきか，あるいは，「IFRS for SMEs」（以下，中小企業版IFRSと略称する）を採用すべきかの議論が行われ，結果として，2009年，K-GAAPを簡素化した「一般企業会計基準」を公表し，採用されている。さらに，2013年，一般企業会計基準でさえも採用することが困難な中小企業向けに「中小企業会計基準」が公表され，韓国における非上場企業向けの会計制度は二分化している。

　かかる認識のもと，本章の目的は，上場企業向けにK-IFRSを導入した韓国による非上場企業向けの会計基準設定アプローチを明らかにすることにある。本章の具体的な課題は，次の3点である。

① 上場企業に「K-IFRS」を強制適用するまでの歩みを明らかにすること
② 非上場企業向けの会計基準設定機関の見解に基づき,「中小企業版 IFRS」と「一般企業会計基準」の特質を比較検討すること
③ 中小企業向けの「中小企業会計基準」が必要となった理由を浮き彫りにすること

## II 上場企業に対する K-IFRS の強制適用

### 1 K-IFRS の導入

図表14-1は，韓国における上場企業向け会計基準と非上場企業向け会計基準の動向を示したものである。

韓国は，完全版 IFRS 導入のため，2006年2月に「国際会計基準導入準備チー

**図表14-1　韓国における会計基準の動向**

| 年 | 上場企業向け会計基準の動向 | 非上場企業向け会計基準の動向 |
|---|---|---|
| 2006年 | ・国際会計基準導入準備チームの結成 | ― |
| 2007年 | ・IFRS 導入ロードマップの発表<br>・完全版 IFRS の翻訳を完了し，K-IFRS として公表 | ― |
| 2008年 | ・CESR が K-IFRS と完全版 IFRS の同等性を認める | ― |
| 2009年 | ・早期適用上場企業に K-IFRS の適用開始 | ・一般企業会計基準を公表 |
| 2011年 | ・資産2兆ウォン以上の上場企業に K-IFRS の適用開始 | ・非上場企業（資産100億ウォン以上の外部監査対象企業）に一般企業会計基準の適用開始 |
| 2013年 | ・資産2兆ウォン未満の上場企業に K-IFRS の適用開始 | ・中小企業会計基準を公表 |
| 2014年 | ― | ・中小企業（資産100億ウォン未満の非外部監査対象企業）に中小企業会計基準の適用開始 |

ム」を結成し，2007年3月には，完全版IFRSの全面適用を前提として，導入のためのロードマップを公表した。これを受けて，2007年12月，完全版IFRSの翻訳を完了し，韓国会計基準院・韓国会計基準委員会（以下，KAI/KASBと略称する）[1]が，K-IFRSとして公表した。K-IFRSは，2008年12月には，欧州証券規制当局委員会（CESR）によって，完全版IFRSとの同等性が認められている[2]。

## 2　K-IFRSの適用

　韓国の上場企業は，K-IFRSが導入されるまで，自国の会計基準であるK-GAAPを適用していたが，図表14-1に示しているように，2009年1月からK-IFRSの早期適用が開始されている。その後，K-IFRSは，資産2兆ウォン（2千億円：1ウォン＝0.1円で換算，以下同様）以上の上場企業には2011年1月から，資産2兆ウォン未満の上場企業には2013年1月より，順次，強制適用されている。韓国は，K-IFRSの適用について，「連単統一」を基本姿勢としている。

　韓国では，K-IFRSの全面適用にあたり，短期間に多くの基準書を量産し，社会的な意見収斂の過程を充分に経なかったため（李・馬場［2007］4頁），韓国の実情に合わないK-IFRSの強要が企業の負担になりかねないとの批判もあった。しかし，2009年からK-IFRSを早期適用した企業に対する調査によると，「新会計システムの導入」，「従業員教育の促進」，「経営者の積極的支援」といった要因により，K-IFRSの導入は成功したとされている（金［2013］，37頁）。

　K-IFRSの適用対象は，原則として上場企業ではあるが，非上場企業も適用することが可能である。しかし，規模の小さい企業の場合，外国投資家の関心が小さい反面，会計の負担が増大するといった理由で，K-IFRS導入に反対する声が多かったため，非上場企業には，別途，簡素化した会計基準書の設定が検討されることとなった（徐［2008］，81-82頁）。

 非上場企業向け会計基準の展開

### 1　中小企業版IFRSとK-GAAPの選択

　2008年5月，KAI/KASBは，『Developing Accounting Standards for Non-Public Entities in Korea』を公表し，韓国における非上場企業向けの会計基準について検討を行っている。当時の韓国においては，非上場企業向けの会計基準と

して,「そのまま中小企業版 IFRS を採用すべきか」あるいは「一定の修正をして現行 K-GAAP を適用すべきか」の選択が検討課題であった（KAI/KASB [2008], p. 25）。

図表14-2 は,2007年2月に公表された中小企業版 IFRS の公開草案と2008年時点での K-GAAP について,その特質を比較して表示したものである。

**図表14-2　中小企業版 IFRS と K-GAAP の比較**

| 　　　　　　　　　　会計基準<br>特　質 | 中小企業版 IFRS | K-GAAP |
|---|---|---|
| 会計に関する負担の軽減 | | ○ |
| 国際基準とのコンバージェンス | ○ | |
| 新たな要請を習得することの簡易性 | | ○ |
| 何か起こった場合に<br>韓国特有の事情を反映させること | | ○ |

（出所）　KAI/KASB［2008］,p.20.

図表14-2によれば,中小企業版 IFRS は,「国際基準とのコンバージェンス」という特質のみ優位性をもつが,その他の項目については K-GAAP が優位性をもつと認識されている。

また,中小企業版 IFRS の内容について,次のような指摘がなされている（KAI/KASB［2008］, p.22）。

---

- 中小企業版 IFRS は,中小企業向けの簡素化された会計基準である。
- しかし,
  ―さらなる簡素化が望まれること,
  ―多くの箇所で完全版 IFRS が参照されていること,
  ―中小企業にとっては決して簡易な基準ではないこと,により,
⇒どの非上場企業も K-IFRS の適用を選択することができるのであるから,
⇒国際的な投資を期待していない非上場企業に対して,中小企業版 IFRS 導入のコストを負担させることの正当性を見出すことができない。

---

さらに,中小企業版 IFRS を採用することについては,次のような賛否の意見があがっている（KAI/KASB［2008］, p.26）。

中小企業版 IFRS の導入について
- 推進論：
  ─完全版 IFRS と調和させることができる。
  ─国際的な信頼性と一定のグローバルな比較可能性を確保できる。
- 反対論：
  ─どの非上場企業も K-IFRS の適用を選択することができる。
  ─中小企業版 IFRS は中小企業にとって未だ複雑である。
  ─国際的な信頼性やグローバルな比較可能性は，中小企業にとって「重要（big deal）」なことではない。
  ─会計基準の修正あるいは改訂が必要になった場合（特に緊急の場合）に対応することが容易でない。

　KAI/KASB の検討内容を要約すると，非上場企業においても K-IFRS を選択することが可能であるから，グローバルな投資を期待するような非上場企業は K-IFRS を適用すればよいのであって，国際的な信頼性や比較可能性を必要としない非上場企業にまで，決して簡単とはいえない中小企業版 IFRS を採用することには正当性がないとされる。KAI/KASB の結論は，非上場企業に適した会計基準を確立するためには，一定の修正をした K-GAAP を維持することが望ましいとしている（KAI/KASB [2008], p. 28）。

## 2　一般企業会計基準の公表

　中小企業版 IFRS の採用に消極的であった KAI/KASB は，2009年11月，非上場企業向けに K-GAAP を簡素化した「一般企業会計基準」を公表した。一般企業会計基準は，2011年1月から，資産100億ウォン（10億円）以上の外部監査対象の非上場企業に適用されている（図表14-1参照）。非上場企業には，K-IFRS あるいは一般企業会計基準の適用について選択権があるが，1度，K-IFRS を適用すれば，一般企業会計基準の適用に戻すことはできない。

　一般企業会計基準は，非上場企業の負担を緩和するため，K-GAAP を簡素化した会計基準であり，国際的な適合性も考慮されている。したがって，一般企業会計基準の基準設定アプローチは，「トップダウン・アプローチ」であるといえる[3]。KAI/KASB は，一般企業会計基準を長期的に中小企業版 IFRS と適合させる予定であるとしている（Deloitte [2011]）。

## 3 中小企業会計基準の公表

　一般企業会計基準は公表されたが，韓国の中小企業は一般企業会計基準を採用することさえ困難で，大きな負担となっており，中小企業の会計は，事実上，税金納付のための税務会計にとどまっているとされる（朴［2014］，3頁）。

　そこで，2013年2月，外部監査の必要のない資産100億ウォン未満の中小企業のための会計基準として「中小企業会計基準」が公表され，2014年1月から施行されている（図表14-1参照）。中小企業会計基準は，一般企業会計基準を簡素化した会計基準であるため，基準設定アプローチは，「トップダウン・アプローチ」である[4]。

　中小企業会計基準の策定にあたっては，次のような賛否の意見があがったとされる（朴［2014］，6頁）。

---
中小企業会計基準の導入について
- 反対論：
　―企業間の比較可能性が喪失する。
　―簡易な会計原則の明文化によって会計の透明性が損なわれる。
　―中小企業の長期的・国際的成長が阻害される。
- 推進論：
　―中小企業の会計は内部会計もしくは税務会計を目的とする。
　―中小企業は会計処理能力が低く，人手が足りない。
　―中小企業の取引は単純であり，高度な情報の分析は必要ない。
---

　このような議論の結果，推進論が反対論を上回り，中小企業会計基準が制度化されることとなった（朴［2014］，6頁）。なお，中小企業会計基準による資産の評価は，原則として取得原価で行う。

　中小企業会計基準の公表により，韓国の非上場企業向けの会計基準は，K-IFRSを採用する企業を除いて，一般企業会計基準と中小企業会計基準の2基準が併存することとなる。**図表14-3**は，韓国の企業が適用することのできる会計基準を示したものである。

図表14-3　韓国企業が適用可能な会計基準

| 上場要件 | 資産規模・監査対象要件 | 適用可能な会計基準 | | |
|---|---|---|---|---|
| 上場企業 | — | | | K-IFRS |
| 非上場企業 | 資産100億ウォン以上・外部監査対象企業 | | 一般企業会計基準 | K-IFRS |
| | 資産100億ウォン未満・非外部監査対象企業 | 中小企業会計基準 | 一般企業会計基準 | K-IFRS |

## IV　おわりに

　本章の目的は，上場企業向けに K-IFRS を導入した韓国による非上場企業向けの会計基準設定アプローチを明らかにすることにあった。

　韓国では，上場企業に K-IFRS を強制適用し，非上場企業には一般企業会計基準を適用する「二元的な会計制度」を目指しながら（杉本・趙編著［2011］，15頁），さらに中小企業に対する負担軽減の必要性から，中小企業会計基準が公表された。今後は，一般企業会計基準を中小企業版 IFRS に適合させることが予定されている。

　一般企業会計基準は，自国の会計基準であった K-GAAP を簡素化し，また中小企業会計基準は一般企業会計基準を簡素化して策定されている。すなわち，韓国において，非上場企業向けの会計基準設定アプローチは，ともにトップダウン・アプローチであることに特徴がある。

　現在，日本における中小企業向けの会計基準は，「中小企業の会計に関する指針」（以下，中小指針と略称する）と「中小企業の会計に関する基本要領」（以下，中小会計要領と略称する）の2基準が併存しており，その状況は韓国と同じように見える。しかし，日本では，中小指針はトップダウン・アプローチ，中小会計要領はボトムアップ・アプローチで策定されており，韓国の中小企業会計基準と日本の中小会計要領は，その基準設定アプローチが異なっている。

　米国においても，2013年，ボトムアップ・アプローチにより策定された会計基準が公表され，日米で同様の展開が見られる（河﨑［2013］，17-23頁）。このような状況は，トップダウン・アプローチで策定された会計基準を中小企業に適用することの限界に起因するものであると考えられる（上野［2014］，173頁）。

韓国でトップダウン・アプローチにより策定された中小企業会計基準と日本でボトムアップ・アプローチにより策定された中小会計要領が，両国の中小企業会計制度として，どのように定着していくか，その動向を注意深く見守る必要があろう。

注
1 韓国会計基準委員会（KASB）は，韓国会計基準院（KAI）を構成する組織の1つであり，会計基準などの審議，開発機関として，新しい会計基準の設定を行っている。
2 K-IFRS は，新たに公表された完全版 IFRS との時間的差異を除き，IASB の完全版 IFRS と完全に同一であり，完全版 IFRS の変更を最新に保っている，とされている。
（http://www.iasplus.com/en/jurisdictions/asia/korea）
3 「トップダウン・アプローチ」とは，大企業（公開企業）向け会計基準の簡素化による会計基準設定方法であり，反対に，中小企業の実態を重視した会計基準設定方法に「ボトムアップ・アプローチ」がある（河﨑・万代編著［2012］，14頁）。
4 韓国の中小企業会計基準の策定に携わった KAI/KASB は，当該基準について「中小企業に多く発生する取引を中心として一般企業会計基準を単純化して構成した。」とコメントしている（Samjong KPMG［2014］）。

## 【参考文献】

Deloitte［2011］, *January 2011 Update*, http://www.iasplus.com/country/korea.htm.
KAI/KASB［2008］, *Developing Accounting Standards for Non-Public Entities in Korea*, Korea Accounting Standards Board.（http://www.kasb.or.kr）
Samjong KPMG［2014］, *3 February 2014 Update*, http://jpn.kr.kpmg.com/jp/jwn%20140203-tx.htm.（Japanese practice Weekly Newsletter, ファイナンシャルニュース：2014年1月26日）
上野隆也［2014］「日本と韓国における中小企業会計の比較」『税経通信』。
河﨑照行［2010］「『中小企業版 IFRS』の特質と導入の現状」『會計』第178巻第6号。
────［2013］「米国における中小企業会計の新たな動向」『税経通信』。
────監訳［2011］『シンプル IFRS』中央経済社。
────・万代勝信編著［2012］『詳解 中小会社の会計要領』中央経済社。
韓国法務部法務室商事法務課［2013］『中小企業会計基準』，2013年2月。
金妵玟［2013］「韓国会計実務における国際会計基準導入の影響」『甲南会計研究』第7号。
徐正雨［2008］「韓国の国際会計基準の採択事例」『企業会計』第60巻第3号。
杉本徳栄・趙盛豹編著［2011］『事例分析 韓国企業の IFRS 導入』中央経済社。
武田隆二編著［2003］『中小会社の会計─中小企業庁「中小企業の会計に関する研究会報告書」の解説─』中央経済社。

朴俊歌［2014］「韓国における『中小企業会計基準』－主な特徴及び内容を中心に」中小企業会計学会第2回全国大会「特別講演」資料。
李相和・崔鍾允［2009］「日韓におけるIFRS適用の状況と問題点の検討」『埼玉学園大学紀要（経営学部篇）』第9号。
―――・李善複［2010］「日韓におけるIFRS適用とその影響」『埼玉学園大学紀要（経営学部篇）』第10号。
李悠・馬場芳［2007］「企業会計基準のグローバル化に関する考察―標準化スキームを使って―」『地域学論集』第4巻第1号。

# 第15章 シンガポール

## I はじめに

シンガポールでは，シンガポール財務報告基準（Financial Reporting Standards，以下，SFRS）に準拠することが要請されているが，SFRSの内容はIFRSとほぼ一致しており，IFRSの改訂に合わせて，SFRSについても改訂が行われている。中小企業については，2011年1月1日以降に始まる事業年度から，中小企業版財務報告基準（Singapore Financial Reporting Standard for Small Entities，以下，中小企業版SFRS）を選択適用できることとなった。中小企業版SFRSに関しても，中小企業版IFRSとほぼ一致した内容である。

IFRSとのコンバージェンスには大きな問題はないとしながらも，現時点では完全なコンバージェンスには至っていない。本章では，シンガポールの会計制度を概観した後，シンガポールにおける中小企業版IFRSおよび，中小企業版SFRS導入の現状について論じる。

## II 会計制度

### 1 監督官庁および会計基準設定主体

#### (1) 会計・企業規制庁

シンガポールの会計制度を掌るのは，会計・企業規制庁（Accounting and Corporate Regulatory Agency，以下，ACRA）であり，会社法をはじめとする法律に関して所管している。会社法上，シンガポール法人のすべては定時株主総会終了後6ヵ月以内に財務諸表を年次申告（Annual Return）としてACRAへ申告しなければならない。申告された公開会社（Public Company）および非公開会社

(Private Company）の財務データは，検索システム（Bizfile）を通じて閲覧することが可能である。2007年以降は，Bizfile のデータは XBRL 化されている。

### (2) 会計基準審議会

会計基準についての監督権限を有し，会計基準の改廃・設定を行っているのが，会計基準審議会（Accounting Standards Council，以下，ASC）である。かつては，シンガポール公認会計士協会（Institute of Certified Public Accountants of Singapore，以下，ICPAS）が，会計基準設定主体としてシンガポール会計基準書（Statements of Accounting Standard）を公表していたが，2002年の会社法改正により企業開示統治委員会（Council on Corporate Disclosure and Governance）がSFRSを公表することとなり，2007年からは ASC が会計基準設定主体となって，SFRS の改廃・設定を行っている。

## 2　会計監査

会社法では，シンガポール法人は非公開会社も含めて，原則として独立した会計監査人による監査が必要とされる。監査人は会社設立後3ヵ月以内に任命され，定時株主総会ごとに任命される。ただし，以下の法人については会計監査人による監査が免除となる。

---
① 休眠会社
② 株主が20名未満の個人で構成されており，かつ，当該会計年度の売上高が500万シンガポールドル未満である非公開会社

---

会社法は1967年に施行され，その後，本格的な改正が行われてこなかった。そのため，実情に合わない条文等も存在することが指摘され，2013年に全体的な改正手続が着手された。改正案の中で注目されるのは，小企業（Small Company）の概念が導入されることである。この改正により，約25,000社が新たに会計監査人による監査が免除される見込みで，この数はシンガポールの全法人数の10％にあたる。会社法改正後に監査が免除される法人は，以下のとおりである。

---
① 非公開会社であること
② (ｱ) 年間売上高が1,000万シンガポールドル以下

(イ) 総資産が1,000万シンガポールドル以下
(ウ) 従業員数が50名以下
(ア)，(イ)，(ウ)の各要件のうち2つを満たすこと

### 3 法人税申告制度

#### (1) 賦課年度と基礎期間

シンガポールでは，税務申告において Year of Assessment（賦課年度）と Basis Period（基礎期間：課税対象期間と解される）が採用されている。賦課期間の例示と説明が内国歳入庁（Inland Revenue Authority of Singapore；IRAS）の Web サイト（IRAS [2014c]）にてなされている。

たとえば，2014年3月末を決算とする会社である場合，2012年4月1日から2013年3月31日までの収入が課税されることとなる。また決算が2014年12月31日の会社であれば，2013年1月1日から2013年12月31日までの収入が課税されることとなる。また，初度適用については（会社新設の場合），2012年4月15日に会社を新設し，決算が2012年6月30日である場合，2013年度の賦課期間は，2012年の4月15日から2012年6月30日となり，2014年度の賦課期間は2012年7月1日から2013年6月30日となる。この例示によれば，決算日より1年以上後に納付金額が確定することとなる。

#### (2) 見積課税制度

シンガポールでは決算日から3ヵ月以内に，IRAS に対して見積課税所得（Estimated Chargeable Income）を申告し（IRAS [2014h]），まず見積納付税額を納付する。Estimated Chargeable Income には監査済財務諸表，税額計算書，裏付資料が添付されることとなる（Jetro [2014]；IRAS [2014i]）。この Estimated Chargeable Income は，e-Service によりインターネットでの申告，もしくは郵送や FAX（post or fax）により申告することが認められており，基本的な ECI フォームも Web サイト（IRAS [2014d]；IRAS [2014g]）でダウンロードできる。

その後，法人税申告書（Form C または Form C-S）（IRAS [2014i]）を IRAS に提出し申告を行う。Form C-S（Simplified Tax Filing for Small Companies）は，新しく設定されたものであり，小規模企業に対し監査済財務諸表や税額計算書等の提出が免除されるというものである（IRAS [2014e]）。賦課年度は2012年より，

適用されており（IRAS［2014e］），「シンガポールの居住法人である（Jetro［2014］）」，「1年間の売上高が100万シンガポールドル以下である」等を条件に適用することができる（IRAS［2014e］）。Form C-S を適用することができるかどうかを自ら判断できるチェックリストも掲載されている（IRAS［2014f］）。

税務当局の調査後，賦課決定通知書 NOA（Notice of Assessment）が発行され納付税額が決定される。そこで，以前の見積納付税額と比べ，追加納付するか還付を受けるかの措置をとることとなっている。企業は NOA 発行日後1ヵ月以内に納付しなければならない（IRAS［2014a］）。

IRAS は，法人税の申告書を調査する際，リスクベース・アプローチを採用している（IRAS［2014b］）。税務上複雑な問題を抱えていない企業は，毎年詳細な納税申告書の再調査は必要ないと判断され，NOA Type4 が発行される。しかし税務上の複雑な問題がある企業に対しては，毎年詳細な再調査が必要であり現在調査中である（評価が決定していない）として，NOA Type3 が発行される。この NOA は 1～4 のタイプに分類されているが，NOA Type3 は，まだ再調査の結果が出されておらず確定納付税額について反論する必要性がないとし反論する権限は与えられていない。一方，NOA Type4 には反論する権限が与えられている。

また NOA Type2 は Estimated Chargeable Income や Form C もしくは Form C-S の提出等において遅延があった場合や Estimated Chargeable Income の申告額が低かった場合に発行され，確定納付税額について反論する権限が与えられている。NOA Type1 は会社もしくは会計専門家により提出された Estimated Chargeable Income をもとに確定納付税額を決定しているので反論の必要性がないとし，反論する権限は与えられていない（IRAS［2014b］）。

**図表15-1　法人税の申告・納付手順**

| |
|---|
| 1．決算日 |
| 2．見積課税所得（Estimated Chargeable Income）を申告。 |
| 3．見積課税所得（Estimated Chargeable Income）に基づく見積納付税額を納付。 |
| 4．Form C または Form C-S を申告。 |
| 5．IRAS の調査後，賦課決定通知書 NOA（Notice of Assessment）が発行され，納付税額が決定。 |
| 6．NOA 発行日後1ヵ月以内に納付。 |

## 4　新会計士制度

2013年6月，シンガポール会計委員会（Singapore Accountancy Commission）は，新しい資格プログラム（the Singapore Qualification Programme，以下，シンガポールQP）を開始した。シンガポールQPの目的は，シンガポールがアジアの中枢になるために海外進出し，会計専門職としての能力を向上させることにある。

従来の制度では，会計学を履修した大卒者，または会計関連の資格保持者は3年間の実務経験を積んだ後，ICPASが提供する5日間の集中研修と試験を経て，公認会計士（CPA）として認められる。実務経験重視で資格取得は比較的容易であるが，勤務条件は厳しく，3年程度で一般企業の財務，経理部門に転職する者も多い。したがって，企業内にも資格保有者が多数存在することになる。

シンガポールQPによって，CPAの名称を勅許会計士（CA）に変更する。CAを申請できるのは大学学位の取得者で，訓練機関として認定を受けた会計事務所で3年以上の実務経験を積み，6つの課程（うち5課程で試験を実施）を履修した者に限定される。ICPASは，イングランド・ウエールズ勅許会計士協会（ICAEW）と会員資格を相互に認める協定を交わしており，CAはイギリスで会計業務に携わることができる。シンガポールQP導入後も，2021年までは従来方式で会計士資格を取ることは可能だが，イギリスでの開業はできない。

#  IFRS の適用

## 1　コンバージェンス

会計基準の設定主体が，ICPASから企業開示統治委員会という公的機関に変更になった時点で，財務情報の透明性・比較可能性を達成するため，会計基準はIASおよびIFRSに準拠して作成され，財務報告基準解釈指針（Interpretation of FRS）についても基準番号を一致させることになった。それは，会計基準設定主体がASCに変更以降も同様で，IFRSの内容をほぼそのまま使用しているが，あくまでもSFRSを適用することとしている。

シンガポール会社法は，イギリスおよびオーストラリアの会社法を参考にしており，IFRSへのアドプションも概念レベルの問題はないとされる。しかし，当初は2012年までにSFRSのIFRSへの完全なコンバージェンスを行うとしていた

が，その期間中には完了しなかった。2014年3月，シンガポール証券取引所は，同証券取引所に上場する企業に対し，2018年1月1日以降，IFRSとのフルコンバージェンスを義務づけると発表した。

## 2　中小企業版SFRSの導入

ASCは，2008年から中小企業向けの財務報告基準の策定を始め，パブリックコメントも募集していた。2010年11月，中小企業版SFRSとして中小企業版IFRSを採用した。中小企業版SFRSの内容は中小企業版IFRSとほぼ同じである。それは，中小企業版IFRSは，完全版IFRSのフレームワークの原則を前提とし，国際的に高水準な基準であると認識される包括的な基準であるとASCが捉えているためである。

中小企業版SFRS導入の目的は，小会社および閉鎖会社には，よりシンプルな財務報告基準が求められているため，それに合わせた基準を設定し，財務諸表利用者の目的に合った情報を提供することにある。中小企業版SFRSの導入により，完全版SFRSで要求されている相当数の認識・測定基準と，詳細な開示要件から起こる財務報告の負担を削減することが可能となる。

## 3　中小企業版IFRSの適用可能性

### (1)　公的説明責任

2011年1月1日以降に始まる事業年度における，企業の一般目的財務諸表の作成および開示にあたって，中小企業版SFRSを完全版SFRSの代替的なフレームワークとして，適用する（ASC［2010］, par.3）。中小企業版SFRSは，「公的説明責任を有していないが，外部利用者に対して一般目的財務諸表を公表している小企業」に適用できる。公的説明責任を有する企業とは，以下の場合に該当する（ASC［2010］, par.4）。

① 負債金融商品または持分金融商品が公的な市場で取引されているか，公的な市場（国内あるいは外国の証券取引所，または地方および地域の市場を含む店頭市場）で取引するために当該金融商品の発行を準備中である。
② 預金事業企業であり，主要事業の1つとして，広範な外部者グループのために，その受託能力によって資産を保有している。
③ シンガポール会社法において定義される公開会社である。

④ 公益会社法において定義される公益企業である。

(2) 適格企業

次の3つの基準のうち，少なくとも2つにあてはまる場合は，中小企業版SFRSが適用できる小企業（Small Entities）として適格となる（ASC [2010], par. 6)。

① 年間総収益が1,000万シンガポールドル未満である。
② 総資産が1,000万シンガポールドル未満である。
③ 総従業員数が50人未満である。

中小企業版IFRSは，対象が"Small and Medium-sized Entities"となっているが，シンガポールの場合は，対象が"Small Entities"となっている。この基準によると，シンガポール国内の約80％の企業が適格企業にあたると考えられている。

(3) 選択適用

上記の基準に従って中小企業として適格である場合でも，中小企業版SFRSの適用は強制されるものではなく，完全版SFRSまたは中小企業版SFRSのいずれかを選択できる。たとえば上場を計画している企業は，完全版SFRSを選択するほうが都合がよい可能性もある。公的説明責任がなく，適格基準をすべて満たしている限りは，中小企業版のフレームワークを適用する資格がある。しかしながら，将来上場すると完全版SFRSを適用しなければならないので，中小企業版SFRSから完全版SFRSへの移行手続等を勘案すると，中小企業版を適用せずに完全版を適用することを選択する経営者もいると想定される。

また，ある会計方針は完全版SFRSを適用し，また別の会計方針は中小企業版SFRSを適用するというように，部分的な適用や2つの基準を混在させるようなことは認められていない。

(4) 子会社および中間持株会社

子会社あるいは中間持株会社である企業で，公的説明責任を有していないが，

外部利用者に対して一般目的財務諸表を公表している場合は，当該企業の財務諸表に中小企業版 SFRS を適用した報告ができる（ASC［2010］, par.10）。

親会社が完全版 SFRS を適用している企業の子会社，または完全版 SFRS を適用している連結グループの一部である子会社は，当該子会社が公的説明責任を有しておらず，中小企業の適格基準を満たしているのであれば，当該子会社の財務諸表に中小企業版 SFRS を適用することができる。

## 4 規模基準の決定

### (1) 規模測定の基礎

ある企業が複数の子会社を持ち，連結財務諸表の作成を要求されているか，または連結財務諸表の作成を選択している場合，総収益，総資産，総従業員数は，連結ベースで決定し，単一経済実体としての企業ベースでは決定しない（ASC［2010］, par.7）。

総収益および総資産は，完全版 SFRS と中小企業版 SFRS のいずれを適用する場合でも，財務報告期間の期末において決定する。財務報告期間が1年未満あるいは1年を超える場合，総収益は財務報告期間を1年（12ヵ月）として1,000万シンガポールドルを超えなければならない。また従業員数は，財務報告期間の期末に報告企業によって雇用されているフルタイムの従業員数をベースにする。たとえば，下請け契約の従業員は通常，報告企業の従業員ではないので，従業員数の決定にあたってそれを含めてはならない。

### (2) 規模の識閾

IASB は，経済的に重要な企業は完全版 SFRS を利用するように，中小企業版 SFRS が適用できる規模基準を規定すべきであるとしている。ASC は，規模は大きいが必要な情報を提供し，財務諸表利用者によって要求される開示を行う目的では上場していないような企業を確実にするために，規模の識閾が要請されるとしている（ASC［2010］）。

IASB が，中小企業版 IFRS の最初の包括的なレビューを終えた後に，ASC は識閾の基準をレビューする予定である。

## 5　適用事例

### (1)　初度適用の適正期間

当該企業が連続する2期の各財務報告期間に，適格基準を満たしている場合，中小企業版 SFRS を選択適用することが可能である。会社法に基づいて新たに設立された企業については，中小企業版 SFRS は設立1年目と2年目に選択適用することが可能である。ただし，継続して適用するためには，次項の「連続する2期の適格性」に合致している必要がある。

中小企業版 SFRS 適用企業が適用を中止した場合，その後，上述の初度適用の基準を満たしていれば，再び中小企業版 SFRS を適用することが可能である（ASC［2010］, par.14）。

### (2)　連続する2期の適格性

ある事業年度に中小企業として適格である企業が，次の事業年度には中小企業として適格でない場合でも，連続する2期にわたって規模の識閾基準を満たさなくなるまで，当該企業は中小企業版 SFRS による報告企業として適格であるとの認識が継続する。したがって，たとえば2012年度末と2013年度末に適格基準を満たさなければ，2014年度末には完全版 SFRS に移行しなければならない。

ある事業年度に中小企業として適格でなかった企業が，次年度には中小企業の基準を満たした場合でも，連続する2期にわたって中小企業であると決定されるまでは，中小企業版 SFRS による報告の適格企業であるとはみなされない。したがって，たとえば2012年度末と2013年度末に中小企業として適格である場合にはじめて，2014年度末に中小企業版 SFRS の適用が可能となる（ASC［2010］）。

中小企業版 SFRS の選択適用については2010年に決定されたが，早期（2011年1月1日以前）の適用は認められなかった。2011年1月1日以降であれば，適格企業が選択すれば，いつからでも適用が可能であるとされた。

### (3)　新規設立

新しく設立された企業が設立初年度に中小企業版 SFRS を適用することについては，次のように考えられている。新規設立企業は，前年度の適格性を確認することはできないが，設立後最初の2期に中小企業版 SFRS を適用することができる。新規設立企業の扱いについてまとめたものが，**図表15-2**（ASC［2010］,

**図表15-2** 新規設立企業の中小企業版SFRSの適用

① 

| | 第1年度 | 第2年度 | 第3年度 | 第4年度 | 第5年度 | 第6年度 |
|---|---|---|---|---|---|---|
| 中小企業であるか | いいえ | はい | はい | いいえ | いいえ | はい |
| 中小企業版SFRSの適用 | ○ | ○ | ○ | ○ | ○ | × |

② 

| | 第1年度 | 第2年度 | 第3年度 | 第4年度 | 第5年度 | 第6年度 |
|---|---|---|---|---|---|---|
| 中小企業であるか | いいえ | いいえ | はい | はい | はい | はい |
| 中小企業版SFRSの適用 | ○ | ○ | × | × | ○ | ○ |

③ 

| | 第1年度 | 第2年度 | 第3年度 | 第4年度 | 第5年度 | 第6年度 |
|---|---|---|---|---|---|---|
| 中小企業であるか | はい | いいえ | いいえ | はい | はい | はい |
| 中小企業版SFRSの適用 | ○ | ○ | ○ | × | × | ○ |

p.6）である。

図表15-2の①と②から，設立初年度と次年度には，中小企業として適格であるかどうかにかかわらず，中小企業版SFRSが適用できることがわかる。第3年度については，それ以前の連続する2期が中小企業の適格性を満たさない②の場合にのみ，中小企業版SFRSの適用が不可となる。第4年度については，当該年度が中小企業の適格性を満たさなくても，それ以前の連続する2期が中小企業の適格性を満たす①の場合には，中小企業版SFRSの適用が可能となる。しかし，当該年度が中小企業の適格性を満たしている②と③の場合でも，それ以前の連続する2期が適格性を満たしていないので，中小企業版SFRSの適用が不可となる。第5年度と第6年度に関しても同様に，2期連続して中小企業の基準を満たす場合には翌期の中小企業版SFRSが適用可能で，2期連続して中小企業の基準を満たさない場合は翌期の中小企業版SFRSの適用ができないということがわかる。

## 6　中小企業版IFRSと中小企業版SFRSの構成

中小企業版IFRSと中小企業版SFRSの構成を比較したものが，206ページの**図表15-3**である。それぞれ35の基準で構成されており，内容にも大きな違いはない。

完全版IFRSと完全版SFRSについては，リース，不動産建設による収益計上，

図表15-3 中小企業版 IFRS と中小企業版 SFRS の構成

| 中小企業版 IFRS | | 中小企業版 SFRS | |
|---|---|---|---|
| セクション | 内容 | セクション | 内容 |
| 1 | 中小企業 | 1 | 小企業 |
| 2 | 諸概念および広く認められた諸原則 | 2 | 諸概念および広く認められた諸原則 |
| 3 | 財務諸表の表示 | 3 | 財務諸表の表示 |
| 4 | 財政状態計算書 | 4 | 財政状態計算書 |
| 5 | 包括利益計算書および損益計算書 | 5 | 包括利益計算書および損益計算書 |
| 6 | 持分変動計算書および利益剰余金計算書 | 6 | 持分変動計算書および利益剰余金計算書 |
| 7 | キャッシュ・フロー計算書 | 7 | キャッシュフロー計算書 |
| 8 | 財務諸表への注記 | 8 | 財務諸表への注記 |
| 9 | 連結および個別財務諸表 | 9 | 連結および個別財務諸表 |
| 10 | 会計方針,見積りおよび誤謬 | 10 | 会計方針,見積りおよび誤謬 |
| 11 | 基本的金融商品 | 11 | 基本的金融商品 |
| 12 | その他の金融商品 | 12 | その他の金融商品 |
| 13 | 棚卸資産 | 13 | 棚卸資産 |
| 14 | 関連会社に対する投資 | 14 | 関連会社に対する投資 |
| 15 | ジョイント・ベンチャーに対する投資 | 15 | ジョイント・ベンチャーに対する投資 |
| 16 | 投資不動産 | 16 | 投資不動産 |
| 17 | 有形固定資産 | 17 | 有形固定資産 |
| 18 | のれん以外の無形資産 | 18 | のれん以外の無形資産 |
| 19 | 企業結合およびのれん | 19 | 企業結合およびのれん |
| 20 | リース | 20 | リース |
| 21 | 引当金および偶発事象 | 21 | 引当金および偶発事象 |
| 22 | 負債および持分 | 22 | 負債および持分 |
| 23 | 収益 | 23 | 収益 |
| 24 | 政府補助金 | 24 | 政府補助金 |
| 25 | 借入費用 | 25 | 借入費用 |
| 26 | 株式報酬 | 26 | 株式報酬 |
| 27 | 資産の減損 | 27 | 資産の減損 |
| 28 | 従業員給付 | 28 | 従業員給付 |
| 29 | 法人所得税 | 29 | 法人所得税 |
| 30 | 外貨換算 | 30 | 外貨換算 |
| 31 | 超インフレーション | 31 | 超インフレーション |
| 32 | 後発事象 | 32 | 後発事象 |
| 33 | 関連当事者に関する開示 | 33 | 関連当事者に関する開示 |
| 34 | 特殊活動 | 34 | 特殊活動 |
| 35 | 中小企業版 IFRS への移行 | 35 | 中小企業版 SFRS への移行 |

協同組合に対する組合員の持分および金融商品等に関して，若干相違があるのみで，中小企業版に関しても，大幅な差異はない。研究開発費に関して，完全版SFRSにおいて研究費は償却対象であるが，開発費は資産計上することとなっている。一方，中小企業版SFRSにおいては，研究開発費は費用として計上できる。また，有形固定資産に関して，完全版SFRSにおいては再評価が可能であるが，中小企業版SFRSでは原価で計上されるので，評価額の変動はない。

## 7 中小企業版SFRS導入の現状

2013年9月に現地調査を行ったところ，中小企業においても中小企業版SFRSを導入せず，完全版SFRSを適用しているという状況が明らかになった。中小企業版SFRSを導入していない理由としては，経営者のみならず会計士に対しても，中小企業版SFRSが周知されていないことが挙げられる。しかしそれ以上に，中小企業であっても完全版SFRSを適用することに支障がなく，中小企業版SFRSの必要性が感じられていないことが複数の会計事務所での聞き取り調査によって明らかとなった。

すべての企業において，完全版SFRSが適用されているということであったが，適用の程度は明らかではなく，今後，中小企業版SFRSがどの程度普及していくかは不明である。

## Ⅳ おわりに

シンガポールでは，2012年までにSFRSのIFRSへの完全なコンバージョンを行うこととしていた。しかし，あくまでも名称はSFRSを用いることによって，カーブアウトの権限を残していたと考えられる。2012年までには完全なコンバージョンは完了できなかったが，2018年1月1日以降の完全なコンバージェンスを義務づけることが発表された。中小企業版SFRSに関しても同様のコンバージョンが行われると想定される。

シンガポール固有の状況として，シンガポール市場の成長性が指摘できる。シンガポール証券市場への新規上場企業数は，東京証券取引所を上回っている。新規上場数ほど上場企業数は増加していないので，一定の基準により上場の適正な審査が行われていると考えられるが，市場成長性が顕著であることが明らかである。また，外国企業の割合が高いことから，積極的に外資を導入しているか，あ

るいは導入せざるを得ない状況がわかる。

　数少ないIFRSとの相違点として，不動産の建設による収益計上の会計処理が挙げられる。IFRIC第15号によると，契約がIAS第11号「工事契約」の適用範囲内であり，その結果について信頼性をもって見積もることができる場合には，企業はIAS第11号に従って，進捗度を参照して収益を認識すべきである。しかし，契約がIAS第11号の定義に該当していない場合には，契約はIAS第18号「収益」の適用範囲内となる。IFRIC第15号では工事進行基準を適用する場合を示しているが，適用要件を満たすケースは少ないとみられ，工事の完成まで収益を繰り延べることになる。しかし，シンガポールにおいては不動産開発および投資が活発であり，コンドミニアムなどを完成前に販売するために工事の進行に伴う売上の段階的計上が認められている。

　中小企業版SFRSに関しても，完全版SFRSと同様に，中小企業版IFRSのレビューを受けて改訂される可能性があるが，コンバージェンスへの動きをシンガポールの特徴を踏まえて注視する必要がある。

## 【参考文献】

ASC［2010］, *Singapore Financial Reporting Standard for Small Entities – ASC Statement on Applicability*, http://www.asc.gov.sg/attachments/SFRS%20for%20SE%20（Statement）-z.pdf.

――――［2011］, *Singapore Financial Reporting Standard for Small Entities*, http://www.asc.gov.sg/attachments/SFRS%20for%20SEs%20（Standard）-z.pdf.

ICPAS［2011］, *THE SINGAPORE FINANCIAL REPORTING STANDARD (SFRS) FOR SMALL ENTITIES*, ICPAS TECHNICAL.

IRAS［2014a］, After getting Notice of Assessment（NOA）,http://www.iras.gov.sg/irashome page04.aspx?id=1740.

――――［2014b］, Assessment Process, http://www.iras.gov.sg/irashome/ page04.aspx?id=12060.

――――［2014c］, Basis Period and Year of Assessment, http://www.iras.gov.sg/irashome/page04.aspx?id=1392.

――――［2014d］, Estimated Chargeable Income（ECI）Forms, http://www.iras.gov.sg/irasHome/page.aspx?id=4438.

――――［2014e］, Filing Form C-S（Simplified Tax Filing for Small Companies）,http://www.iras.gov.sg/irashome/FormC-S.aspx.

――――［2014f］,Form C-S Eligibility Checklist,http://www.iras.gov.sg/irashome/ FormC-S.

　　　　aspx.

―――［2014g］, How to file, http://www.iras.gov.sg/irasHome/page04. aspx?id=420.

―――［2014h］, What is ECI / Who needs to file, http://www.iras.gov.sg/irasHome/page04. aspx?id=416.

―――［2014i］, What is Form C/ Form C-S and Who needs to file, http://www.iras.gov.sg/irasHome/page04.aspx?id=416.

Jetro［2014］,「シンガポール進出に関する基本的なシンガポールの制度・税制」, http://www.jetro.go.jp/world/asia/sg/invest_04/.

大迫孝史［2009］「アジア・太平洋諸国における IFRS への対応」『企業会計』第61巻第1号。

河﨑照行監訳［2011］『シンプル IFRS』中央経済社。

新日本有限責任監査法人［2014］『海外進出の実務シリーズ　シンガポールの会計・税務・法務Q＆A（第3版）』税務経理協会。

長南伸明［2011］「シンガポール証券市場の概要」『情報センサー』Vol.58,http://www.shinnihon.or.jp/shinnihon-library/publications/pdf/issue/info-sensor/2011/info-sensor-2011-03-07.pdf

日本経団連企業会計部会他［2010］「インド・シンガポールミッション報告」, http://www.hp.jicpa.or.jp/ippan/ifrs/journal/pdf/1005_jicpa.pdf.

松田修［2003］「会計基準の国際的統一化に向けたシンガポールの対応と諸問題」『経営学研究』第13巻第1号。

南方美千雄・石川耕治［2009］『香港 GEM 上場シンガポール Catalist 上場』中央経済社。

有限責任監査法人トーマツ　IFRS センター・オブ・エクセレンス［2011］「シンガポール」『企業会計』第63巻第4号。

# 第16章 マレーシア

## I はじめに

　本章の目的は，①マレーシアにおける中小企業向け会計基準の設定状況，および②国際会計基準審議会（International Accounting Standards Board; IASB）が2009年に公表した「中小企業のための国際財務報告基準（*International Financial Reporting Standards for Small and Medium-sized Entities*）」（以下，本章では中小企業版IFRSと略記）のマレーシアにおける導入の現状を明らかにすることである。マレーシアでは，2006年に，いわゆる中小企業向けの会計基準が，マレーシア会計基準審議会（Malaysian Accounting Standards Board; MASB）から公表された。その直後から同基準改訂のための作業が開始され，8年に及ぶ改訂作業の末，2014年8月に「マレーシア非公開企業報告基準（Malaysian Private Entities Reporting Standards; MPERS）」が成立した。その内容は中小企業版IFRSとほぼ同一といってよい。この事実に鑑みれば，マレーシアの中小企業向け会計基準設定をめぐる現在までの経緯を概観することが，上記①，②の目的を達成する上で有用であるように思われる。そこで，まずはマレーシアにおける中小企業向け会計基準の動向を，年代順に記述していく。

## II MASB 基準からの適用免除

　MASB は1998年の発足直後から2003年にかけ，合計32の「MASB 基準（MASB Standards）」を公表した。これらの基準のいくつかには「適用免除企業（Exempt Entities）」に対する特定の会計処理や開示に関する規定の適用免除が認められていた。具体的には，MASB7『工事契約』のすべて，MASB2『棚卸資産』における開示項目の一部（MASB［1999a］, pars. 37, 39, 40），MASB9『収益』

における，役務の提供による収益認識にあたり不確実性が存在する場合の規定（MASB［1999c］, pars.21, 27）の適用が，いわゆる中小企業に対して免除されている。「免除企業」の定義については，2004年にMASBより公表された「諸原則に関するステートメント（Statement of principles; SOP1)」によって定義されている。

同ステートメントによれば，一般目的財務諸表作成の必要性は，それを自らの経済的意思決定に利用する者，すなわち従属的利用者（dependent user）の存在と密接にかかわっている（MASB［2000］, pa.26）。この従属的利用者の有無を判断する指標として，①公的説明責任（public accountability）の有無，②所有と経営の分離の有無，③企業規模の3つがあげられている（MASB［2000］, par.27）。

①の公的説明責任とは「その企業に対する自らの知識に基づき，資源配分に関する意思決定を行う利害関係者が十分に存在する場合」（MASB［2000］, par.28）に，当該企業に対し，公的説明責任があると考えられる。この場合の利害関係者として「従業員を含む資源の提供者，財およびサービスの受領者，監督機関」（MASB［2000］, par.28）が例示されている。さらに，公的説明責任を持つ企業の具体例として，上場会社やその子会社・関連会社など，一般から資金を調達している企業（MASB［2000］, par.29），またはそれらの支配企業が一般から資金を得るための何らかの強制力を有している場合（MASB［2000］, par.30）などがあげられる。

また③については，㈠年間総収益1,000万リンギ超，㈡期末時点での総資産額500万リンギ超，㈢年間平均従業員50人超，の3つのうち，2つを満たす企業が大企業と判断される（MASB［2000］, par.35）。ここで特筆されるのは，財務諸表の従属的利用者の有無を，適用免除対象の判断規準として採用している点である。このことは，この時期MASBが次のような見解を採っていたということを意味する。すなわち，意思決定利用目的での財務諸表利用者が相対的に少なければ，一般目的財務諸表のニーズが低減し，そのことによって作成手続および財務諸表自体の簡略化が正当化される，ということである。

以上の3つの条件に鑑み，公的説明責任がなく，所有と経営が分離されておらず，大企業でない企業は，財務諸表の従属的利用者がいない，すなわち，適用免除企業と定義される。

##  PERS としての旧 MASB 基準の採用

　MASB 基準は，その後2005年に，「財務報告基準（Financial Reporting Standards; FRS）」に名称変更されるとともに，現行の「国際会計基準（International Accounting Standards; IAS）」および IFRS に合わせる形で，基準番号も変更された。その後，FRS は，当時の現行 IAS/IFRS に内容を収斂させるために改廃が加えられ，2006年2月23日，マレーシア1965年会社法の定める非公開企業（Private Entities）以外の企業を適用対象とする基準となった。一方，FRS に名称変更以前の旧 MASB 基準（ただし一部の基準を除く）が，「非公開企業報告基準（Private Entities Reporting Standards; PERS）」と名称を改め，再公表された。

　ここでいう，会社法の定める非公開企業とは，その定款により，①株式の譲渡が制限されている，②株主を50人未満に制限されている，③会社の株式や社債の一般への募集行為が禁じられている，④利息の有無にかかわらず，当該会社に対する定期預金または要求払い預金の募集が禁じられている会社である。このうち，証券委員会または中央銀行の管轄する法律の下で財務諸表の作成が義務づけられている会社，子会社，関連会社，被共同支配会社に該当しないもの（MASB [2006a], p.2）が，PERS の適用対象となる非公開企業である。

　PERS の公表にあたっては，その根拠について論じた文書が MASB から公表されることはなかった。ただし，当時の MASB 会長からは次のような声明が発表されている。

　「当審議会は，個人経営の会社が異なった情報ニーズを持っていることを認めた。また，これらの会社が IFRS に準拠しようとした場合の負担にも配慮している。」（MASB [2006b]）

　このコメントで注目されるのは，情報ニーズの違いに言及がなされた点である。このことは，中小企業のための会計基準が，大企業に対する会計基準とは根本的に異なるものになる可能性を示唆している。しかし，PERS は前述のように，かつて全企業を適用対象として設定された MASB 基準であり，中小企業の財務諸表に対するニーズを考慮した基準であるとは決していえない。とはいえ，MASB 基準は実質的には90年代前半までに公表された IAS をベースとしており，現行の IFRS と比較すればかなりシンプルな基準であるといえよう。

さらに、すべての MASB 基準が PERS として採用されたわけではない。具体的には、MASB8「関連当事者についての開示」、MASB13「1株当たり利益」、MASB17「損害保険事業」、MASB18「生命保険事業」、MASB21「企業結合」、MASB22「セグメント別報告」、MASB24「金融資産：開示と表示」、MASB26「中間財務報告」の8基準が PERS からは除外されている。これらは、MASB24 を除けば、中小企業が直面する可能性が極めて低いと考えられる問題を扱った基準である。

　PERS は図表16-1に示すように、28基準から構成されている。旧 MASB 基準の他にも、MASB 発足以前にマレーシア国内で承認されていた IAS 第25号、29

**図表16-1** 非公開企業報告基準 (PERS)

| 基準番号 | 基　準　名 | 基準番号 | 基　準　名 |
|---|---|---|---|
| MASB1 | 財務諸表の表示 | MASB19 | 後発事象 |
| MASB2 | 棚卸資産 | MASB20 | 引当金、偶発債務および偶発資産 |
| MASB3 | 期間純損益、重大な誤謬、および会計方針の変更 | MASB23 | 資産の減損 |
| MASB4 | 研究開発費 | MASB25 | 法人税 |
| MASB5 | キャッシュ・フロー計算書 | MASB27 | 借入費用 |
| MASB6 | 外国為替レート変動の影響 | MASB28 | 廃止事業 |
| MASB7 | 工事契約 | MASB29 | 従業員給付 |
| MASB9 | 収益 | MASB30 | 退職給付制度の会計および開示 |
| MASB10 | リース | MASB31 | 政府補助金の会計処理および政府援助の開示 |
| MASB11 | 連結財務諸表および子会社に対する投資 | MASB32 | 不動産開発活動 |
| MASB12 | 関連会社に対する投資 | IAS25 | 投資の会計処理 |
| MASB14 | 減価償却の会計 | IAS29 | 超インフレ経済下における財務報告 |
| MASB15 | 有形固定資産 | MAS5 | 水産業の会計 |
| MASB16 | ジョイント・ベンチャーに対する持分の財務報告 | IB-1 | 創立費および開業費 |

（出所）　MASB の公式ウェブ・サイト（http://www.masb.org.my）をもとに筆者が作成。

号および MAS 第5号,さらには2001年に MASB より公表された『解釈広報 IB-1（Interpretation Bulletin IB-1; IB-1）』（マレーシアで広く普及していた特定の費用の繰延処理を原則として容認しないことを規定した文書）が組み込まれている。

　注目されるのは，MASB24「金融資産：開示と表示」が PERS から外されるとともに，IAS25が採用されている点である。MASB24は，金融資産および金融負債の公正価値の開示を求める IAS 第32号「金融商品：開示および表示」に基づいて設定された基準である。一方，IAS25は，IAS 第39号および40号の公表をもって廃止された基準である。そこでは，長期投資については(a)原価，(b)再評価額，または(c)低価法が，短期投資については(a)市場価値または(b)低価法による評価が認められている（IASC［1986］, pars.46-47）。低価法，すなわち原価以下での評価が認められていることに加え，原価を上回る価額で評価を行った場合でも，長期投資・短期投資ともに，その差額を所有者持分として処理することが認められていることから，同基準は，取得原価測定や実現主義をベースとした，いわゆる伝統的な会計の枠組みで設定された基準と解される。

## Ⅳ　ED52の公表

　PERS 公表からわずか4ヵ月後の2006年6月，MASB は PERS 改訂のための公開草案第52号（ED52）「非公開企業報告基準（PERS）」を公表した。本公開草案の目的として，次の5項目が示されている（MASB［2006c］, p.14）。

---

① 非公開企業に適した会計処理に関する指針を提供すること。
② 非公開企業の報告上の負担を軽減すること。
③ 中小企業のための会計および報告に対し，世界的に採用されているアプローチへの移行を容易にすること。
④ 公的説明責任をもつようになる企業，および FRS への切り替えを選ぶ企業が FRS に移行するのを容易にすること。
⑤ 税務報告との連携を容易にすること。

---

　なかでも，起草にあたって税務の観点がとり入れられている点は注目される。
　ED52の適用範囲は，基本的には PERS と同様，1965年会社法の定める非公開会社（private company）である（MASB［2006c］, p.15）。また，PERS が，論点ご

とに設定された諸基準を一組とするものであったのに対し，ED52は中小企業の財務諸表作成に必要なすべての論点を含んだ，単独の会計基準である。その内容は，**図表16-2**に示すとおりである。

ED52の第5章「PERSのためのフレームワーク」は，PERSに基づいた財務諸表作成のための概念的基礎を示している（MASB［2006c］, p.20）。したがって，この第5章がED52の概念フレームワークといえる。なお，本文中ではこの第5章の内容を「非公開企業報告フレームワーク（Private Entity Reporting Framework; PE-Framework）」と称している（これに倣い，以下ED52第5章をPEフレームワークと称する）。

PEフレームワークで規定されている財務諸表の目的は「財務諸表の利用者に有用な，企業の財政状態および業績に関する情報を提供すること」（MASB［2006c］, p.21）であり，この点は他の大企業向け会計基準のフレームワークと変わらない。注目されるのは，主な財務諸表利用者として，中小企業の所有経営者を想定している（MASB［2006c］, p.20）点である。すなわち，ED52は，所有経営者の意思決定有用性を志向した会計基準であるといえる。これは，たとえばIASBフレームワークなど，大企業を対象とした基準の概念フレームワークとは大いに異なる点である。

この相違は，財務諸表の目的から演繹される諸概念および会計基準に大きな影響を与えるものと思われる。事実，PEフレームワークにおいても，財務諸表の構成要素の測定は，原価がその基礎とされ（MASB［2006c］, p.24），当初認識後の測定も，ED52の中で別段の定めのない限り，原価を基礎として行われる（MASB［2006c］, p.24）。金融商品（ただしED52では「投資（Investment）」という表現をとっている）もその例外ではない。流動資産となる証券投資については低価法（MASB［2006c］, p.49），固定資産となる証券投資については①原価，または②当該証券に市場性がある場合には低価法の選択適用（MASB［2006c］, p.50）と，いずれも原価以下での測定が求められている。

前節で述べたように，PERSでは，投資については長期・短期ともに，市場価格が取得原価を上回っている場合に，当該市場価格で評価することも可能である。それに対し，ED52では長期・短期いずれも原価以下での評価のみを認めている。この点でいえば，ED52は，現行PERSに比べ，取得原価主義がいっそう色濃くなったといえよう。

**図表16-2　公開草案第52号（ED52）**

| 章 | タイトル | 章 | タイトル |
|---|---|---|---|
| 序　文 |  | 第10章 | 持分変動計算書 |
| 第1章 | 目的 | 第11章 | キャッシュ・フロー計算書 |
| 第2章 | 範囲 | 第12章 | 財務諸表への注記 |
| 第3章 | 移行規定 | 第13章 | 後発事象 |
| 第4章 | 発行日 | 第14章 | 企業結合 |
| 第5章 | 非公開企業報告基準のためのフレームワーク | 第15章 | 株式報酬，組み込みデリバティブ，およびヘッジ |
| 第6章 | 会計原則および方針 | 第16章 | 用語解説 |
| 第7章 | 財務諸表の表示 | 第17章 | MASB基準の廃止 |
| 第8章 | 貸借対照表 | 補遺1 | 財務報告基準の適用 |
| 第9章 | 損益計算書 | 補遺2 | 財務諸表の実例 |

（出所）　MASB［2006c］をもとに筆者が作成。

##  ED72の公表

　2009年7月，IASBが中小企業版IFRSを公表すると，MASBは2010年3月，これと完全に同内容を持つ（MASB［2010a］, p.3）公開草案第72号（ED72）「中小企業のためのFRS（FRS for SMEs）」を公表した。ED72は，当該公開草案の適用範囲も中小企業版IFRSと同じである。したがって，ED72の適用範囲の詳細については，本書の第Ⅰ部第3章を参照されたい。また中小企業版IFRSは現行のIFRS（完全版IFRS）を枠組みとして設定されており（IASB［2009b］, par.BC95），その意味でED72は，ED52とは大きく異なる内容をもつといってよい。

　ここで興味深いのは，中小企業版IFRSの設定過程において，マレーシア会計士協会（Malaysian Institute of Accountants；MIA）やMASBがその公開草案に対し，これを全面的に支持しているとはいえないコメント・レターを送っていたことである。MIAは，2004年に公表された中小企業版IFRS設定のための討議資料『中小企業のための会計基準に関する予備的見解（*Preliminary Views on Accounting Standards for Small and Medium-sized Entities*）』に対しコメントを送付し，その中で，会計責任の解除を目的とし，歴史的原価主義に基づいた会計基準

が演繹されるような概念フレームワークの作成を提案している（MIA［2004］）。

　一方，MASBもコメント・レターにおいて，公正価値を測定の基礎として用いるのは，市場価格が容易に入手可能な場合に限定すべき（MASB［2007］, p.5）との意見を表明し，特に金融商品，農業，株式報酬について，コスト・ベネフィットの観点から，公正価値測定の適用に懸念を示していた（MASB［2007］, p.2）。

　図表16-3はMASBやMIAのコメント・レターでの提案箇所が「中小企業版IFRS」において採用されたかどうかをまとめたものである。MASBのコメント・レターにおける意見は，結果的に中小企業版IFRSには，あまり反映されなかったといってよい。

　中小企業版IFRSのセクション2では，公正価値が主たる測定の基礎として位置づけられた（IASB［2009a］, par.2.33）。金融商品については，セクション11の適用対象とならないものに関し，公正価値による当初認識後測定が求められている（IASB［2009a］, par.12.8）。セクション35では，生物資産に対し，その公正価値の算定に過度の費用と努力が必要とされる場合にのみ，公正価値モデルに代わり原価モデルの適用が容認されている（IASB［2009a］, par.34.8）。また，株式報酬に関しても，持分決済型の株式報酬取引の場合は，当該取引において受け取った財・サービスの公正価値（IASB［2009a］, par.26.7），また現金決済型の株式報酬取引の場合には当該取引で発生した負債の公正価値を基礎として測定することが原則とされている（IASB［2009a］, par.26.14）。それにもかかわらず，IASBから中小企業版IFRSが公表されると，MASBはそれをED72として採用した。コメント・レターの内容に照らして考えると，MASBのこの行動はいささか矛盾しているように思われる。

　一方，MIAが当初望んでいた中小企業向け会計基準も，中小企業版IFRSとは大きく異なるものであったと考えてよい。討議資料に対するMIAのコメント・レターは，図表16-3に要約しているが，そこから読み取れるのは，MIAが求めている基準は，歴史的原価主義に基づき，ヘッジ会計や株式報酬など，中小企業が直面する可能性の低い問題に関する基準をすべて除外した，きわめてシンプルなものであった，ということである。これはMIAが，どちらかといえばED52に近い基準を求めていたことを意味する。

　もう1つ特筆すべきは，ED72とED52の関係である。2011年8月の段階で，ED72は，ED52とともに，MASBの公式ウェブ・サイトにおいて"保留中の公

**図表16-3** MASB と MIA による中小企業版 IFRS に関する提案

| 組織名 | 中小企業版 IFRS 草案または討議資料への提案 | 中小企業版 IFRS（最終版）における提案箇所の扱い |
|---|---|---|
| MASB | 「公的説明責任のない企業のためのIFRS」や「非公開企業版IFRS」など，基準のタイトルに適用範囲を反映させるべきである。 | 受け入れられなかった。 |
| MASB | 公的説明責任規準について，解釈の必要性を避けるため，明確な説明をすべきである（たとえば「信託能力」の定義や「広範な外部者グループ」の範囲など）。 | 部分的に受け入れられた。<br>（パラグラフ1.4に「信託能力」に関する若干の説明が加えられた） |
| MASB | 金融資産・負債に当初認識後の公正価値測定を求める草案のパラグラフ2.41と，金融商品に関する基準であるセクション11のどちらが優先されるのか，明確にすべきである。 | 受け入れられた。<br>（償却原価から減損を差し引いた価額によって当初認識後測定される金融資産・負債をパラグラフ2.47においても明らかにすることにより，セクション2とセクション11の関係が整理された） |
| MASB | 金融資産，株式報酬，および農業に関し，公正価値の使用は，活発な市場において取引価格が利用可能な場合に限定すべきである。 | 受け入れられなかった。<br>（セクション11, 12, 26, 34のいずれにおいても，測定における公正価値の使用は，活発な市場での公正価値の入手可能性をもとに制限されてはいない） |
| MASB | 農産物に原価モデルを適用した企業に対して当該農産物の公正価値の見積りの開示を要請する規定（パラグラフ35.1(b)(iii)）は，原価モデルの使用を認める本来の目的に反している。 | 受け入れられた。<br>（当該開示規定は削除された） |
| MASB | 「過度のコストと努力」（たとえば農産物の測定について原価モデルの適用を認める際の要件として用いられている）は，もっと詳細に説明されるべきである。 | 受け入れられなかった。 |
| MIA | 会計責任目的と歴史的原価モデルに基づく会計基準の設定を導くように修正された概念フレームワークが必要である。 | 受け入れられなかった。 |
| MIA | サービスの提供による収益の認識に関し，完成基準の使用を中小企業に認めるべきである。 | 受け入れられなかった。 |
| MIA | 繰延税金の概念が簡素化されるべきである。 | 受け入れられなかった。 |
| MIA | のれんおよび耐用年数の確定できない無形資産の減損テストは，減損の兆候があった場合にのみ行われるべきである。 | 受け入れられた。 |
| MIA | 有形固定資産の減損に関する規定は簡素化されるべきである。 | 受け入れられていないと判断される。<br>（MIAはコメント・レターにおいて，減損テストの実行が中小企業にとっては金銭的に負担が大きいことを指摘しているが，中小企業版IFRSでは，毎期ではないものの，減損テストの実施を求めている点で，このように判断した） |
| MIA | IAS39号の規定は簡素化されるべきである。 | 受け入れられていないと判断される。<br>（MIAはコメント・レターにおいて，活発な市場が存在しないために評価技法が必要とされる場合，IAS39号の要求する情報は相対的に有用でない可能性があることに触れているが，中小企業版IFRSでは，公正価値による金融商品の測定を，活発な市場が存在する場合に限定しているわけではないため，このように判断した） |
| MIA | 認識の中止やヘッジ会計規定は中小企業版IFRSからは除外されるべきである。 | 受け入れられていない。 |
| MIA | 株式報酬に関する基準は中小企業版IFRSからは除外されるべきである。 | 受け入れられていない。 |

（出所） MIA［2004］, IASB［2007］, MASB［2007］, IASB［2009a］をもとに筆者が作成。

開草案（Exposure Draft Pending）"として表示されていた。この点についてMASBに問い合わせた結果，回答者個人の意見と断った上で，ED72はED52に代わる公開草案ではなく，何が中小企業の会計基準として最も適したものであるのか，引き続き模索中であるという見解を得た（2011年5月30日付筆者あてのメールにて）。とすれば，ED72の公表の意図は，ED52と大きく異なる内容を持つ中小企業版IFRSの公表を受け，同基準のマレーシアにおける適用の是非を世に問うことであったと考えられよう。

## VI その後の関連文書と基準の成立

 その後，MASBによる中小企業会計基準の設定は混迷を極めたといってよい。2011年1月には，公開草案第74号（ED74）「開示規定の軽減によるFRSの改訂（*Amendments to Financial Reporting Standards arising from Reduced Disclosure Requirements*）」が公表された。ED74は，公開企業である親会社の連結財務諸表作成のためにFRS（公開企業向けのマレーシア会計基準。IFRSとほぼ同一の内容）に準拠して財務諸表を作成している非公開企業や，任意でFRSに準拠した財務諸表を作成している非公開企業などを適用対象とした（MASB［2011］, p.4）公開草案である。その内容は，適用対象企業に対し，原則としてFRSを適用するものの，そこで要求される開示項目を大幅に削減することを提案するものである（MASB［2011］, pp.5-6）。

 ED52, 72, 74という公開草案が三竦みの状況の中，2012年3月には，MASBから「見解の募集（*Request for Views*）」というタイトルの文書が公表された。同文書は，2015年に現行のPERSを新たな1組の基準に改訂し，2016年に同基準を発効させる計画を示した上で（MASB［2012］, par.16），いずれの基準が新たな中小企業のための会計基準として適切か（MASB［2012］, par.17）を含め，中小企業版会計基準のあり方についての見解を，一般から募るものであった。

 翌2013年3月，MASBは「非公開企業財務報告フレームワークのためのロードマップ（*Roadmap for Private Entities Financial Reporting Framework*）」を公表した。この「ロードマップ」は，MASBが基本的にED72の採用を予定していることを述べた（MASB［2013］, par.2）上で，非公開企業のための財務報告フレームワークのあり方についてコメントを募るための文書である。

 「ロードマップ」では，定量的な基準，具体的には年間売上高で非公開会社を

2つに分け，売上高が500,000リンギ以上の会社にはFRS for SMEs，500,000リンギ未満の会社にはPERSを適用するという，いわゆるトリプル・スタンダード（公開企業，中規模非公開企業，小規模非公開企業）案を示し，同案に対するコメントが募集された（MASB［2013］, par.7）。同時に注目されるのは，中規模・小規模のボーダーライン上の企業では，業績によって毎年適用される会計基準が変化する可能性のあることが指摘されている点（MASB［2013］, par.29）である。こうしたトリプル・スタンダード案の問題点をあえて明らかにしている点で，「ロードマップ」は民意を暗にダブル・スタンダード案（公開企業，非公開企業）に誘導しているようにも思える。

同年8月には，ED72を若干修正した公開草案第77号（ED77）「マレーシア非公開企業報告基準（Malaysian Private Entities Reporting Standards; MPERS）」が公表された。ED77は，①中小企業の定義（section1），②連結財務諸表の作成義務（section9），③法人税（section29），④不動産開発業の会計基準の追加（section34）の4点にのみ相違が見られる（MASB［2013］, par.p9）。この4点の違いを簡単に説明すれば，①はED77の適用範囲をマレーシア1965年会社法の定める非公開企業（private entities）とすること，②は最終親会社がマレーシア法人でない企業も，その子会社を連結した財務諸表を作成すること，③はED72においてIAS第12号改訂のための公開草案を踏襲した内容であったセクション29を，元のIAS第12号と同じの内容に変更すること，④はマレーシア独自の会計基準であるFRS第201号「不動産開発活動（Property Development Activities）」をセクション34に編入すること，である。なお紙面の都合上，IAS第12号やFRS第201号の詳細については割愛する。

以上の各種文書の公表を経て，2014年2月，MASBは現行基準であるPERSを2015年度まで適用可能とし，2016年度以降，非公開企業はED77, すなわちMPERSに準拠すること，さらに公開企業向けの基準であるMFRSはいずれの期間においても任意で適用可能であることを決定した。

## Ⅶ おわりに

以上のように，2006年以降続けられてきた，1組の中小企業向け会計基準設定のための作業は，2014年をもって終了した。その結果は，実質的に中小企業版IFRSの採用であったといってよい。作業が実に8年という長きにわたったのは，

当初 MASB が取得原価主義をベースとしたシンプルな内容の中小企業版会計基準を設定しようとしていたにもかかわらず，2009年に公正価値ベースの内容を持った中小企業版 IFRS が公表されると，一転して同基準の採用に固執し始めたことにある。

　中小企業版 IFRS は，マレーシアの非公開企業の作成者や利用者の支持を受けていたとは言い難い。MASB と MIA は2010年マレーシア7都市において「非公開企業のための財務報告基準フォーラム（Forum on FRS for SMEs）」を共同開催した（MASB and MIA [2010]）。4月21日にクアラルンプールで行われたセッションに筆者も参加する機会を得たが，そこでは MIA を代表するパネリスト達が熱弁をふるい，ED72を採用することのメリットを強く主張していた。セッションの最後に，現行 PERS，ED52，ED72のうち，いずれがベストの基準であるか，参加者の挙手による調査が行われたが，多くの参加者が現行 PERS を支持し，ED52は数名，ED72を支持する者は皆無であった。このことは，人びとのED72に対する姿勢を如実に物語っていたといえよう。MASB の熱心なキャンペーンにもかかわらず，中小企業版 IFRS の採用にここまでの年月を費やしたのは，やはり MASB と人々との間の"溝"が埋まり難かったことの表れであると思われる。

【参考文献】

IASB [2007], *Exposure Draft of a Proposed IFRS for Small and Medium-sized Entities*, IASB, London.
―――― [2009a], *IFRS for Small and Medium-sized Entities*, IASB, London.
―――― [2009b], *Basis for Conclusions IFRS for Small and Medium-sized Entities*, IASB, London.
IASC [1986], *International Accounting Standard No.25 Accounting for Investments*, IASC, London.
MASB [1999a], *MASB Standards No.2 Inventories*, MASB, Kuala Lumpur.
―――― [1999b], *MASB Standard No.7 Construction Contracts*, MASB, Kuala Lumpur.
―――― [1999c], *MASB Standard No.9 Revenue*, MASB, Kuala Lumpur.
―――― [2000], *MASB Statement of Principles 1 (2004) Exempt Entities*, MASB, Kuala Lumpur.
―――― [2006a], *Notice - Amendment of MASB Approved Accounting Standards for Private Entities*, MASB, Kuala Lumpur.

―――― [2006b], *MASB: FRS Now Optional for Private Companies*, MASB, Kuala Lumpur.
―――― [2006c], *Exposure Draft 52 Private Entity Reporting Standards (PERS)*, MASB, Kuala Lumpur.
―――― [2007], *IASB Exposure Draft of A Proposed IFRS for Small and Medium-Sized Entities*, MASB, Kuala Lumpur.
―――― [2008], *Malaysia's Convergence with IFRS in 2012*, MASB, Kuala Lumpur.
―――― [2010a], *Exposure Draft 72 Financial Reporting Standard for Small and Medium-sized Entities*, MASB, Kuala Lumpur.
―――― [2010b], *Exposure Draft 72 Financial Reporting Standard for Small and Medium-sized Entities Basis of Conclusions*, MASB, Kuala Lumpur.
―――― [2010c], *Questionnaire on MASB ED 72 FRS for SMEs*, MASB, Kuala Lumpur.
―――― [2011], *Exposure Draft 74 Amendments to Financial Reporting Standards arising from Reduced Disclosure Requirements*, MASB, Kuala Lumpur.
―――― [2012], *Request for Views*, MASB, Kuala Lumpur.
―――― [2013], *Roadmap for Private Entities Financial Reporting Framework*, MASB, Kuala Lumpur.
―――― [2014], *Malaysian Private Entities Reporting Standards*, MASB, Kuala Lumpur.
MASB & MIA [2010], *Forum on FRS for SMEs*, http://www.mia.org.my/enews/2010/03/29/messageREACH_pay/MBR201003-3/brochure.pdf
MIA [2004], *Comments on IASB's Staff Questionnaire on Possible Recognition and Measurement Modification for Small and Medium-sized Entities(SMEs)*, MIA, Kuala Lumpur.

# 第17章

# タ　イ

## I　はじめに

　本章では，タイ王国（以下，タイ）における中小企業会計基準について扱う。

　タイでは，すべての企業が『民商法』および『会計法』の影響を受け，これにより企業の規模にかかわらず，原則としてすべての企業がタイ国会計基準（Thai Accounting Standards；TAS）に準拠して財務諸表を作成し，公認会計士の監査を受けることを求められていた。いわゆる中小企業については，すべてのTASに準拠して財務諸表を作成し，公認会計士による監査を受けることは困難であるため，これまで一部の会計基準の適用が免除され，税務監査人とよばれる専門職による簡易監査が認められるなどの簡便措置をとることで対応してきた（加藤ほか［2010］）。つまり中小企業に対しては，一部の免除規定はあったものの，上場企業や公開企業などの大企業と同一の会計基準が用いられてきたという経緯があった。

　しかしながら，2011年4月12日に，タイ会計専門職協会は中小企業向けの会計基準を告示し（告示第20/2554号），2011年1月1日より開始する会計年度より適用されることになった。このタイの中小企業会計基準は，正式には『タイ国・公的説明責任のない企業向け財務報告基準』（Thai Financial Reporting Standards for Non-Publicly Accountable Entities；TFRS for NPAEs）といい，『中小企業向け国際財務報告基準』（IASB［2009］，以下，中小企業版IFRS）をベースにしているとされている（トーマツIFRSセンター・オブ・エクセレンス［2011］）。これにより上場企業および公開企業以外の大多数の企業が，この基準の適用対象となったわけである。タイに進出している日系企業のほぼすべてが，このTFRS for NPAEsの適用対象となるため，本基準をとり上げる意義は大きいといえるだろう。

　本章ではまず，タイの会計制度の概要について説明する。タイにおける企業が

適用を受ける会計関連法規と会計基準について概観するだけでなく，タイの証券市場や税制，そして監査制度についても簡単に触れることにする。続いてタイの中小企業会計基準の体系と特徴についてまとめる。タイの会計基準は，一般に中小企業版IFRSに準拠しているといわれているが，実際には異なる点も多い。中小企業版IFRSとTFRS for NPAEsとでは何が同じで何が違うのか，それぞれの基準の体系を示しながら検討する。その上で，タイの中小企業会計基準の特徴についてポイントを示すことにしたい。最後に，現在のタイにおける中小企業会計基準の置かれている状況について，課題と将来的な展望について検討することにしたい。

## II　タイの会計制度の概要

タイにおける会計関連法規には，『民商法』と『会計法』が主たるものである。民商法は1935年に，会計法は1939年に，それぞれ制定され，タイにおける健全な資本市場の育成のため1974年に『タイ証券取引所法』が制定されると，1975年にタイ証券取引所（Securities Exchange of Thailand；SET）が創設された[1]。1976年には財務諸表の雛形を定めた『商務省令第2号』が公布され，さらに1978年には『公開株式会社法』が施行された。これにより，非上場であっても株式を公開している企業に対しては，会計法より厳しい規制が課されるようになった。また当時の会計基準は，タイ公認会計士・監査人協会が1979年より公表している『財務会計基準書』であり，開示項目については1980年に公表された『タイ証券取引所通達』に従うものとなっていた。ちなみに当時の会計基準の内容は，アメリカの会計基準の影響を大きく受けていたとされている[2]。

会社の区分と対応する法規は，以下のとおりである（UFJ総合研究所［2002］，17-34頁）。

- 非上場・非公開会社（民商法・会計法）
- 非上場・公開会社（民商法・会計法・公開会社法）
- 上場会社（民商法・会計法・公開会社法・証券取引法）

タイの中小企業に対する会計規制については，その多くは非上場・非公開会社となるため，基本的には民商法および会計法の規制のみが課されることになる。

年に1回年次報告書を作成しなければならず（民商法第1196条および会計法第12条），決算日より4ヵ月以内に開催される株主総会に提出・承認を受けた後1ヵ月以内に商業登録局等に提出しなければならない（会計法第11条）。公開企業や上場企業が3ヵ月以内に株主総会を開催し，財務諸表を提出しなければならないことに比べ，財務諸表の作成に1ヵ月の猶予が与えられている。

　1997年にアジア通貨危機が発生し，タイ経済も壊滅的な打撃を受け，IMFからの融資を余儀なくされた。IMFからの融資の条件として会計基準の国際化が求められ，これまでに公表された会計基準を全面的に刷新し，国際会計基準（IAS）をベースとしたタイ会計基準（Thai Accounting Standards；TAS）が2000年に導入されることになった。なお同じく2000年に会計法も改正がなされ今日に至っている[3]。

　2011年までは中小企業向け会計基準というものは存在していなかったが，企業規模に応じて一部の基準の適用が免除されたり，公認会計士監査ではなく税務監査人（Tax Auditor）による簡易監査を認めたりするなどの負担軽減措置によって対応してきた。この税務監査人は，すべての企業の作成する財務諸表が監査を受けなければならないタイにおける慢性的な公認会計士不足を解消するために2002年以降に設置されたものである[4]。その後，2011年4月12日に，タイ会計専門職協会は中小企業向けの会計基準を告示し，2011年1月1日より開始する会計年度より適用されることになった。

　税務監査人に加え，タイ独自のものとして「計理士」（Bookkeeper）制度を指摘することができるだろう。企業の財務諸表を作成するためには，原則として計理士の資格を持っていることが求められる。タイ商務省などの規制当局はIFRSの導入について，やや高度な会計処理もそれほど問題なく行えると考えている背景には，この計理士制度の存在があるからだとの指摘もある（加藤ほか［2010］，3-4頁）。

　最後に法人税の扱いについて触れておくことにしよう（PricewaterhouseCoopers Legal & Tax Consultants［2014］）。タイにおける法人税は，タイで設立された会社および法人格を有するパートナーシップを課税対象としている。会計基準とは別に税務基準があり，いわゆる確定決算主義を採用しているわけではないが，日本と同じく企業会計上の利益を出発点として税法上の調整を行っているため，実際の実務は日本の状況とよく似ている。税率は一律ではなく，純利益額に応じて税率が変わる点は，個人所得税に似ている。中小企業の場合は軽減税率が適用

され，利益額が300,000バーツ以下の場合は非課税，300,001〜1,000,000バーツでは15％，1,000,001バーツ以上は20％となっている。この軽減税率の適用を受けるためには，資本金額が500万バーツ以下かつ売上高が3千万バーツ以下であること（いわゆる中小企業の定義に合致すること）が求められる。日本との大きな差異は，引当金や準備金への繰入額が損金算入を認められないことと，損金経理要件がないことであろう。減価償却費が税法で認められているパーセンテージよりも低いパーセンテージで減価償却を行った場合，税法で認められる上限の場合の税額との差額を損金算入できる。

## III　タイの中小企業会計基準の体系と概要

タイ中小企業会計基準（TFRS for NPAEs）は，正確には企業の規模を示すSMEではなく，「公的説明責任を有しない企業」（Non-Publicly Accountable Entities；NPAEs）を対象としている。この公的説明責任を有しない企業とは，以下のような企業「以外の」企業として定義されている。

- 公開市場においてその株式または社債が取引されている企業。
- 関連法令に基づき，広範な第三者のために資産を預かり，管理することを主要事業とする企業。

したがって，非上場かつ非公開の企業が，タイ中小企業会計基準の対象ということになる。

### 1　タイ中小企業会計基準の体系

タイの中小企業会計基準の体系は，中小企業版IFRSをベースにしているといわれるが，実際にはかなりの相違点がある。中小企業版IFRSは，『基準書』本体のほか『財務諸表の例示』と『結論の根拠』の3部構成になっているが，タイ中小企業会計基準は前述の3部に分かれて記述されている内容を1部にまとめ，大幅に簡略化しながら一部タイ独自の基準（TAS）をとり入れたものとなっている。全体を構成する章は35から22と大幅に減っているだけでなく，複数の章が1つの章にまとめられていたり，独自の項目について別立てで章が設けられたり，項目の記述順も微妙に異なっている。これらはタイ独自の経営環境や慣習など文

化的な背景を反映し,とくに重要かつ啓蒙的な意味をもたせる必要のある項目については独立した章としている一方で（現金および現金同等物,売掛金,不動産売却の収益認識,工事契約,など），中小企業向けとしては重要でない項目については1つの章にまとめ,たとえば「関連会社に対する投資」と「ジョイント・ベンチャーに対する投資」は1つの章にまとめられ,「従業員給付」については「引当金および偶発事象」の中の引当金の部分に記載されるなどしている。

また中小企業の場合,以下の書類作成や開示が免除されている。

- キャッシュ・フロー計算書
- 連結財務諸表
- セグメント別情報
- 関連当事者との取引の開示
- 金融商品の開示

このため,上記の会計書類・開示項目に関する基準はカーブアウトされている。タイ中小企業会計基準と中小企業版 IFRS との対応関係と差異については,**図表17-1**にまとめている。

## 2　タイ中小企業会計基準の概要

以下に個々の章の概要について,本来の原則基準である TAS との差異を中心に,Deloitte Touche Tohmatsu Jaiyos［2011］,Mazars［2011］,KPMG Thailand［2011］,KPMG Phoomchai Audit［2009］を参考にしながら,それぞれ見てみることにしよう。

### (a) 第1章　目的と背景

財務報告を行うにあたって不必要な負荷とコストをかけることなく,高品質の財務諸表を作成できるようにすることを目的としている。中小企業の財務データを必要とする利用者は限定的なので,公正価値概念ではなく取得原価概念を採用している。

### (b) 第2章　範　囲

公的説明責任を有しない企業とは,以下の規準を満たさない企業のことである。
1. 公開市場においてその株式または社債が取引されている企業。公開市場とは,国内もしくは海外の株式市場,店頭市場をいい,地方や地域市場を含む

**図表17-1** タイ中小企業会計基準と中小企業版IFRSとの対応関係と差異

| TFRS for NPAEs の章 | 対応する中小企業版 IFRS の章など |
|---|---|
| 第1章　背景と目的(*) | 『結論の根拠』<br>第1章　中小企業 |
| 第2章　適用範囲(*) | 第1章　中小企業 |
| 第3章　概念フレームワーク | 第2章　概念および全般的な原則 |
| 第4章　財務諸表の表示 | 第3章　財務諸表の表示<br>『財務諸表の例示』 |
| 第5章　会計方針，見積りおよび誤謬 | 第10章　会計方針，見積りおよび誤謬 |
| 第6章　現金および現金同等物(*) | 対応する章はない |
| 第7章　売掛金(*) | 対応する章はない |
| 第8章　棚卸資産 | 第13章　棚卸資産 |
| 第9章　投資(*) | 第14章　関連会社に対する投資<br>第15章　ジョイント・ベンチャーに対する投資 |
| 第10章　有形固定資産 | 第17章　有形固定資産<br>第27章　資産の減損 |
| 第11章　無形固定資産 | 第18章　のれん以外の無形資産 |
| 第12章　投資不動産 | 第16章　投資不動産 |
| 第13章　借入費用 | 第25章　借入費用 |
| 第14章　リース | 第20章　リース |
| 第15章　法人所得税 | 第29章　法人所得税 |
| 第16章　引当金および偶発事象 | 第21章　引当金および偶発事象<br>第28章　従業員給付 |
| 第17章　後発事象 | 第32章　後発事象 |
| 第18章　収益 | 第23章　収益 |
| 第19章　不動産売却の収益認識(*) | 対応する章はない |
| 第20章　工事契約(*) | 対応する章はない |
| 第21章　外国為替レート変動の影響 | 第30章　外貨換算 |
| 第22章　移行と発効日 | 第35章　「SME基準」への移行 |

(*)　が付されているものは TFRS for NPAEs に独自に設定されている章を示している。

※中小企業版 IFRS にあってタイ中小企業会計基準にない項目
　第4章（財政状態計算書），第5章（包括利益計算書および損益計算書），第6章（持分変動計算書並びに損益および剰余金計算書），第7章（キャッシュ・フロー計算書），第8章（財務諸表の注記），第9章（連結および個別財務諸表），第11章（基礎的金融商品），第12章（その他の金融商品に関する事項），第19章（企業結合およびのれん），第22章（負債および資本），第24章（政府補助金），第26章（株式報酬），第31章（超インフレ），第33章（関連当事者についての開示），第34章（専門的活動）

（出所）『タイ国・公的説明責任のない企業向け財務報告基準』をもとに筆者作成。

ものである。または，証券を公開市場において発行するため，当証券発行企業の財務諸表が，証券委員会やその他監督官庁に登録されたか，または登録手続中である場合の当該企業。
2. 関連法令に基づき，広範な第三者のために資産を預かり，管理することを主要事業とする企業。たとえば金融機関，生命保険会社，損害保険会社，証券会社，投資信託，農業商品先物市場等である。
3. 公開株式会社法に基づく公開株式会社。
4. 追加で指定されたその他企業。

(c) 第3章　概念フレームワーク

適用範囲は公的説明責任を有しない企業に限定される。TASでは「第一／第二の質的特性および制約」という表現になって部分は，「基本的／補完的質的特性とその他の考慮事項」に変更している。また，測定基準の1つに「公正価値」の定義を追加している一方で，資本および資本維持の概念については言及されていない。

(d) 第4章　財務諸表の開示

「貸借対照表」は「財政状態計算書」と名称が変更になっている。キャッシュ・フロー計算書については強制されておらず，開示が求められる内容も簡略化されている。なお，中間財務諸表を作成する場合も，この中小企業会計基準に準拠することが定められている。

(e) 第5章　会計方針，会計上の見積りの変更および誤謬

IFRS準拠のTAS8「会計方針，会計上の見積りの変更および誤謬」と同等の基準となっている。

(f) 第6章　現金および現金同等物

現金および現金同等物の定義についてはTASよりも詳細に定義されており，表示および開示についても，より詳細な内容の開示を定めている。

(g) 第7章　売掛金

貸倒引当金の認識について選択の幅がTASよりも狭い。また，税法上の貸倒償却や償却債権の回収については選択の余地はない[5]。TASに比べ開示が求められる内容が簡略化されている。

(h) 第8章　棚卸資産

棚卸資産の原価について，管理部門の間接費は算入しないことが明示された。またIFRS準拠のTAS2「棚卸資産」に比べ開示が求められる内容が簡略化され

ている。

(i) 第9章　投資

　子会社，関連会社，ジョイント・ベンチャーに対する投資について適用となっている。また減損は，投資対象の価格について永久に回復が見込まれない場合にのみ適用する。投資を処分する場合に，投資原価を計算する際の方法として後入先出法が廃止された。IFRS 準拠の TAS28「関連会社に対する投資」および TAS31「ジョイント・ベンチャーに対する投資」に比べ開示が求められる内容が簡略化されている。

(j) 第10章　有形固定資産

　有形固定資産の当初認識時に，解体・撤去および原状回復のコストを見積もり，原価に算入することを求めている。ただし現在価値に割り引くことまでは求められていない。

　また，有形固定資産の重要な構成要素について，それぞれの耐用年数や消費パターンが著しく異なっている場合は，構成要素ごとに細分化することが求められている。取り替え部品の原価は，帳簿価額によって認識しなければならず，取り替えられた構成部分の帳簿価額は，認識の中止の定めに従って認識を中止しなければならない。

　有形固定資産については公正価値を用いて評価してはならない。減損は，当該有形固定資産の価格の回復が永久に見込まれない場合にのみ適用する。追加事項としては，売却のために保有する固定資産については，有形固定資産とは別に表示することが求められている。IFRS 準拠の TAS16「有形固定資産」に比べ開示が求められる内容は簡略化されている。

(k) 第11章　無形資産

　耐用年数を確定できない無形資産については，10年以上の期間で償却を行う。また無形資産に対する再評価モデルの適用は禁止されている。IFRS 準拠の TAS38「無形資産」に比べ開示が求められる内容は簡略化されている。

(l) 第12章　投資不動産

　投資不動産に対して公正価値モデルの適用は禁止されている。IFRS 準拠の TAS40「投資不動産」に比べ開示が求められる内容は簡略化されている。

(m) 第13章　借入費用

　借入コストを費用として認識することを容認していた以前のガイドラインが削除され，一定の要件を満たす場合は資産計上しなければならないとしている。中

小企業版 IFRS では当期費用として計上しなければならないとしているので，この点については Full IFRS に近い内容となっている。

(n) 第14章　リース

リースの分類についての要件が明示されている。IFRS 準拠の TAS17「リース」に比べ開示が求められる内容は簡略化されている。

(o) 第15章　法人所得税

TAS12「法人所得税」の要件をすべて満たせば，税金費用（収益）および繰延税金資産（負債）の認識において「貸借対照表負債法」の適用が容認される。

(p) 第16章　引当金および偶発事象

引当金については，割引計算をしなくてもよいが，従業員給付については認識を強制している。IFRS 準拠の TAS19「従業員給付」を適用してもよい。なお，TAS19 を適用しない場合は，開示を求められる内容は簡略化される。

(q) 第17章　後発事象

IFRS 準拠の TAS10「後発事象」と同等の内容となっている。

(r) 第18章　収　益

IFRS 準拠の TAS18「収益」と同等の内容となっている。

(s) 第19章　不動産売却の収益認識

タイ独自の規定が盛り込まれている TAS26「不動産売却の収益認識」と同等の内容となっている。不動産売却の収益認識の開始に関する要件が追加的に定められており，中小企業版 IFRS と大きく異なる点となっている。

(t) 第20章　工事契約

IFRS 準拠の TAS11「工事契約」と同等の内容となっている。

(u) 第21章　外国為替レート変動の影響

IFRS 準拠の TAS21「外国為替レート変動の影響」と同等の内容となっている。

(v) 第22章　移行と発効日

会計方針の変更の影響は，実務的に無理でない限り遡及して適用するとあるが，強制はされていない。

## Ⅳ　タイの中小企業会計基準の課題

以上のとおりタイ中小企業会計基準について概観してきたが，中小企業版 IFRS をベースにしているといいながらも，その体系は大きく異なっており，

個々の項目の内容についてもタイの経済状況や商習慣などに合わせて多くの修正が加えられていることが理解できるだろう。中小企業版 IFRS をベースに，多くの項目は簡略化され，「現金および現金同等物」「売掛金」「不動産売却の収益認識」については独自の要件が追加された基準になっているとまとめることができる。大幅に簡略化されているとはいえ，中規模の企業であればまだしも，小規模あるいは零細の企業にとっては，この中小企業会計基準に従って財務諸表を作成することは大きな困難を伴うはずだ。

　タイではすべての企業が財務諸表の監査を受けなければならないが，かねてより公認会計士が慢性的に不足しているという背景もあり（中小企業基盤整備機構［2006a］，36頁），前述したとおり税務監査人とよばれる専門職が新設され，監査人不足に対応することになった。税務監査人は，税務という名前がつけられているが税理士のような税務サービスを行うわけでなく，単に簡易監査を行うために存在している。また当初は資本金500万バーツ以下のパートナーシップもしくは売上高が3,000万バーツ以下の会社の監査が行えたようであるが（加藤ほか［2011］），2014年12月時点のタイ歳入局の Web ページを見ると，資本金500万バーツ以下のパートナーシップのみを対象に監査を行えるとのことである（制度変更があった可能性がある）。いずれにしても慢性的な会計士不足は深刻で，十分な会計サービスや監査を受けられない状況は基本的にはあまり変わっていないといえるだろう（UFJ 総合研究所［2002］，30頁）。

　また，タイへ進出する日系の中小企業へのアンケートで，その約3分の1はタイにおける会計処理についての問題の解消が課題であるとしており，具体的には，十分なスキルをもった会計スタッフを雇用することができず，会計スタッフを育成するための苦労が多く，会計事務所に会計処理を外注した場合にサービスのクオリティに比して料金が高く，不適切な会計書類を提出することになってしまうためペナルティを課される，等々の問題が指摘されている（中小企業基盤整備機構［2006b］，47頁）。タイには計理士（Bookkeeper）の制度があり，公衆に縦覧する財務諸表は原則としてこの計理士が作成しなければならないが，必ずしも十分なクオリティでサービスが提供されていない実態が伺い知ることができる[6]。

　このような問題が生じる原因の1つは，多くの中小企業にとって準拠することが難しい高度会計基準が強制されていることであろう。簡略化されたタイ中小企業会計基準が公表されたとはいえ，中小企業にとってはそれでもなお高度で複雑な基準であるため，十分な会計スタッフを確保できない状況では，財務諸表を

作成することは難しい。それは，日本における『中小企業会計指針』が高度で複雑なものであったため，数パーセントしか適用実績がなかったことにも通じる。タイの場合，高度な会計基準が存在し，すべての企業が何らかの監査を受けているということで，形式的にはかなり厳しい規制となっているが，1人で20,000社という実行不可能な数の監査報告書を出したという不祥事が発覚したり，会計サービスを提供している公認会計士が同じ企業の監査を行えることから不正の温床になっていたりするという指摘もあり（中小企業基盤整備機構［2006a］，35頁），必ずしも実態に即した制度となっていないようである。より実効性を高めるのであれば，より小規模の企業でも導入が可能な『中小企業会計要領』レベルの会計基準が必要なのではないかと思われる。

現在のタイ中小企業会計基準をどの方向で整備していくかについては，大きく2つの方向性がある。1つは，中小企業版IFRSへのコンバージェンスを進める（すなわち，より複雑で高度なものへと改訂していく）という方向性であり，もう1つは，日本の『中小企業会計要領』のように大幅に簡素化した会計基準を新設するという方向性である。企業規模にかかわらず，すべての企業が財務諸表を作成し監査を受けなければならないという状況を所与とするならば，財務諸表の作成に一定のスキルが求められる現行の中小企業会計基準をより複雑な方向へ整備する（中小企業版IFRSに近づける）のではなく，より簡便な基準を制定し誰でも財務諸表を作成できるようなレベルに落とし込むという方向性を追求するという道もあるのではないかというのが，率直な感想である。

しかしながら，加藤ほか［2010］による調査において，タイの中小企業にとって現在の中小企業会計基準でも準拠するのが難しいのではないかという質問に対し，タイ商務省の担当者からは「パートナーシップ企業であれば，タイ国会計基準は適用されないため，そのような（タイ会計基準に準拠するのが難しいような小規模の）企業はパートナーシップ形態を選択すれば問題はない」（8頁）との回答があったことからも理解できるように，より簡略化した会計基準を制定することで実効性を高めるという方向性は考えていないと思われる。

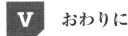

## V　おわりに

以上のようにタイにおける会計制度と中小企業会計基準の現状と課題について検討してきた。多くの中小・零細企業にとっては簡略化された会計基準の登場が

求められる状況にある中で，2011年より中小企業版 IFRS をベースとしたタイ中小企業会計基準（TFRS for NPAEs）が公表された。中小企業版 IFRS を大幅に簡略化した内容となってはいるものの，それでも小規模・零細企業が多く，十分な会計サービスを受けられないというタイの状況を鑑みれば，それでも高度で複雑なものであるといえるだろう。十分な会計スタッフを抱えることのできない中小企業にとっては，実効性に欠ける施策との印象はぬぐえないものとなっている。

このような問題を解決するための1つの方向性としては，日本の『中小企業会計要領』のような大幅に簡略化され，実効性をもった会計基準を導入することをあげることができる。日本における『中小企業会計要領』は公表されてからまだ日が浅いが，簡便で実行可能性が高く，おそらくタイにとっても参考になるはずである。日本におけるこのような取組みが，アジア地域における健全な会計実務の醸成につながることを期待したい。

注

1　タイ証券取引所には現在2つの市場があり，それぞれ大企業向けの主取引市場（Main Board:単に SET とよばれ，東証でいえば一部市場に相当）と，その他銘柄市場（Market for Alternative Investment: MAI とよばれ，東証でいえばマザーズに相当）という。2014年12月1日現在で，SET に上場している企業数は557社，MAI に上場している企業数は109社となっている。

2　タイにおける『民商法』と『会社法』および会計基準については，2000年に大幅な改革がなされる前の状況については，的手・御薗［1992］が詳しい。また2000年を前後とした改革の状況については松田［2004］を参照されたい。この他，タイのビジネス状況全般については，新日本有限責任監査法人［2013］，久野ほか［2013］，藤岡ほか［2012］，等を参照されたい。

3　タイ会計基準（TAS）は，これ以降 IAS・IFRS とのコンバージェンスを進めてきた。2014年には TAS19号「従業員給付」を IAS19号に準拠させ，2015年1月より2013年版 IFRS 相当となる。またタイ会計基準にとり入れられていない会計処理については，まずは IAS・IFRS を準用し，それでもなければアメリカ会計基準を準用することになっている。アメリカ基準が出てくるのは，タイの会計基準が当初アメリカの会計基準の影響を受けて制定されてきた経緯があったからであろう。なお TAS19号の改訂については，Gyte and Quant［2014］を参照されたい。

4　加藤ほか［2010］によると，税務監査人は，資本金500万バーツ以下のパートナーシップおよび売上高3,000万バーツ以下の会社について，1人で最大300社まで監査を行うことができるとある。しかしながら，2014年12月時点のタイの歳入局の Web ページの記載をみると，税務監査人が監査を実施できるのは，資本金500万バーツ以下のパートナーシップのみとなっている。なお，名称に「税務」とあるが，日本の税理士のように税務申告業

務をするわけではなく，単に簡易監査のみを行う専門職である。将来的には税務監査人の制度を廃止し，日本の税理士のような CPTA（Certified Public Tax Accountants）へ移行することが期待されているが，どのように推移していくかは未定である（加藤ほか［2010］，6-7頁）。
5　税法上の貸倒償却および償却債権の回収については，タイ歳入法の第65条 BIS(9)において，「省令（財務省令）によって定められる条件および手続きに基づいてのみ不良債権を債権勘定から償却することができる。ただし，当該債権がいずれかの会計期間において復活した場合には，当該会計期間の収益に含めることを条件とする」との規定があるが，金融機関の貸倒引当金と生命保険会社の保険金引当金を除いて，法人税法上では一切の引当金繰入が認められていない。ただし，財務省令第186号に示されたルールに従う場合にのみ貸倒償却が認められる（JETRO 2009; PricewaterhouseCoopers Legal and Tax Consultants［2014］）。
6　この計理士（Bookkeeper）については，久野ほか［2013］においても「会計記録担当者」との訳で紹介されている。タイに在住し（タイ国籍をもっていなくても可），タイ語の会話能力を有し，会計法違反で訴追中でなく（判決が確定した後であれば可），会計関連学科の大卒者（小規模会社の場合は高卒でも可）で，3年間に27時間の研修を受講しなければならない，といった要件を満たす必要がある。

## 【参考文献】

Deloitte Touche Tohmatsu Jaiyos［2011］*TFRS Insights - English version 1/2011: NPAE Issue*, Deloitte Touche Tohmatsu Jaiyos.
Gyte, J. and D. Quant［2014］, *Changes to the Thai accounting standard for employee benefits*, Milliman Inc.
IASB［2009］, *The International Financial Reporting Standard for Small and Medium-sized Entities (IFRS for SMEs)*, International Accounting Standards Board (IASB).
JETRO［2009］「法人税上の貸倒償却について」『タイ税務・会計情報』日本貿易振興機構．
KPMG Phoomchai Audit［2009］*TAS and IFRS: The Major Differences 2nd Edition*, KPMG Phoomchai Audit
KPMG Thailand［2011］『「タイ国会計基準スペシャルセミナー」資料』KPMG Thailand．
Mazars［2011］, *TFRS Technical Bulletin August 2011 - Thai Financial Reporting Standards for Non-Publicly Accountable Entities*, Mazars.
PricewaterhouseCoopers Legal and Tax Consultants［2014］『タイ国 税務小冊子 2014年』PricewaterhouseCoopers Legal and Tax Consultants．
UFJ総合研究所［2002］『アジア各国における企業会計制度の現状と課題』UFJ総合研究所．
加藤武人・黒岩延時・井上慶太・松﨑堅太朗［2010］『外国税法等調査研究事業報告書：タイ国（中間報告書）』租税資料館．
久野康成（監修）・久野康成公認会計士事務所・株式会社東京コンサルティングファーム・KS

International [2013]『タイの投資・M&A・会社法・会計税務・労務』出版文化社。
新日本有限責任監査法人編 [2013]『タイ国の会計・税務・法務 Q&A』税務経理協会。
中小企業基盤整備機構 [2006a]『ASEAN 諸国における会計制度の実態把握調査』中小企業基盤整備機構。
────── [2006b]『タイにおける日系中小企業の経営課題に関する実態調査』中小企業基盤整備機構。
トーマツ IFRS センター・オブ・エクセレンス [2011]「おさえておきたい世界の IFRS 事情（第 6 回）－タイ」『企業会計』第63巻第 6 号，120-121頁。
藤岡資正・チャイポン・ポンパニッチ・関智宏 [2012]『タイビジネスと日本企業』同友館。
松田修 [2004]「タイにおける会社法および会計基準」『名古屋産業大学論集』第 4 号，229-237頁。
的手美与子・御園恵 [1992]『タイ・マレーシアの会計・開示制度』中央経済社。

# 第18章

# フィリピン

## I はじめに

　フィリピンでは，2009年10月に財務報告基準評議会（Financial Reporting Standards Council：以下，FRSC）より，「中小企業版IFRS」（IASB［2009］）を基礎にした「中小企業版PFRS（Philippine Financial Reporting Standards：以下，PFRS）」（FRSC［2009］）が公表され，同年12月にフィリピン証券取引委員会（Securities and Exchange Commission：以下，SEC）の承認を得て，2010年1月1日開始の会計年度より強制適用されている。現在，公表されて約5年が経過したが，この適用を見直すような見解は正式に表明されていない。本章の目的は，このようにフィリピンが世界に先駆けて中小企業版IFRSを導入した経緯，現状，そして課題を明らかにすることである。そのためにまず，フィリピンにおける企業形態と企業区分，そして会計システムの特徴を概観する。その上で，フィリピンにおける中小企業版PFRSの導入の経緯と現状を明示する。最後に，2013年8月に実施したインタビュー（井上［2014］）を中心に，中小企業版PFRSをめぐる課題について考察する。

## II フィリピンにおける企業形態と企業区分

### 1　企業形態

　フィリピンにおける企業形態には，主に個人企業（sole proprietorship），パートナーシップ（partnership）と会社（corporation）の3形態がある。個人企業は法人格を認められてはいない。パートナーシップは，フィリピンの民法（Civil Code1950）において規定されている。パートナーシップは法人格が認められてお

り，ジェネラル・パートナーシップとリミテッド・パートナーシップの2種類からなる。ジェネラル・パートナーシップは無限責任をもつジェネラル・パートナーから構成されるが，リミテッド・パートナーシップは無限責任をもつジェネラル・パートナーと有限責任をもつリミテッド・パートナーから構成されている。なお，リミテッド・パートナーは経営に参加することはできない（Civil Code1950, secs.1767-1867）。会社は，会社法（Corporation Code 1980）により規定されており，主に株式会社（stock corporation）と非株式会社（non-stock corporation）とに区分される（sec.3）。なお，非株式会社としては，慈善事業，宗教事業や教育事業があげられ，これらの会社は株式を発行せず，事業により得られた利益はその事業組織自体の目的のために使用される（Corporation Code 1980, secs.87-88）。閉鎖会社（close corporation）については別途規定がなされており，株主は20名以内，株式の第三者への譲渡は禁止，証券取引所への上場はできないとされている（secs.96-105）。

なお，フィリピンでは，事業開始にあたり企業形態にかかわらず，フィリピン貿易産業省（Department of Trade and Industry：以下，DTI）に事業名（business name）を登録することが義務づけられている。DTIへの事業名登録は5年ごとの更新が必要となる。さらに，個人企業以外の形態をとる企業はSECに登録を行わなければならない（DTI［2013］）。

## 2 企業区分とその特徴

フィリピン議会より2008年に制定された中小企業憲章改正法（Magna Carta for Micro, Small and Medium Enterprises（MSMEs）[1]）では，土地を除く総資産額に基づき企業は大企業，中企業，小企業，そしてマイクロ企業に4区分される（sec. 3）。また，フィリピンの国家統計局（National Statistics Office：以下，NSO）では，

図表18-1 企業規模の区分指標

| | 総資産額（土地を除く） | 従業員数 |
|---|---|---|
| マイクロ企業 | 300万ペソ未満 | 10名未満 |
| 小企業 | 300万ペソ以上1,500万ペソ未満 | 10名以上100名未満 |
| 中企業 | 1,500万ペソ以上1億ペソ未満 | 100名以上200名未満 |
| 大企業 | 1億ペソ以上 | 200名以上 |

（出所）　Republic Act No.9501（sec.3），NSO.

従業員数を基準に企業区分を行っている。かかる2つの区分指標は一般的に用いられており，**図表18-1**はそれらの数値指標を示している。

NSO（List Establishments 2011）によれば，2011年における規模別の事業所数は，マイクロ企業が743,250社（90.61％），小企業が70,222社（8.56％），そして中企業が3,287社（0.41％）であり，あわせて816,759社（約99.6％）とフィリピンではほとんどの企業が中小企業とマイクロ企業に分類されている。従業員数でみると，マイクロ企業が1,778,353人（28.02％），小企業が1,642,492人（25.88％），そして中企業が451,561人（7.12％）であり，あわせて3,872,406人（約61.0％）である。これに対して，大企業は2,473,336人（38.98％）である。このことから，中小企業（マイクロ企業を含む）がフィリピン経済に及ぼす影響は大きいといえる。

つづいて，フィリピンの中小企業が採用する企業形態を示すと**図表18-2**のようになる。図表18-2によると，MSMEsの92.8％が個人企業として登録している。また，SECに登録義務のあるパートナーシップと会社の形態をとるMSMEsは，あわせて7.2％であり，そのうち約50％が小企業であり，約60％が中企業である。

**図表18-2** 企業形態別および企業規模別の社名登録数（1995年～2002年9月）

|  | マイクロ | 小企業 | 中企業 | 合計（MSMEs） |
| --- | --- | --- | --- | --- |
| 合計 | 1,445,589社 | 34,793社 | 8,430社 | 1,488,812社 |
| 個人企業 | 1,361,191(94.2％) | 17,459(50.2％) | 3,042(36.1％) | 1,381,692(92.8％) |
| パートナーシップ | 5,228(0.4) | 603(1.7) | 65(0.8) | 5,896(0.4) |
| 会社 | 79,170(5.5) | 16,731(48.1) | 5,323(63.1) | 101,224(6.8) |
| 構成比 | 97.1％ | 2.3％ | 0.6％ | 100％ |

（出所） DTI, BMSMED, SME Statistical Report 2001, 坂本［2004］, p.99, 表6.

## Ⅲ フィリピンにおける会計システムの特徴

### 1 計算書類提出義務

#### (1) SECによる要請

1980年にフィリピン議会より制定された会社法（Corporation Code 1980）は，

SEC により管理，実施されている。会社法では，すべての会社を対象として，株主あるいは社員に対する財務諸表の提出および報告義務を定めている。会社法によれば，財務諸表の閲覧要求がなされた場合，その要求日の10日以内に最新の財務諸表（貸借対照表と損益計算書）を開示しなければならない。また，通常の株主総会では，独立した公認会計士（CPA）によるサインと監査証明が付された財務諸表を提示しなければならない。しかしながら，払込資本金の総額が5万ペソ以下の会社については，当該会社の財務部長（treasurer）あるいは担当責任者の証言（oath）による証明でもよいとされている（Corporation Code 1980, sec.75）。そして，独立した CPA による監査済財務諸表は SEC へ提出されることが義務づけられている（sec.141）。

　会社法のもと SEC に計算書類提出義務のある会社は，SEC より公表された証券規制法（Securities Regulation Code：以下，SRC）Rule 68のもと，会計基準（Philippines Generally Accepted Accounting Principles：以下，PGAAP）に従って財務諸表を作成することが要請されている。現在では，2011年12月に改訂された SRC Rule68,as amended 2011（SEC［2011］）が適用されており，RA No.9501や NSO とは異なる独自の規模規準により3区分された財務報告のフレームワークが示されている。具体的には，大企業・公的責任企業（総資産額が35,000万ペソ以上あるいは総負債額が25,000万ペソ以上），中小企業（総資産額が300万ペソ以上35,000万ペソ未満あるいは総負債額が300万ペソ以上25,000万ペソ未満），マイクロ企業（総資産額と総負債額ともに300万ペソ未満）とに企業を3区分し，それぞれ適用する会計基準を定めている。大企業・公的責任企業には完全版 PFRS を，中小企業には中小企業版 PFRS あるいは完全版 PFRS のいずれかを，マイクロ企業には上記2つの基準，2004年12月31日まで使用されていたアメリカ基準を基礎に置く旧基準（Statement of Financial Accounting Standards；SFAS），あるいは内国歳入局（Bureau of Internal Revenue：以下，BIR）による税法基準のいずれかを適用することが規定されている（SEC［2011］, sec.2(A)）。

(2) BIR による要請

　現行の1997年にフィリピン議会より制定された税法（Tax Reform Act 1997[2]）は，BIR により管轄されている。税法では，企業形態（個人企業・パートナーシップ・会社）にかかわらず，3ヵ月で150,000ペソ以上の売上高がある場合，すべての企業に税金を支払う義務が生じるため，独立した CPA による監査済財務諸表

(貸借対照表・損益計算書等)の提出が要請される(Tax Reform Act 1997, sec.232 (A))。また,一般規則(general rule)として,提出される財務諸表は課税所得計算のために会計基準に従い作成されることが要請されている(sec.43)。しかしながら,2002年10月にBIRより公表されたRevenue Memorandum Circular(以下,RMC)No.44-2002および2004年4月に公表されたRMC No.22-2004では,課税所得の計算において税法基準と会計基準(PGAAP)とに差異が生じた場合,税法基準が優先されることが要請されている。また,BIRより2007年8月に公表されたRevenue Regulation(以下,RR)No.8-2007と2010年11月公表のRR No.15-2010のもと,PFASの強制適用が要請される企業に対して,税法基準に加えてPFASを遵守すること,そしてPFRS(中小企業版PFRSを含む)と税法基準とに相違がみられる場合,その相違に関する情報(差額調整項目)を監査済財務諸表とは別に作成し,あわせて提出することが要請されている。つまり,PFRS(中小企業版PFRSを含む)をベースに作成された監査済財務諸表と,PFRSと税法基準との差額調整項目を記載した税務申告書をBIRに提出しなければならない。

## 2 会計基準と基準設定主体

1923年にフィリピン議会(Sixth Legislature)よりAct No.3105として制定された会計法(Accountancy Act 1923)のもと,会計審議会(Board of Accountancy)が設置され,CPAに会計基準を公表する権限が与えられた。1929年にCPAによるプライベートセクターの基準設定機関としてフィリピン公認会計士協会(Philippines Institute of Certified Public Accountants:以下,PICPA)が組織された。PICPAは,当初会計基準を「会計公報(accounting bulletins)」として公表した。その後,PICPAにより1981年11月に会計基準設定機能をもつ独立組織として会計基準評議会(Accounting Standards Council:以下,ASC)が設置された。ASCは1983年にアメリカの会計基準をベースとしてフィリピン版の財務会計基準書(Statement of Financial Accounting Standards:以下,SFAS)を公表した。しかし,1997年以降,ASCはアメリカのSFASを参照して自国のSFASをアップグレードせず総合的に国際会計基準(IAS/IFRS)へと移行することを決定した。そのため,その後当分の間フィリピンの会計基準(SFAS)はアメリカ基準と国際会計基準の双方の影響を受けて展開されることになった。

SECとASCより,自国のSFASをIAS/IFRSに準拠させるためのアジェンダ

が公表され，IAS/IFRSへのコンバージェンスは2001年より開始され2005年に完了した。具体的にはフィリピンのSFASは，IASをベースとしたPAS（Philippine Accounting Standards）と，IFRSをベースとしたPFRSへと置き換えられた。その後，ASCは2006年にFRSCへと改組され，現在ではFRSCがPGAAPを設定および実施している（Asian Development Bank［2002］, pp.30-34, 83-86, Fajardo［2008］, pp.5-12）。

## Ⅳ 中小企業会計基準の特徴

### 1 中小企業会計基準の展開

2004年にIASBの完全版IFRSに基礎を置く完全版PFRSは，ASCの承認を得て，すべての会社を対象に2005年から強制適用されることが決定された。しかしながら，NSO（List Establishments 2001）によれば，中小企業（マイクロ企業を含む）の事業所数は2001年時点で全体の99.7％（808,634社）を占めるフィリピンにおいて，この新たな大企業向け完全版PFRSを適用することは困難であった。また，当時IASBより公的説明責任のない企業（Non-publicly Accountable Entities：以下，NPAEs[3]）向けの会計基準が2007年に公表される予定であったことから，フィリピンにおいても中小企業会計基準を設定することが計画された。このような状況を踏まえ，ASCは，2005年10月にPAS101「NPAEsのための財務報告」（ASC［2005］）を公表した。そして，PAS101は，同年12月にSECの承認を得て2005年1月1日開始の会計年度より適用されることになった。このように，PAS101は，IASBにより「中小企業版IFRS（IFRS for SMEs）」（IASB［2009］）が公表され，FRSCにより承認された時点で消滅する期限付きの基準として公表された（ASC［2005］, pars.1-3,16, SEC［2005b］）[4]。

FRSCは，中小企業版IFRSが公表された直後の2009年10月に，それを「中小企業版PFRS（PFRS for SMEs）」（FRSC［2009］）として公表した。そして，同年12月にSECの承認を得て中小企業版PFRSは，2010年1月1日開始の会計年度より強制適用されることになった（SEC［2009］, FRSC［2009］, preface, pars.1, 6）。

このように，フィリピンにおける初の中小企業会計基準であるPAS101は，フィリピンの会社すべてに完全版IFRSを基礎にした完全版PFRSを導入することを背景に中小企業がその適用を回避する策として，2009年に中小企業版PFRS

が公表されるまでの期限付きの基準として公表されたものである。なお，PAS101が適用される以前は企業の規模に関係なく，一律にアメリカ会計基準を基礎にした旧基準（SFAS）が強制適用されていた。

## 2 旧中小企業会計基準：PAS101

PAS101は，公的説明責任を有しない企業（NPAEs）を対象とする。ここでは，その対象企業を明確に規定するために公的説明責任を有する企業の条件を以下のように示している（ASC［2005］,par.7）。

---
① SEC Rule68.1により財務諸表の作成が要請される場合[5]
② 公的な市場においてあらゆる種類の金融商品を発行する目的で財務諸表を提出する準備をしている場合
③ 銀行等の広範な外部者グループのためにその受託能力によって資産を保有している場合
④ 公益企業の場合
⑤ 経済的重要性がある場合
⑥ 公的説明責任を有すると主要規制当局によりみなされた場合
---

なかでも，⑤については，総資産額25,000万ペソあるいは総負債額15,000万ペソを有する場合に経済的重要性があるとみなされる。ここでの総資産額は当該企業の財務諸表に基づくとともに，もし当該企業が連結財務諸表を作成している場合には連結された総額をさす（ASC［2005］,par.8）。なお，公的説明責任を有する会社を親会社とする子会社は同様に公的説明責任を有するとみなされる（par.10）。しかし，この経済的重要性に関する規準には恣意性が介入しやすい（par.9）ため，フィリピン解釈指針委員会（Philippine Interpretations Committee：以下，PIC）よりQ＆Aが2007年4月に公表されている。PICによれば，前年度に「経済的重要性がない」ことからNPAEsとして条件を満たした企業は，次年度以降NPAEsとしての条件を満たさなくなった場合でもPAS101を継続適用可能とする。ただし，3年連続してこの条件を満たさない場合にはPAS101の適用は不可となる。次に，経済的重要性があるかどうかを決定する際，その評価に用いる総資産額・総負債額は，2006年度期首時点（2005年度期末の監査済財務諸表）のものに基づくとする（PIC［2007］,p.1）。

上記の条件を満たす企業はPAS101の適用は認められないが，適用する会計基準について以下のような選択肢が認められている（ASC［2005］，pars.11-12, 14）。

- ⓐ 2004年12月31日現在で有効である旧基準（SFAS）を適用し，それ以降に有効となる新基準（完全版PFRS）を適用しない。
- ⓑ 旧基準と新基準の双方を適用する。
- ⓒ 完全版PFRSを適用する。

つづいて，2004年12月時点で有効であったPAS101の内容について概観すると，㋑財務諸表の作成および開示に関するフレームワーク，㋺アメリカFASBの会計基準を参考に作成されたSFAS（12項目）と㋩2003年改訂前（旧）IAS（15項目）が含まれている。当時の上場企業，銀行および保険会社などの公的説明責任をもつ企業に適用されていた大企業会計基準と比較すると，以下の5項目，①金融企業に関するPGAAPの要約（SFAS19），②損害保険企業に関する会計処理と報告（SFAS27），③一株当たり利益（SFAS29），④中間財務報告（SFAS30），⑤セグメント報告（SFAS31）の適用が免除されている（ASC［2005］, par.14, Appendix）。

このように，PAS101は大企業会計基準と共通の概念フレームワークに準拠していること，大企業会計基準から免除される項目を設ける形で簡素化が行われていることがわかる。また，PAS101という基準名から明らかなように，この基準は当時の大企業会計基準である完全版PAS/PFRSの体系の中に組み込まれている。つまり，PAS101は独立した一連の会計基準として設定されたものではない。

## 3 現行の中小企業会計基準：中小企業版PFRS

中小企業版PFRSの対象企業であるSMEsの定義について，IASBは規模規準（size criteria）を設けていないが，フィリピンでは独自の規模規準に基づき区分を行っている。具体的にSRC Rule 68（SEC［2011］）において，次のような規模規準を含めた定義を行っている（sec.2(A)(ii)(a)）。

- ① 総資産額が300万ペソから35,000万ペソ，あるいは総負債額が300万ペソから25,000万ペソの企業。なお，この企業が親会社である場合には，上記の規定数値は連結ベースとする。
- ② 本基準のPart Ⅱのもとで，財務諸表の提出が義務づけられていない企業

③ 公的な市場においてあらゆる種類の金融商品を発行する目的で，財務諸表の提出を準備していない企業
④ 銀行等のように，規制当局により発行された2次的資格を有しない企業

なお，以下の10項目に該当する企業は，中小企業版PFRSの強制適用が免除される代わりに完全版PFRSの適用が要請される（SEC［2011］, sec.2(A)(ii)(b)）。

ⓐ 完全版PFRSにより報告を行う企業を親会社とする子会社
ⓑ 外国企業により公表されたコンバージェンス計画に基づきIFRS導入を行っている外国企業を親会社とする子会社
ⓒ 現地報告目的のもとNPAEsが適用する基準を適用してきた外国企業を親会社とする子会社。つまり，その親会社が自身の属する国により公表されたコンバージェンス計画に従い完全版PFRSへの移行が予定されていることから，中小企業版PFRSの代わりに完全版PFRSへの移行を考慮している場合である。
ⓓ 完全版PFRSにより報告を行う企業集団，ジョイント・ベンチャーあるいは関連会社の構成
ⓔ 完全版PFRSにより報告を行う海外企業の支店あるいは地域統括事務所
ⓕ 完全版PFRSにより報告することが強制されている子会社
ⓖ 短期的予測においてSMEsの規準に関する量的境界線を満たさないことが示された企業。つまり，その満たさない状態が，資産あるいは負債に対する長期的効果から，重要かつ継続することが期待される場合である。
ⓗ 会社2年以内に株式の初上場を行うことを具体的に計画している企業
ⓘ 完全版PFRSを用いて財務諸表を作成してきた企業でかつ，清算が決まっている企業
ⓙ SECが中小企業版PFRSの強制適用を免除するのに妥当とみなす場合

つづいて，中小企業版PFRSの章構成とタイトルを原文どおりに示すと，**図表18-3**のとおりである。図表18-3に示したように，中小企業版PFRSは2009年7月にIASBより公表された中小企業版IFRSを単に置き換えたものである[6]。また，提出が要請される財務諸表の種類についても，㋑財政状態計算書，㋺単一の包括利益計算書，あるいは損益計算書と単独の包括利益計算書，㋩株主持分変動計算書，㋥キャッシュ・フロー計算書，そして㋭財務諸表の注記（重要な会計方針の要約と，解釈上必要となる情報を含む）と，中小企業版IFRSと同じである。

**図表18-3** 中小企業版 PFRS の章構成

| section | タイトル | section | タイトル |
|---|---|---|---|
| 1 | Small and Medium-sized Entities | 19 | Business Combinations and Goodwill |
| 2 | Concepts and Pervasive Principles | 20 | Leases |
| 3 | Financial Statement Presentation | 21 | Provisions and Contingencies |
| 4 | Statement of Financial Position | 22 | Liabilities and Equity |
| 5 | Statement of Comprehensive Income and Income Statement | 23 | Revenue |
| 6 | Statement of Changes in Equity and Statement of Income and Retained Earnings | 24 | Government Grants |
| 7 | Statement of Cash Flows | 25 | Borrowing Costs |
| 8 | Notes to the Financial Statements | 26 | Share-based Payment |
| 9 | Consolidated and Separate Financial Statements | 27 | Impairment of Assets |
| 10 | Accounting Policies, Estimates and Errors | 28 | Employee Benefits |
| 11 | Basic Financial Instruments | 29 | Income Tax |
| 12 | Other Financial Instruments Issues | 30 | Foreign Currency Translation |
| 13 | Inventories | 31 | Hyperinflation |
| 14 | Investments in Associates | 32 | Events after the End of the Reporting Period |
| 15 | Investments in Joint Ventures | 33 | Related Party Disclosures |
| 16 | Investment Property | 34 | Specialized Activities |
| 17 | Property, Plant and Equipment | 35 | Transition to the PFRS for SMEs |
| 18 | Intangible Assets other than Goodwill | | |

(出所) FRSC [2009]

このように中小企業版 IFRS を単に置き換えた中小企業版 PFRS は，2010年1月1日開始の会計年度から強制適用されたが，そのうち Section23の収益の認識，つまり不動産の工事契約に関する収益認識（工事進行基準）に関する指針（pars. 23A.14, 23A.15）については，2012年1月1日以降の会計年度より適用された。なお，中小企業版 PFRS は，2009年12月31日期末の財務報告より早期適用が可能であった（FRSC［2009］, preface, par.5）。

　初年度適用については，中小企業版 PFRS の Section35における移行規定によることが要請されているため，今までに完全版 PFRS あるいは PAS101に従って財務諸表を作成していた場合，中小企業版 PFRS に準拠した開始財務諸表を作成しなければならない（FRSC［2009］, preface, par.7）。

## V 中小企業会計基準をめぐる課題

　2013年8月に実施したインタビュー（井上［2014］）によれば，現在の主たる課題として，①BIR による計算書類提出要請との関連性と，②SEC による不十分な PFRS のコンプライアンス体制の2点があげられる。まず，BIR による計算書類提出要請との関連性についてである。たとえば，総資産額および総負債額300万ペソ未満のマイクロ企業は，完全版 PFRS，中小企業版 PFRS，旧会計基準（SFAS）あるいは BIR による税法基準のいずれかにより財務諸表を作成することになる。フィリピンにおけるマイクロ企業の占める割合が大きいにもかかわらず，このように財務諸表の作成に関する基準については十分に整備されているとはいえない。また，通常，多くのマイクロ企業は，最も適用が簡便である修正現金主義（現金主義＋減価償却）の税法基準により財務諸表を作成している。ところが，同様の傾向が本来ならば中小企業版 PFRS や完全版 PFRS を適用するべき SMEs においてもみられ，この点は重要な課題としてあげられている。

　もう1つの課題は，対象となる SMEs が中小企業版 PFRS を適用して財務諸表を作成しているのかどうかを確認するコンプライアンス体制が不十分である点である。通常，SEC 登録企業は，まず BIR に監査済財務諸表を提出し，その後 SEC へと提出することになる。その際に BIR では，SRC Rule 68（SEC［2011］）の企業区分により適用するべき会計基準が異なるにもかかわらず，企業区分と会計基準との整合性についての確認はとくになされない。というのも，BIR の関心はあくまでも課税所得の計算に向けられており，会計基準（完全版 PFRS や中小

企業版 PFRS）のコンプライアンスに向けられていないのである。反対の立場であるが SEC も同様の点を問題として抱えている。SEC は，BIR に提出された財務諸表と SEC に提出された財務諸表が同一であることは確認するが，それが完全版 PFRS，中小企業版 PFRS か，あるいは税法基準であるのかについては，人員不足を理由にすべてを正確に確認できないとする。SEC に提出される財務諸表はすべて独立した監査人により証明されているが，その監査の質を SEC が正確に確認する体制は整っていないのである。

また，インタビューを行った1人である Yason［2014］は，多くの SMEs が，財務や会計システムを軽視し会計基準や税法に関する知識が不十分であること，導入後4年経つが中小企業版 PFRS の利点（認識および測定の簡素化や会計方針の選択に関する免除など）について疑問を呈していることを指摘している。

## VI おわりに

NSO によれば中小企業（マイクロ企業を含む）の事業所数（2011年時点）は約99.6％を占めており，SMEs はフィリピン経済において重要な役割を果たしている。企業形態は，主に個人企業，パートナーシップ，会社の3つに区分され，それぞれ異なる法律で規定されている。計算書類提出義務は対象となる企業形態や規模，条件は異なるが，主に SEC と BIR から監査済財務諸表の提出が要請されている。会計制度は，1990年代半ばまでアメリカ会計制度や基準がそのまま適用されていた。ASC は米国基準に基づき自国の SFAS を規定していたが，2001年から IASB より公表された（大企業向け）IAS/IFRS を PAS/PFRS に置き換えはじめ，2005年にはかかるコンバージェンスを完了した。この基準は PGAAP に従い財務諸表を提出するすべての企業を対象としていたため，中小企業の割合の大きいフィリピンではその導入負担が大きいこと，同時期に IASB においても中小企業版 IFRS の公表が検討されていたことから，まず PAS101を公表し中小企業版 IFRS が公表されるまでの一時的対応を行った。その後 FRSC は，2010年に中小企業版 IFRS をフィリピン版に置き換え，それを該当する SMEs に強制適用した。しかしながら，中小企業版 PFRS の対象 SMEs による税法基準の不当な選好適用や不十分なコンプライアンス体制，多くの SMEs による中小企業版 PFRS への不十分な理解や疑義などの課題に着目する限りにおいて，フィリピンにおいて中小企業版 PFRS が十分に浸透しているとは言い難い。

注

1 中小企業憲章（Magna Carta for MSMEs）は，1991年に Republic Act（以下，RA）No.6977としてフィリピン議会より制定され，その後1997年に RA No.8289として改正され，さらに2008年に RA No.9501として改正が行われ現在に至っている（DTI, Bureau of Micro, Small and Medium Enterprise Development（BMSMED）, *Guide to the Magna Carta for MSMEs,* preface）。

2 税法（Tax Reform Act 1997）は，改正内国歳入法（Act Amending National Internal Revenue Code1997）のことであり，RA No.8424として制定された（Tax Reform Act 1997,sec.1）。

3 当時 IASB が"Small and Medium-sized Entities（SMEs）"ではなく"NPAEs"という用語を使用したことから PAS101においても"NPEs"が用いられた（ASC［2005］, par. 3）。なお，現在 IASB とフィリピン（FRSC）はともに"SMEs"を用いている。

4 PAS101の適用期限については，当初，IASB より2006年3月に中小企業会計基準に関する公開草案が作成され，2007年に基準として正式に公表される予定であったことから，その期限は2005年から2007年までとされていた。しかしながら，実際には中小企業版 IFRS が2009年7月に公表され，同年10月に中小企業版 PFRS が公表されることとなり，PAS101の期限が延長され，2009年10月に取り消されることになった（ASC［2005］, par. 16, foot note, FRSC［2009］, amendment to preface, par.1）。

5 SEC Rule68.1では具体的に次のような企業は公的説明責任を有するとする。①SRC Section12のもとでの登録に応じてある種類の株式を売却した発行企業，②証券取引所に上場したある種類の株式をもつ発行企業，③少なくとも5,000万ペソあるいは SEC が定める金額の資産を所有する企業で，かつ，その発行企業の会計年度初日にある種類の持分証券を少なくとも100株以上をもつ所有主（株主）が200人あるいはそれ以上いる企業（SEC［2005a］, par.1）。

6 AAAR（Alliance of Accounting and Auditing Researchers）より発行された中小企業版 PFRS の冊子のタイトルは，"IFRS/PFRS for SMEs"として2つの基準が併記されている。このことからも，中小企業版 PFRS は中小企業版 IFRS を単に置き換えたものであることがわかる。

【参考文献】

Accounting Standard Council（ASC）［2005］, *Philippine Accounting Standard (PAS) 101, Financial Reporting Standards for Non-publicly Accountable Entities,* ASC.

Alviar, Myrvilen L. and Cherry ViM. Saldua-Castillo［2007］, "When Accounting Meets Tax: How the International Accounting Standards Affect Philippine Income Taxation," *Philippine Law Journal,* Vol. 82, pp.34-67.

Asian Development Bank［2002］, *Diagnostic Study of Accounting and Auditing Practices, The Philippines,* Asian Development Bank,（http://www.adb.org）.

De Leon, Hector S. and Hector M. De Leon, Jr. [2013], *The Law on Partnerships and Private Corporations,* REX Printing Company, Manila.

Department of Trade and Industry (DTI) [2013], *A Guide to Registering Your Business,* Bureau of Micro, Small and Medium Enterprise Development (BMSMED), DTI.

Fajardo, Consolacion L. [2008], "The Evolution of Financial Accounting Standards in the Philippines," *8th Global Conference on Business & Economics*, October 18-19th, 2008, Florence, Italy.

Financial Reporting Standards Council (FRSC) [2009], *Philippine Financial Reporting Standard for Small and Medium-sized Entities (PFRS for SMEs)*, FRSC.

International Accounting Standards Board (IASB) [2009], *International Financial Reporting Standard for Small and Medium-sized Entities (IFRS for SMEs)*, IASB.

Philippines Institute of Certified Public Accountants (PICPA) [2010], *Guide to PFRS for SMEs,* A Project of the PICPA Southern Metro Manila Chapter, PICPA.

Philippine Interpretations Committee (PIC) [2007], *Questions and Answers; PAS101. 7 Application of criteria for a qualifying NPAE,* PIC, April.

Punongbayan & Araullo [2010], *Accounting Alert, Philippine Financial Reporting Standard for Small and Medium-sized Entities,* Punongbayan & Araullo, November 2010, (http://www.punongbayan-araullo.com).

Salosagcol, Jekell G.,Michael F.Tiu and Roel E.Hermosilla [2011], *Auditing Theory : A Guide to Understanding PSA,* GIC Enterprise & Co.

Securities and Exchange Commission (SEC) [2005a], Rule 68.1,as amended, *Special Rule on Financial statements of Reporting Companies Under section17. 2 of the securities Regulation Code,* SEC, October.

――― [2005b], SEC Memorandum Circular No. 8, *Adoption of Philippine accounting Standards (PAS),* series of 2005, SEC, December.

――― [2009], SEC NOTICE, SEC, 03 December.

――― [2011], Securities Regulation Code Rule 68, as amended (version 2011), SEC, December.

Yason, Sherwin V. [2014], "Financial reporting : A challenge to SMEs," *Business World Online,* November, (http://www.bworldonline.com).

井上定子［2014］「フィリピンにおけるIFRS導入の現状に関するインタビュー調査－中小企業の会計基準を中心に－」『IMDS Research Notes』No.28, 流通科学大学流通科学研究所。

木原高治［2002］「フィリピンにおける会社制度と計算書類公開制度」『東京農大農学集報』第47巻第3号, 164-174頁。

坂本弘樹［2004］「フィリピンの中小企業振興と課題 中小企業（SME）の活力を活かした経済開発戦略構築のために」,『季刊 国際貿易と投資』No.58, Winter, pp.92-108, (http://www.iti.or.jp)。

中小企業基盤整備機構［2006］『ASEAN諸国における会計制度の実態把握調査』2006年3月, 独立行政法人中小企業基盤整備機構。

# 第Ⅳ部
# 日本における現状と課題

第19章　中小企業版 IFRS に対する日本の対応
第20章　日本における中小企業会計の特質と課題
第21章　中小企業会計の信頼性向上と保証

# 第19章

# 中小企業版IFRSに対する日本の対応

## I はじめに

　IFRS（国際財務報告基準）の導入を契機として，IFRSと中小企業会計の関係が活発に議論されるようになってきた。「中小企業にもIFRSを適用すべきかどうか」という議論がこれである。このような議論の背景をなしているのが，IASB（国際会計基準審議会）が2009年7月に公表した「中小企業版IFRS」（IFRS for SMEs）である（IASB [2009a]；IASB [2009b]）。現在，各国では，この会計基準を国内化すべきかどうかが，議論の俎上に上っており，日本でもこの問題が活発に議論されている（中小企業庁 [2010]，20-21，29-30頁；河﨑 [2012b]，50-55頁；河﨑他 [2012]，91-102頁）。

　このような状況のなかで，日本の企業会計審議会は，2012年7月に，「国際会計基準（IFRS）への対応のあり方についてのこれまでの議論（中間的論点整理）」を公表した。この「中間的論点整理」では，IFRSの任意適用を継続する一方，中小企業に対しては，IFRSの影響を受けないようにすることが適当であるとされた（企業会計審議会 [2012]，9頁）。

　以上の認識を踏まえ，本章の目的は，IFRSと中小企業会計の関係について，日本の対応を闡明にすることにある。本章の具体的な課題は，次の3点である。

① IFRSの導入問題を議論するにあたり，会計文化の「ローカル性」という視点の重要性を強調すること
② 日本では，「中小企業の会計に関する指針」（以下，「中小指針」という）を通して，IFRSが中小企業会計に間接的な影響を与えていることを明らかにすること

③ 日本における中小企業会計の理論的前提と方法論的特質を明らかにし，中小企業にIFRSを適用することの問題性を論じること

# Ⅱ 会計文化の「ローカル性」

## 1 国際会計モデルと日本型会計モデルの相違

会計制度は文化的制度の1つである（武田［2003］, 4-12頁）。つまり，会計制度（会計基準）は，各国の固有の企業文化（文化的制度）に根ざしており，本来，「地域性」（ローカル性）を有している。したがって，「国際文化」としてのIFRS（国際会計モデル）は，「地域文化」としての各国の会計基準（たとえば，日本型会計モデル）とは調和できない性質を有している。このことを示したのが**図表19-1**である。この図表では，三角形が国際会計モデルを示し，円形が日本型会計モデルを示している。両者はその多くが共通しているものの，次の点で相違がみられる（武田［2006］, 6-7頁）。

**図表19-1** 国際会計モデルと日本型会計モデルの相違

（三角形の頂点：連結会計／時価会計／税効果会計，円内：国際会計モデルと日本型会計モデルの一致領域，円下部：確定決算主義，国際会計モデル＝三角形，日本型会計モデル＝円形）

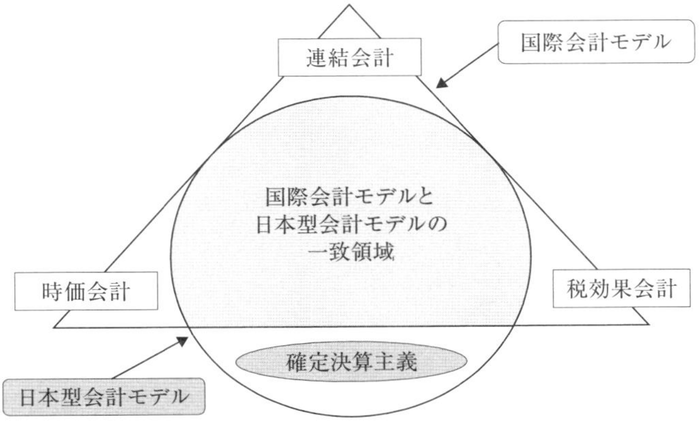

（出所）武田［2006］, 6頁「図2」。

(1) 企業集団に係る「連結財務諸表」を主要財務諸表としていること。従来，日本では，各企業の「個別財務諸表」が原則的な財務諸表であり，企業集団に係る「連結財務諸表」はその補足的な役割を担うにすぎなかった。しかし，

現在では，IFRS とのコンバージェンスにより，連結財務諸表が原則的な財務諸表となっている。
(2) フロー面では，「税効果会計」がその特徴となっていること。従来から，日本では，確定決算主義が維持されており，「確定した決算」（計算書類）をベースに，課税所得が計算される構造となっていることから，税効果会計（会計上の利益額と課税金額との調整計算）は必要とされていなかった。これに対して，欧米諸国では会計上の利益計算と課税上の所得計算とが分離されていることから，IFRS では税効果会計が要請されている。
(3) ストック面では，「時価会計」がそれを支えるしくみとして特徴づけられること。IFRS では，資産・負債の公正価値評価（時価評価）を通じて企業価値全体を把握するアプローチ（資産負債アプローチ）が重視されているのに対し，従来のわが国の会計思考は取得原価による評価を基礎として，収益・費用対応計算により業績評価を行うアプローチ（収益費用アプローチ）が重視されていた。

## 2　日本型会計モデルとしての確定決算主義

上記の3つは，従来の日本型会計モデルにはなかった仕組みである。これに対し，図表19-1に示すように，日本型会計モデルは，「確定決算主義」がその特質の1つをなしている。これは，国際会計モデルにはない仕組みであることから，IFRS 導入の阻害要因とみなされている。

しかし，確定決算主義は，国際文化としての IFRS には馴染みのない制度であるとしても，地域文化である日本の会計制度では，十分な理論的根拠を有している。税法が会社法上の確定決算に基づき課税所得を計算するのは，日本の会計制度における「法」の性格に由来する。会社法と税法では，法律上の性質が次のように異なる（武田［2005］，39-44頁）。

① 会社法は，対等の私人間の関係を規制する法規範（私法）の系統に属すること
② 税法は，公権力の把持者（国）とその服従者に対する関係を規制する法規範（公法）の系統に属すること

このように，会社法と税法は法律上の性質は異なるが，その適用される対象が同一であることから，会社法は税法に対して基本法的な性格を帯びることとなる。

その結果，税法上の課税所得計算は，会社法上の利益計算に原則的に依存して決定されなければならないこととなる（武田［2005］，43頁）。

## 3 「グローバリゼーション」という名の「国際文化」

このように，本来，会計制度は各国の文化的制度を背景としており，固有性を有しているはずである。しかし，第二次世界大戦後，わが国の会計制度は，もっぱら「アメリカ型会計文化」をほぼ無条件に受容する形で推移してきた。今日，「グローバリゼーション」(globalization) の名のもとに，再度，同様の現象が起きようとしている。武田隆二教授によれば，「人間生活のさまざまな社会的・文化的差異が相互作用を伴いながら，全一体のなかに複合的に融和した状態」がグローバリゼーションの本質とされ，必ずしも文化の「画一性」や「統一性」を意味するものではないとする理解が重要であるとされる（武田［2003］，6頁）。つまり，IFRSの強制適用の議論は，「国際文化」と称する「ローカルな文化」(IFRS) を「世界文化」（会計の統一的文化）の地位にまで高めることにより，それに従うことが，あたかも近代化（あるいは先進性）であるかのような錯覚に陥ろうとしているように思える。

## Ⅲ　IFRSの影響の構図

各国の「会計文化」は異なっているにもかかわらず，今日，グローバリゼーションの名のもとに，「国際文化」と称するIFRSが「世界基準」として，各国の会計制度を席巻し，その波は，日本の中小企業会計にまで押し寄せている。

このような日本におけるIFRSの影響の構図を示したのが**図表19-2**である。この図表では，IFRSが日本の大企業（公開企業）会計への影響を通して，その影響が中小企業会計にまで及ぶ可能性を示している。

日本では，大企業（公開企業）は，金融商品取引法の規定に従って，「一般に公正妥当と認められる企業会計の基準」（財規1条1項）に従って会計処理しなければならない。ここでいう「企業会計の基準」とは，企業会計基準委員会（ASBJ）が制定する企業会計基準をいう。現在，企業会計基準は，IFRSとのコンバージェンスによって，毎年のように，それが改訂されている。

これに対し，中小企業は会社計算規則の規定に従って，「一般に公正妥当と認められる企業会計の基準およびその他の企業会計の慣行」（計規3条）を斟酌す

**図表19-2　IFRSの影響の構図**

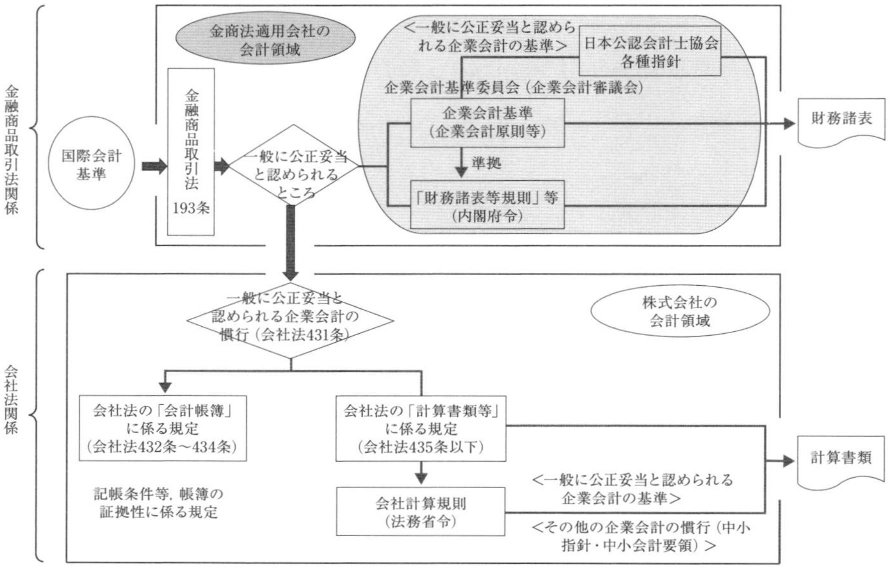

(出所)　武田 [2008]，178頁「図2」を一部修正して示している。

ることになっている。ここでいう「その他の企業会計の慣行」とは，具体的には，「中小企業の会計に関する指針（中小指針）」や「中小企業の会計に関する基本要領（中小会計要領）」を意味する。そこで問題となるのが，中小指針の中身である。周知のように，中小指針は，日本の企業会計基準を簡素化し，要約したものである。そのため，中小指針は，企業会計基準の改訂に歩調を合わせて，毎年のように改訂されている。このように，わが国の中小企業会計は，間接的な形ながら，IFRSの影響を受ける構造となっている。

## IV 日本における中小企業会計の方法論的特質

### 1　中小企業会計の理論的構図

　中小企業庁が2002年7月に公表した「中小企業の会計に関する研究会報告書」（以下，「研究会報告書（2002）」という）によれば，日本における中小企業会計の理論的構図は，**図表19-3**のように示すことができる。この図表では，会計行為

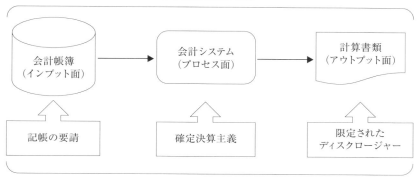

図表19-3　中小企業会計の理論的構図

の「インプット → プロセス → アウトプット」に則して，次のような要請が示されている（河﨑・万代［2012］，6-7頁）。

(1) 第1は，会計行為の「インプット」面における「記帳」の要請である。この要請は，中小企業の経営者に会計記録の重要性（自己管理責任）を認識させるとともに，不正発生を事前に防止するねらいがある。「研究会報告書（2002）」では，記帳の要件として，次の5点をあげている（中小企業庁［2002］，105-106頁）。

(a) 「整然かつ明瞭に」（整然性と明瞭性）：債権者等の関係者が，計算書類の内容を明解に理解できるよう記載すべきことの要請

(b) 「正確かつ網羅的に」（正確性と網羅性）：事実を歪めることなく，また，記録すべき事象について余すところなく記帳を行うことの要請

(c) 「適時に」（適時性）：記録すべき事実が発生した後，速やかに記帳することの要請

(2) 第2は，会計行為の「プロセス」面における「確定決算主義」を前提とした会計処理の要請である。中小企業では，会計行為に多くのコストを負担することはできないことから，税法をベースとした計算書類の作成が合理的である。したがって，この要請は，「コスト・効果的」なアプローチによる中小企業の負担軽減をねらいとするものである。「研究会報告書（2002）」では，確定決算主義の効果として，次の2点をあげている（中小企業庁［2002］，35頁）。

(a) 課税当局にとっては、課税所得が不当に減少する事態を防ぐことができること。つまり、会社法上の計算書類と税法上の申告書類が分離されている場合、商事上の利益はより大きく、税務上の所得はより小さくなるような会計処理を選ぶ可能性があることから、確定決算主義の採用によってそのような事態を回避できること

(b) 確定決算主義の採用により、中小企業にとっては、作成する計算書類が1つで済むこと

(3) 第3は、会計行為の「アウトプット」面における「限定されたディスクロージャー」の要請である。企業の情報開示は、大企業と中小企業では、その目的が次のように異なる。

(a) 大企業の情報開示は、「企業の財産および損益の状況を投資情報として開示すること」が課題となる。つまり、情報の受け手は投資者をはじめとする多数の広範囲な利害関係者（ステークホルダー）である。

(b) 中小企業の情報開示は、「債権者、取引先にとって有用な情報を表すこと」が課題とされる。つまり、情報の受け手は債権者や取引先という限定された利害関係者（ステークホルダー）であり、計算書類による情報開示は、それぞれの利用者にとって次のような役立ちが期待されている。

ⓐ 債権者にとっては、中小企業の信用リスクの判断に役立つこと

ⓑ 取引先にとっては、中小企業の事前調査の負担（取引コスト）を軽減でき、その取引リスクの判断に役立つこと

このように、「研究会報告書（2002）」では、大企業会計と中小企業会計では、その理論的構図が異なるとする認識が示されている。

## 2　中小企業会計基準設定の方法論

一般に、会計基準設定の方法論については、次の2つのアプローチを区別できる（武田［2008］，157-158頁）。

① 機能論的アプローチ
② 機械論的アプローチ

上記①の「機能論的アプローチ」とは、思考対象（ここでは、会計基準）が一定の目的をもって全一体として機能しているとみて、「機能」の面から対象を解

明する立場をいう。これに対し，上記②の「機械論的アプローチ」とは，思考対象を解析的に分解し，分解された部分の性質を明らかにするとともに，その部分を集めて再び対象を再構成する立場をいう。**図表19-4**に示すように，会計行為を「帳簿（インプット）→会計システム（認識・測定：プロセス）→財務諸表（アウトプット）」の一連の流れとみた場合，機能論的アプローチは「財務諸表」（アウトプット）から「会計システム」のあり方を考察する思考法であるのに対し，機械論的アプローチは「帳簿」（インプット）から「会計システム」のあり方を考察する思考法とみることができる。

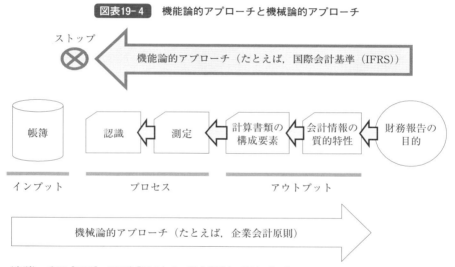

図表19-4　機能論的アプローチと機械論的アプローチ

（出所）　武田［2008］，157頁「図6」の一部を省略して示している。

　上記①の機能論的アプローチに基づいているのがIFRS（完全版IFRSや中小企業版IFRS）であり，財務諸表の果たすべき「機能」（意思決定有用性）の観点から，会計基準のあり方を議論するものである。これに対し，上記②の機械論的アプローチに基づいているのが「企業会計原則」や「中小会計要領」であり，「正規の簿記の原則」の重要性を強調した会計基準の体系となっている（河﨑［2012a］，27頁）。

　このような理解に立てば，内部統制機構が未整備である中小企業の場合は，会計行為の基点である「帳簿」（記録の証拠性）を重視する観点が最も重要であることから，中小企業会計基準設定の方法論については，機能論的アプローチよりも

機械論的アプローチが適しているといってよい。

##  中小企業会計にとってのIFRSの意義

### 1 IFRS導入のベネフィット

IFRSは中小企業にとって真に必要な会計基準であろうか。一般に，IFRSの導入は，企業に次のようなベネフィットをもたらすと期待されている（IASB [2009c], p.1；河﨑［2010］, 3頁）。

①　財務諸表の比較可能性が向上し，投資者の意思決定効率が改善されること
②　財務諸表の信頼性が高まり，企業経営の効率化が促進されること
③　資金調達コストが低減し，国際市場での多様な資金調達が可能になること

また，IASBは，中小企業版IFRSの必要性を論じるなかで，中小企業におけるIFRS導入のベネフィットについて，次の点を指摘している（IASB [2009b], BC37；傍点は筆者）。

(a)　金融機関は，国境を越えて貸付業務に参入していること
(b)　仕入先は，信用取引の前に，海外の買い手の財務的健全性を評価する必要があること
(c)　格付機関は，国境を越えて統一的な格付けを試みていること
(d)　中小企業は，海外の供給業者との長期的な業務関係の見通しを評価するために，財務諸表を利用すること
(e)　ベンチャーキャピタルは，国境を越えて中小企業に投資していること
(f)　中小企業には，企業経営に関与しない外部の投資者が海外にもいること

要するに，IFRS導入のベネフィットを享受できるのは，主として，国際資本市場での資金調達とグローバルな事業展開を図る企業，およびその利害関係者である。

## 2 IFRS 導入の問題点

しかし，国内資本市場での資金調達と国内で事業展開を図る中小企業の観点から眺めた場合，中小企業への IFRS 導入については，次のような問題点を指摘できる（河﨑［2009］，219-226頁；杉田［2009］，67-68頁；間島［2009］，21-22頁；河﨑［2013］，64頁）。

① 第1は，IFRS の高度な内容（認識・測定原則）と「原則主義」の問題である。中小企業では，経営者や従業員の会計的知識はかなり限られている。そのため，IFRS の高度な認識・測定原則についての理解や「原則主義」の適用に必要な会計的判断には，かなりの負担と困難が予想される。
② 第2は，コンプライアンス・コストの問題である。中小企業の経営者は，会計的知識を有する従業員を雇用できないし，また，その必要性もないと考えている。そのため，IFRS 適用によって，高度な会計的知識を有する従業員の雇用や教育・訓練が必要となれば，中小企業に対して，相当のコストと労力を強いることになる。
③ 第3は，税務（確定決算主義）の問題である。IFRS 導入を契機として，会計と税務を明確に区別し，確定決算主義の廃止を提唱する論調が散見される。しかし，確定決算主義は，コスト・ベネフィットの観点から，中小企業会計を特徴づけるものである。その廃止は，中小企業への膨大なコスト負担を強いることになり，実務的には，相当の混乱をもたらすことが予想される。

このように見ると，日本の中小企業にとって，IFRS 導入のニーズ（メリット）はかなり低いといわざるを得ない。

##  IFRS への日本の対応

中小会計要領では，中小企業に対する IFRS の問題点に鑑みて，「本要領は，安定的に継続利用可能なものとする観点から，国際会計基準の影響を受けないものとする」（「総論6」）としている。この結論の背景にあるのが，第Ⅲ節で指摘した中小指針に対する IFRS の間接的な影響である。中小指針は，大企業向け会計基準である企業会計基準を簡素化したものであり，企業会計基準が IFRS とのコンバージェンスにより毎年のように改訂されることから，中小指針もそれに応

じて改訂されることになる。そのため，中小指針の制度的定着化は決して芳しいものとはいえなかった。そのため，新たな会計ルールの必要性が叫ばれ，国際会計基準からの影響を遮断し，中小企業の会計実務を反映する形で，中小会計要領が誕生することとなった。

　企業会計審議会は，このような中小企業会計の動向を受け止め，2012年7月に，「国際会計基準（IFRS）への対応のあり方についてのこれまでの議論（中間的論点整理）」を公表し，上場企業（大企業）については，IFRS の任意適用を継続する一方，中小企業に対しては，IFRS の影響を受けないようにすることが適当であるとした（企業会計審議会［2012］，9頁）。中小企業に対するかかる対応は，2013年6月に公表された「国際会計基準（IFRS）への対応のあり方に関する当面の方針」（企業会計審議会［2013］，4頁）でも再確認されている。

## Ⅶ　おわりに

　本来，各国の会計制度は各国の企業文化（会計文化）に深く根ざしており，とりわけ，中小企業の会計制度（企業会計の慣行）は，その色彩がきわめて強い。IFRS を導入した先進諸国（地域）であっても，その多くが中小企業の会計基準として中小企業版 IFRS を適用することなく，伝統的な自国基準を簡素化して適用する傾向にあることが，何よりの証左であろう。

　しかし，本章での議論は中小企業に IFRS への対応がまったく不要であることを主張するものではない。国際資本市場での資金調達やグローバルな事業展開を図る中小企業，および親会社が IFRS 適用企業である中小企業にとって，IFRS への対応が不可欠であることはいうまでもない。

### 【参考文献】

IASB［2009a］, *IFRS for SMEs,* International Accounting Standards Board.
　──── ［2009b］, *Basis for Conclusions on IFRS for SMEs,* International Accounting Standards Board.
　──── ［2009c］, "IASB publishes IFRS for SMEs," Press Release, International Accounting Standards Board.
河﨑照行［2009］「IFRS と中小企業対応」中央経済社編『IFRS 導入の論点』（別冊企業会計），219-226頁．

―――［2010］「『中小企業版IFRS』の特質と導入の現状」『會計』第178巻第6号，1-12頁。

―――［2012a］「『中小会計要領』の全体像と課題」『企業会計』第64巻第10号，25-31頁。

―――［2012b］「SME基準と諸外国における小規模会社の会計ルール」『税研』第28巻第1号，50-55頁。

―――他［2012］「各国の中小企業版IFRSの導入実態と課題」『国際会計研究学会年報（2011年度）』，91-102頁。

―――・万代勝信編著［2012］『詳解　中小会社の会計要領』中央経済社。

―――［2013］「IFRS（国際会計基準）の導入と日本の対応－会計文化の『ローカル性』と『中小企業の会計』の視点から－」『経理研究』第56号，57-67頁。

企業会計審議会［2012］「国際会計基準（IFRS）への対応のあり方についてのこれまでの議論（中間的論点整理）」金融庁。

―――［2013］「国際会計基準（IFRS）への対応のあり方に関する当面の方針」金融庁。

杉田宗久「IFRS導入の中小企業の会計・税務への影響」『企業会計』第61巻第5号，67-68頁。

武田隆二［2003］「グローバリゼーションと文化論」『TKC』第364号，4-12頁。

―――［2005］『法人税法精説（平成17年版）』森山書店。

―――［2006］「米国型会計モデルという名の国際モデル－会計文化論の在り方（その2）－」『ＴＫＣ』第397号，4-9頁。

―――［2008］『最新財務諸表論（第11版）』中央経済社。

中小企業庁［2002］「中小企業の会計に関する研究会報告書」経済産業省。

―――［2010］「中小企業の会計に関する研究会・中間報告書」経済産業省。

間島進吾［2009］「IFRS導入の意義と課題」『企業会計』第61巻第8号，21-22頁。

# 第20章 日本における中小企業会計の特質と課題

## I はじめに

　日本で，中小企業会計が重要な課題として認識され，中小企業庁から「中小企業の会計に関する研究会報告書」（以下，「研究会報告書（2002）」という）が公表されたのは2002年6月であった。その後，約10年の歳月を経て，2012年2月に，「中小企業の会計に関する検討会」から，「中小企業の会計に関する基本要領」（以下，「中小会計要領」という）が公表された。この「中小会計要領」は，中小企業の会計慣行をルール化したものであり，「研究会報告書（2002）」の基本的な考え方に立ち返った原点回帰の中小企業会計基準であるといってよい。

　本章の目的は，日本における中小企業会計の制度化の歴史を踏まえ，その特質と課題を論じることにある。本章での具体的な課題は，次の5点である。

① 日本における中小企業会計の制度化の経緯について，その歩みを要点的に概説すること
② 「研究会報告書（2002）」に依拠し，中小企業会計の制度化が日本で必要とされる理由を闡明（せんめい）にすること
③ 2005年8月に公表された「中小企業の会計に関する指針」（以下，「中小指針」という）について，その特質を概説し，適用状況の分析を通して，その見直しが必要となった理由を浮き彫りにすること
④ 中小会計要領について，中小指針との比較を通して，その特質を浮き彫りにすること
⑤ 日本における中小企業会計の制度的課題として，計算書類の信頼性担保の必要性を論じること

## Ⅱ 日本における中小企業会計の制度化の歩み

まず，**図表20-1**をみられたい。この図表は，日本における中小企業会計の制度化の歩みを要点的にまとめたものである（河﨑［2012a］，169頁）。

**図表20-1** 日本における中小企業会計の制度化の歩み

| 年　月 | 事　項 |
| --- | --- |
| 2002年3月 | 中小企業庁が「中小企業の会計に関する研究会」を設置 |
| 2002年6月 | 中小企業庁が「中小企業の会計に関する研究会報告書」を公表 |
| 2002年12月 | 日本税理士会連合会が「中小会社会計基準の設定について」を公表 |
| 2003年6月 | 日本公認会計士協会が「『中小会社の会計のあり方に関する研究報告』について」（会計制度委員会研究報告第8号）を公表 |
| 2005年8月 | 日本公認会計士協会，日本税理士会連合会，日本商工会議所および企業会計基準委員会（ASBJ）が「中小企業の会計に関する指針」を公表 |
| 2010年2月 | 中小企業庁が「中小企業の会計に関する研究会」を再開 |
| 2010年3月 | 企業会計基準委員会（ASBJ）が「非上場会社の会計基準に関する懇談会」を設置 |
| 2010年8月 | 企業会計基準委員会（ASBJ）が「非上場会社の会計基準に関する懇談会・報告書」を公表 |
| 2010年9月 | 中小企業庁が「中小企業の会計に関する研究会・中間報告書」を公表 |
| 2011年2月 | 中小企業庁および金融庁が共同事務局となって「中小企業の会計に関する検討会」並びに同ワーキング・グループを設置 |
| 2011年11月 | 中小企業の会計に関する検討会が「中小企業の会計に関する基本要領（案）」を公表し，パブリックコメントを募集 |
| 2012年2月 | 中小企業の会計に関する検討会が「中小企業の会計に関する基本要領」を公表 |

　日本で，中小企業会計に関する本格的な議論が開始されたのは，2002年3月であった。中小企業庁が「中小企業の会計に関する研究会」を設置し，そこでの議論の結果は，2002年6月に，「研究会報告書（2002）」として公表された。その後，2002年12月には，日本税理士会連合会から「中小会社会計基準の設定について」が公表され，また，2003年6月には，日本公認会計士協会から「『中小会社の会計のあり方に関する研究報告』について」（会計制度委員会研究報告第8号）が相

次いで公表された。しかし，両報告書のタイトルからわかるように，中小企業会計に関するこれら2つの職業団体の認識は，必ずしも同一ではなかったことから，ある種の制度的混乱を引き起こす結果となった。

そこで，2005年8月に，日本公認会計士協会，日本税理士会連合会，日本商工会議所および企業会計基準委員会（Accounting Standards Board of Japan；ASBJ）の4団体が，「中小指針」を公表するに至った。しかし，この中小指針は，「大企業向け会計基準」（企業会計基準）を簡素化したものであり，その内容は中小企業の会計処理としてはかなり高度なものであったことから，中小指針の普及状況は決して芳しいものではなかった。

このような状況を踏まえ，中小企業庁は2010年2月に，「中小企業の会計に関する研究会」を再開する一方，ASBJは同年3月に，「非上場会社の会計基準に関する懇談会」を設置することとなった。そして，中小企業庁は同年9月に，「中小企業の会計に関する研究会・中間報告書」（以下，「中間報告書（2010）」という），また，ASBJはそれに先立つ同年8月に，「非上場会社の会計基準に関する懇談会・報告書」を，それぞれ公表するに至った。両報告書の結論は，「新たに中小企業の会計処理のあり方を示すもの」（新しい「会計ルール」，つまり「中小会計要領」）を策定すべきであるというものであった。

このような結論を受けて，中小企業庁と金融庁が共同事務局を編成し，2011年2月に，「中小企業の会計に関する検討会」が設置され，会計基準設定のデュー・プロセスを経ることによって，2012年2月に，「中小会計要領」が公表されるに至った。

## Ⅲ 日本で中小企業会計基準が必要とされる理由

### 1 社会的・経済的理由

日本で中小企業会計基準が必要とされる社会的・経済的理由は，少なくとも，次の3点に要約できる（中小企業庁［2002］，18-28頁；武田［2003］，19-21頁）。

① 第1の理由は，「会計基準の過重負担」である。社会的・経済的環境の複雑化と国際会計基準（IFRS）の導入を背景として，日本では，1997年～1999年にかけて相当数の新たな会計基準が導入された結果，会計基準が量的に拡大し，質的

に複雑化することとなった。「会計ビッグバン」といわれる状況がこれである。しかし，これらの新たな会計基準は，主として「大企業（公開企業）向け会計基準」であり，中小企業にとっては，会計基準の過重負担という問題を引き起こすこととなった。

② 第2の理由は，「電磁的方法による計算書類の開示」である。ネットワーク社会に対応して，会社法上，「電磁的方法による記録と開示」が求められることとなった。そのため，中小企業の開示情報についても，その作成基準を明確にする必要性が生じることとなった。

③ 第3の理由は，「争訟問題に対する立証責任の限界画定」である。今後，日本も，欧米社会のように，会計情報に関する争訟問題が増加することが予想されている。このような争訟社会に対応して，係争事件に対する会計専門家の責任限定の画定手段が必要となってきた。

## 2　本質的理由

上記①～③は，中小企業会計基準が必要とされる制度的（社会的・経済的）理由であるが，その本質的理由は，大企業と中小企業の「企業属性」の相違に求められる。たとえば，大企業と中小企業では，その属性が少なくとも次の点で異なっている（河﨑［2005］，50-51頁）。

(ア) 大企業では，「所有と経営」の分離がみられるのに対し，中小企業では，それが未分離（所有主＝経営者）である。
(イ) 大企業では，内部統制機構が整備されているのに対し，中小企業では，それが未整備である。
(ウ) 大企業では，ステークホルダーの範囲が広いのに対し，中小企業では，その範囲が債権者や取引先に限定されている。

このような企業属性の相違に着目すれば，中小企業の特性に見合った会計基準を制度化する必要がある。そのほうが，大企業と同一の会計基準を適用するよりも，計算書類の社会的信頼性を高めることになるという認識が，中小企業会計基準の制度化の基底に位置づけられている。

## Ⅳ 中小指針の特質

### 1 中小指針の意義

「中小指針」は，日本で最初の中小企業会計基準であり，会社法上，「一般に公正妥当と認められる企業会計の慣行」（会社法431条）の1つとされ，その目的は，次の2つであるとされる（河﨑［2011a］，29-30頁；傍点は筆者）。

① 中小企業が，計算書類を作成するに当たり，拠ることが望ましい会計処理や注記等を示すものであること
② 会計参与が取締役と共同して計算書類を作成するに当たり，拠ることが適当な会計のあり方を示すものであること

このように，中小指針は，「拠ることが望ましい」または「拠ることが適当な」会計処理のガイドラインであり，必ずしも，法的な強制力を伴うものではない。

また，中小指針の適用対象は，会社法上の株式会社であるが，以下を除く株式会社とされる。

ⓐ 金融商品取引法の適用を受ける会社並びにその子会社および関連会社
ⓑ 会計監査人を設置する会社（任意で会計監査人を設置する株式会社を含む）およびその子会社

上記ⓐとⓑの株式会社は，公認会計士または監査法人の監査を受けるため，企業会計基準に準拠して計算書類（財務諸表）を作成する必要があることから，中小指針の適用対象から除外されるものである。

### 2 中小指針の構成

図表20-2は，中小指針の構成（2014年版）を一覧表示したものである。この図表からわかるように，中小指針は，4つの「総論」と20の「各論」から構成されており，各論の内容は，日本の企業会計原則，企業会計基準および会計制度委員会報告などがその基礎となっている（河﨑［2011a］，30-32頁）。つまり，端的

にいって，中小指針は，日本の「大企業（公開企業）向け会計基準」を簡素化し要約したものであるといってよい。そのことを裏づけるように，中小指針は，企業会計基準の改訂に合わせる形で，その内容が毎年改訂されている。

**図表20-2　中小指針の構成**

| セクション | | 内　容 | セクション | | 内　容 |
|---|---|---|---|---|---|
| 総　論 | | 目　的 | 各論 | 9 | 引当金 |
| | | 対　象 | | 10 | 退職給付債務・退職給付引当金 |
| | | 作成に当たっての方針 | | 11 | 税金費用・税金債務 |
| | | 記載範囲および適用に当たっての留意事項 | | 12 | 税効果会計 |
| 各論 | 1 | 金銭債権 | | 13 | 純資産 |
| | 2 | 貸倒損失・貸倒引当金 | | 14 | 収益・費用の計上 |
| | 3 | 有価証券 | | 15 | リース取引 |
| | 4 | 棚卸資産 | | 16 | 外貨建取引等 |
| | 5 | 経過勘定等 | | 17 | 組織再編の会計（企業結合会計および事業分離会計） |
| | 6 | 固定資産 | | 18 | 個別注記表 |
| | 7 | 繰延資産 | | 19 | 決算公告と貸借対照表および損益計算書並びに株主資本等変動計算書の例示 |
| | 8 | 金銭債務 | | 20 | 今後の検討事項（資産除去債務） |

## 3　中小指針の現状分析

中小指針の認知度は，その公表後，徐々に高まってはいたものの，中小指針に準拠して計算書類を作成している中小企業はそれほど多くなかった。中小企業庁の「中小企業の会計に関する実態調査」（2010年３月に実施）によれば，中小指針の利用実態は，次のようであるとされた（新日本有限責任監査法人［2010］，21-36頁；河﨑［2011a］，30頁）。

① 「『中小指針』の内容について，ある程度理解している」企業は調査対象企業の42.0%であるのに対し，「『中小指針』について知らない」企業は41.5%とほぼ同じ割合であった。
② 「中小指針」への準拠度については，「準拠している（一部準拠を含む）」企業は45.1%であり，そのうち，「完全に準拠している」企業は15.9%にすぎない。
③ 今後，「中小指針」に望むこととして，「税務と一致した会計基準として欲しい」とする企業が21.7%，また，「税務会計で十分である」とする企業が14.7%であり，両者を合わせると36.4%（＝21.7%＋14.7%）となり，「税務を尊重する会計」を望む企業が最も多い。これに次いで，「極力簡便な会計処理とする視点を重視して欲しい」とする企業が34.4%となっている。これに対し，「上場企業に近い会計処理とする視点を重視して欲しい」（つまり，現行の「中小指針」が望ましい）とする企業はわずか4.4%にすぎない。

上記③からわかるように，約7割超（70.8%＝36.4%＋34.4%）の中小企業の経営者が「中小指針」に対して不満を示していた。

## 4 新しい「会計ルール」（中小会計要領）の基本方針

このような現状分析を踏まえ，中小企業庁の「中間報告書（2010）」では，新しい「会計ルール」の策定にあたり，4つの基本方針と5つの留意事項が示された。**図表20-3**はそれらを要点的にまとめて示したものである（中小企業庁［2010］，35-36頁；河﨑［2011b］，44頁）。

これらの基本方針と留意事項は，新しい「会計ルール」策定の議論に受け継がれ，2012年2月に，「中小会計要領」として結実することとなった。

図表20-3　4つの基本方針と5つの留意事項

| 基本方針 | 留意事項 |
|---|---|
| (1)「中小企業の会計慣行の整理」：中小企業の会計実務の中で慣習として行われている会計処理のうち，会社法の「一般に公正妥当と認められる企業会計の慣行」といえるものを整理すること（具体的には，法人税法や企業会計原則に基づく会計処理が中心になる） | ① 「会社法上の適法性」：新しい「会計ルール」に適切に準拠している場合には，当該会計処理は会社法上適法であると事実上推定が及ぶものであること |
| | ② 「上位の会計基準へのスムーズな移行」：企業会計基準や「中小指針」へのスムーズな移行に留意すべきであること |
| (2)「実態に応じた幅のある会計基準」：新しい「会計ルール」が，企業の実態に応じた会計処理を選択できる幅のあるものであること（企業会計基準や中小指針の適用も当然に認められる） | ③ 「経理体制・会計慣行・法人税法への配慮」：「中小企業の経理体制」，「実務における会計慣行」および「法人税法で定める処理との親和性」に配慮し，これらを適切な会計処理として認めるべきであること |
| (3)「経営者の理解を促進する簡潔かつ平易な表現」：中小企業の経営者が理解できるよう，できる限り専門用語や難解な書きぶりを避け，簡潔かつ平易でわかりやすく書かれたものとすること | ④ 「改訂の頻度」：改訂作業は数年に1回とし，安定的なものとすべきであること |
| | ⑤ 「企業会計基準との関係」：企業会計基準とは，一線を画して，取りまとめや改訂作業を行うべきであること |
| (4)「記帳の重視」：記帳についても，重要な構成要素として取り入れたものとすること | |

## 中小会計要領の特質

### 1　中小会計要領の構成

　図表20-4は，中小会計要領の構成を一覧表示したものである。この図表からわかるように，中小会計要領は，9つの「総論」と14の「各論」から構成されており，その内容は，中小企業の会計慣行（「取得原価主義」，「企業会計原則」および「法人税法」）を尊重したものとなっている（河﨑・万代［2012］，はじめに）。

**図表20-4** 中小会計要領の構成

| セクション | | 内容 | セクション | | 内容 |
|---|---|---|---|---|---|
| 総論 | 1 | 目的 | 各論 | 4 | 貸倒損失・貸倒引当金 |
| | 2 | 本要領の利用が想定される会社 | | 5 | 有価証券 |
| | 3 | 企業会計基準，中小指針の利用 | | 6 | 棚卸資産 |
| | 4 | 複数ある会計処理方法の取扱い | | 7 | 経過勘定 |
| | 5 | 各論で示していない会計処理等の取扱い | | 8 | 固定資産 |
| | 6 | 国際会計基準との関係 | | 9 | 繰延資産 |
| | 7 | 本要領の改訂 | | 10 | リース取引 |
| | 8 | 記帳の重要性 | | 11 | 引当金 |
| | 9 | 本要領の利用上の留意事項 | | 12 | 外貨建取引等 |
| 各論 | 1 | 収益・費用の基本的な処理 | | 13 | 純資産 |
| | 2 | 資産・負債の基本的な処理 | | 14 | 注記 |
| | 3 | 金銭債権・金銭債務 | | | |

## 2 中小会計要領の概要

図表20-5は，中小会計要領について，中小指針と比較することにより，その特質を要点的に一覧表示したものである。この図表に則して，中小会計要領の重要な特徴点を摘記すれば，次のとおりである（河﨑[2012b]，5-7頁；Kawasaki and Sakamoto[2014]，pp.34-50）。

① 第1は，「ボトムアップ・アプローチ」の採用である。中小会計要領は企業属性の相違に則して会計基準を積み上げるボトムアップ・アプローチを採用しているのに対し，中小指針は大企業向け会計基準（企業会計基準）を要約・簡素化するトップダウン・アプローチを採用している。

② 第2は，国際会計基準（IFRS）の影響の遮断である。中小会計要領では，国際会計基準から影響を受けないことが明確に規定されており，中小指針と異なり，その改訂は必要とされる場合に限られる。

③ 第3は，「記帳」の重視である。中小会計要領では，総論で「記帳」を謳うとともに，「利用上の留意事項」に示されている「真実性の原則」よりも前に位置づけられている[1]。

第20章 日本における中小企業会計の特質と課題　273

図表20-5　中小会計要領と中小指針の主要な相違点

| | 項　目 | 中小会計要領 | 中小指針 |
|---|---|---|---|
| 総論 | ①基本的考え方 | ・ボトムアップ・アプローチ（属性に則した会計基準の積み上げ）<br>・以下の考え方に立脚<br>① 中小企業経営者が理解でき，経営状況の把握に役立つ会計<br>② 利害関係者（金融機関，取引先等）の情報提供に資する会計<br>③ 実務慣行に配慮し税制との調和を図った会計<br>④ 過重な負担を課さない会計 | ・トップダウン・アプローチ（「企業会計基準」の要約・簡素化）<br>・会計参与設置会社に推奨 |
| | ②国際会計基準との関係 | ・安定的な継続利用を目指し，影響を受けない | －<br>（国際会計基準のコンバージェンスにより企業会計基準の改訂を勘案） |
| | ③改訂 | ・必要と判断される場合 | －<br>（企業会計基準の改訂に応じて，毎年改訂） |
| | ④記帳 | ・正規の簿記の原則に従って行い，適時に，整然かつ明瞭に，正確かつ網羅的に会計帳簿を作成 | ・会社計算規則の定めるところにより，適時に正確な会計帳簿の作成 |
| | ⑤利用上の留意事項 | ・企業会計原則の一般原則を列挙 | － |
| 各論 | ①資産の評価基準 | ・原則は原価評価（取得原価主義） | － |
| | ②貸倒引当金 | ・法定繰入率と貸倒実績率を例示 | ・原則は貸倒実績率 |
| | ③有価証券 | ・原則として，原価評価<br>・（法人税法上の）売買目的有価証券は時価評価 | ・保有目的の観点から分類<br>・売買目的有価証券は時価評価<br>・その他有価証券で市場価格のある場合は時価評価 |
| | ④棚卸資産 | ・最終仕入原価法を容認<br>・原価評価と低価評価の選択適用 | ・条件付き（期間損益の計算上著しい弊害がない場合）で，最終仕入原価法を容認<br>・条件付き（金額的重要性がある |

| | | | 場合）で，低価評価 |
|---|---|---|---|
| 各論 | ⑤固定資産 | ・相当の減価償却<br>・「相当の減価償却＝規則的な減価償却」ではない。 | ・規則的な減価償却 |
| | ⑥リース取引 | ・賃貸借取引に係る方法または売買取引に係る方法の選択適用<br>・賃貸借取引に係る方法の場合，未経過のリース料の注記は任意（望ましい）。 | ・原則は，売買取引に係る方法。ただし，賃貸借取引に係る方法の適用も容認<br>・賃貸借取引に係る方法の場合，未経過リース料の注記を強制 |
| | ⑦外貨建取引等 | ・外貨建金銭債権債務の換算については，取得時または決算時の為替相場の選択適用 | ・外貨建金銭債権債務の換算については，決算時の為替相場。ただし，長期のもので重要性がない場合，取得時の為替相場も可能 |
| | ⑧項目の簡素化 | －<br>(14項目) | ・「税金費用・税金債務」，「税効果会計」，「組織再編の会計」を含む20項目 |

(注) 図表中の「－」は，該当する規定がないことを示している。

④ 第4は，税務との親和性である。中小会計要領は実務の会計慣行を踏まえて税務上の処理を尊重している。たとえば，(ア)貸倒引当金の計算方法として法定繰入率を例示，(イ)有価証券の評価方法を法人税法と同様に原則として原価評価で計上，(ウ)棚卸資産の評価方法として最終仕入原価法を例示など，がこれである。これに対し，中小指針は「会計基準がなく税務上の処理が実態を適正に表している場合」または「あるべき会計処理と重要な差異がない場合」に限って，税務上の処理が採用できる。

⑤ 第5は，中小企業の実態に配慮した減価償却の規定である。中小会計要領は，中小指針の「規則的な減価償却」の要請とは異なり，「相当の減価償却」を要請している。「相当の減価償却とは，一般的に，耐用年数にわたって，毎期，規則的に減価償却を行うことが考えられる」とされ，合理的な根拠があれば，「規則的な減価償却」とは異なる方法も認められる。

⑥ 第6は，個別項目が基本的な14項目に限定されていることである。現行の中小指針では個別項目が20項目であり，しかもそれらが詳細に規定されているのに対し，中小会計要領は中小企業に必要な事項を簡潔かつ平易に記載する立場から，「税効果会計」や「組織再編会計」等の規定は削除されている。

##  計算書類の信頼性保証

中小会計要領の公表により，今後，日本では，中小企業の計算書類の信頼性をいかに担保するかが重要な課題となる。そこで，**図表20-6**をみられたい。この図表は計算書類の信頼性保証の構図を示したものである。この図表では，次のことが示されている（河崎 [2013]，36-37頁）。

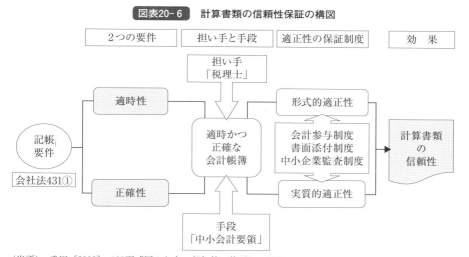

図表20-6　計算書類の信頼性保証の構図

（出所）　武田［2008］，185頁「図1」を一部加筆・修正して示している。

① 計算書類の信頼性保証の前提は，正確な会計帳簿である。会社法では，会計帳簿の記帳要件について，「適時に，正確な会計帳簿を作成しなければならない。」（会社法432条1項）としている。
② 「適時かつ正確な会計帳簿」の作成を担保する制度として，(ア)会計参与制度と(イ)書面添付制度の2つがある。その担い手は，会計専門職（公認会計士・税理士）であり，その実践手段が中小会計要領である。
③ 会計参与とは，「会計に関する専門的識見を有する者として，取締役・執行役と共同して計算書類を作成するとともに，当該計算書類を取締役・執行役とは別に保存し，株主・債権者に対して開示すること等をその職務とする会社の機関」をいう。このことから，会計参与制度の目的は，計算書類の質

的向上を図り，その信頼性を担保することにある。

④　書面添付とは，「税理士が税理士法（33条の2）に規定する『計算事項』等を記載した書面を申告書に添付して提出した場合，税務調査にあたり書面の記載事項について，税理士に対して意見を述べる機会を与えること」をいう。このことから，書面添付制度は，わが国の確定決算主義のもとでは，申告書の基礎となる計算書類，さらには会計帳簿の信頼性を担保することを通じて，ある種の「税務監査証明」としての役割が期待されている。

　このように，わが国では，計算書類の信頼性を担保する制度が，現に存在しているものの，その活用状況は決して芳しいものとはいえないとされる。したがって，「中小会計要領」の普及にあたり，これらの制度のより一層の推進が望まれる一方，法制度であれ，慣行的制度であれ，何らかの形での「中小企業監査制度」の検討が今後の課題とされよう[2]。

## VII　おわりに

　IFRS導入の流れのなかで，日本では，会計制度の二分化と会計基準の複線化が進行している。具体的には，2005年8月に，「中小指針」が公表され，「大企業向け会計基準」（大企業会計制度）とは別に，「中小企業向け会計基準」が策定される形で，中小企業会計制度の分離が顕在化した。しかも，中小企業会計制度では，2012年2月に，「中小会計要領」が公表され，現在では，2つの会計基準が存在している（会計基準の複線化）。このような「会計基準の複線化」は，大企業会計制度にもみられる。日本では，2013年6月に，企業会計審議会から「国際会計基準（IFRS）への対応のあり方に関する当面の方針」が公表され，①日本基準（J-GAAP；企業会計基準），②純粋IFRS（pure-IFRS），③アメリカ基準（US-GAAP）に加えて，④日本版IFRS（J-IFRS；エンドースメントされたIFRS[3]）の策定が表明された（企業会計審議会［2013］，5-7頁）。

　このように日本の会計制度（会計基準）は，現在，ある種の混迷状態にあるといってよい。今後，このような混迷状態がどのように収斂するのかについて，諸外国の動向などを踏まえ，その推移を注意深く見守る必要があろう。

## 注

1 日本の中小企業会計の淵源である「中小企業簿記要領」(経済安定本部,1949年)では,企業会計原則の一般原則と同じ内容の一般原則が示されている。しかし,企業会計原則と異なり,「正規の簿記の原則」が第1原則であり,「真実性の原則」が第2原則に位置づけられている(河﨑[2009],1-12頁)。
2 欧米先進諸国では,「中小企業監査」は,「制度」として確立されている。たとえば,米国ではレビュー(review),また,ドイツではベシャイニグンク(Bescheinigung)といった形で,中小企業が銀行から融資を受ける際に,ある種の監査証明書を添付する行為が経済社会の慣行(慣行的制度)として確立されている(武田[2000],80-89頁;坂本[2012],497-511頁)。
3 日本版IFRS(修正国際基準)については,2014年7月に,企業会計基準委員会(ASBJ)から,その公開草案が公表された(小賀坂[2014],26-34頁;辻山[2014],35-44頁)。

## 【参考文献】

Kawasaki, Teruyuki and Sakamoto, Takashi [2014], *The General Accounting Standard for Small- and Medium-sized Entities in Japan,* Wiley.
河﨑照行[2005]「中小会社会計基準の特性」『税務会計研究』第16号,37-59頁。
――――[2009]「中小企業における簿記の意義と役割」『會計』第176巻第3号,1-12頁。
――――[2011a]「『中小企業会計指針』を巡る現状と課題」『産業経理』第70巻第4号,26-34頁。
――――[2011b]「『中小企業の会計』の新展開-『中小企業の会計に関する研究会・中間報告書』の概要-」『税経通信』第66巻第1号,39-46頁。
――――[2012a]「国際会計基準(IFRS)と中小企業会計」『大分大学経済論集』第65巻第1号,167-185頁。
――――[2012b]「『中小企業の会計』の制度的定着化」『會計』第182巻第5号,1-13頁。
――――[2013]「『中小企業の会計』と計算書類の信頼性保証」『税経通信』第68巻第1号,35-41頁。
――――・万代勝信編著[2012]『詳解 中小会社の会計要領』中央経済社。
企業会計審議会[2013]「国際会計基準(IFRS)への対応のあり方に関する当面の方針」金融庁。
小賀坂敦[2014]「修正国際基準(JMIS)の公開草案-エンドースメント手続の意義を中心として-」『企業会計』第66巻第11号,26-34頁。
坂本孝司[2012]『会計制度の解明-ドイツとの比較による日本のグランドデザイン-』中央経済社。
新日本有限責任監査法人[2010]「平成21年度中小企業の会計に関する実態調査事業 集計・分析結果【報告書】」中小企業庁。

武田隆二編著［2000］『中小会社の計算公開と監査－各国制度と実践手法－』清文社。
―――編著［2003］『中小会社の会計：中小企業庁「中小企業の会計に関する研究会報告書」の解説』中央経済社。
―――編著［2006］『中小会社の会計指針』中央経済社。
―――［2008］『最新財務諸表論（第11版）』中央経済社。
中小企業庁［2002］「中小企業の会計に関する研究会報告書」経済産業省。
―――［2010］「中小企業の会計に関する研究会・中間報告書」経済産業省。
辻山栄子［2014］「修正国際基準をめぐる課題」『企業会計』第66巻第11号, 35-44頁。

# 第21章

# 中小企業会計の信頼性向上と保証

## I はじめに

　中小企業には，厳格な情報開示が求められないことや，会計専門家スタッフの確保が難しいことなどから，信頼性の高い記帳が軽視される傾向にあるといわれることがある。しかしながら，信頼の置ける適切な記帳は，中小企業にとって，健全な経営の推進手段となるとともに，訴訟等における防御手段ともなるきわめて重要なものである。

　それゆえ，中小企業といえども，会計処理と報告には信頼性が求められる。信頼性の確保は，金融機関提出用の「計算書類の信頼性」を高めることでスムーズかつ有利な融資を受けるためという対外的な目的もある。そうではあるが，「会計処理の信頼性」を高めることで財務的に健全な経営を目指すことが基礎に据えられなければならない。

　このように，中小企業における会計処理と報告の信頼性を確保するためのしくみは，健全な経営および資金調達力の強化という目的から構築され運用されるべきである。そのためには，「内部統制」を基礎として，「信頼性の向上策」と「信頼性の保証策」を，目的に応じて，適宜，単独であるいは組み合わせて利用することが肝要である。

　ただし，信頼性の向上策や保証策には，相応のコスト負担と業務負荷の影響を避けることはできない。それゆえ，中小企業の場合には，角を矯めて牛を殺すことにならないようにしなければならない。

　本章では，このような会計処理と報告の信頼性確保の本来的な目的を十分に踏まえつつ，中小企業会計の信頼性向上と保証のあり方について考察を加えてみたい。

## II 会計処理・報告の信頼性確保の枠組み

### 1 信頼性向上・保証の全体的構図

　信頼性（reliability）にはさまざまな理解の仕方があるが，ここでは「情報に，誤りや漏れがないことにくわえ，偏りがなく，表現しようとしているものを忠実に描写している」という情報の質的特性として理解しておきたい。
　AICPAの『中小企業のための財務報告フレームワーク』（FRF for SMEs）では，情報の有用性という枠組みの中に信頼性を位置づけ，信頼性は，表現の忠実性，検証可能性，および中立性を通じて実現されるものとしている[1]（AICPA [2013], pp.3-4）。
　情報が実在する取引および事象に合致しているときに，信頼性があるということができる。それには独立的な検証能力を有しているという意味が含まれ，情報が誤謬や偏向から合理的に解放されていることを意味しているとされる。なお，中立性は，不確実な状況のもとで判断が行われるとき，保守主義の適用によって影響を受けるという性質をもつ（AICPA [2013], p.3）。
　**図表21-1**は，中小企業における会計処理と報告の信頼性確保に関する全体的な構図を表わしたものである[2]。
　会計処理と報告の信頼性を確保するための方策にはいくつか考えられるが，それらの基礎にあり，核となっているのが「内部統制」である。
　内部統制は，誤った会計処理や虚偽の決算報告を未然に防止し適時に発見するためのしくみである。内部統制は，経営者が自らの意思に基づいて社内に設定した，自律的なしくみである。それゆえ，会計処理と報告の信頼性を確保するためのもっとも基本的な手段であるべきである。同時に，会計処理と報告の信頼性の向上策や保証策の前提ともなっている。内部統制を図の中央に描いているのはそのためである。
　会計処理と報告の信頼性を確保するための方策を整理しようとするとき，「信頼性向上策」か「信頼性保証策」か，という切り口がある。信頼性を高めることと，一定水準の信頼性が確保されていることにお墨つきを与えることは別ものだからである。
　また，信頼性を確保するための方策は，「社内機関活用策」か「社外機関活用

**図表21-1** 会計処理・報告の信頼性確保の構図

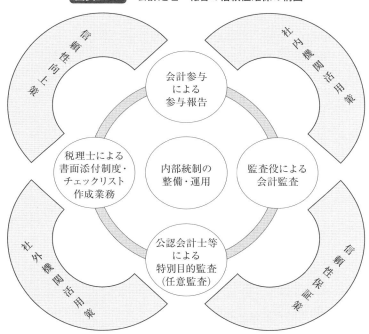

策」か,という切り口から整理することもできる。社内に設定された機関を活用して信頼性を確保するか,あるいは社外の機関を活用して信頼性を確保するかという区別である。

そうすると,上記の切り口には,次のような方策が対応する。

- 「信頼性向上策」:会計参与による参与報告,および税理士による書面添付制度・チェックリスト作成業務
- 「信頼性保証策」:監査役による会計監査,および公認会計士または監査法人による特別目的監査(任意監査)
- 「社内機関活用策」:会計参与による参与報告,および監査役による会計監査
- 「社外機関活用策」:税理士による書面添付制度・チェックリスト作成業務,および公認会計士または監査法人による特別目的監査(任意監査)

このように「向上策」と「保証策」を切り分ければ,「会計処理の信頼性」を

まずもって向上策によって高め，アウトプットとしての「計算書類の信頼性」に対して保証を受けるというのが本来のあり方かもしれない。とはいえ，目的や状況によって，向上策のみあるいは保証策のみを単独で用いることがあってもよく，組み合わせることでもよい。また，社内に会計参与や監査役を確保できない場合には，内部統制の充実を図りつつ，必要に応じて税理士や公認会計士などの社外機関の活用を図るしかないであろう。

なお，書面添付制度や，中小会計指針または中小会計要領の適用に関するチェックリスト作成業務は，税理士という会計専門家が関与することで会計処理と報告の信頼性を確保しようとすることをねらいとしていることから，差し当たり「向上策」として分類してある。しかしながら，その内容の理解の仕方によっては，保証業務としての要件を充足している場合もあるので注意が必要である。

## 2　信頼性の「向上」と「保証」

信頼性を向上（improvement）させるための方策と，信頼性を保証（assurance）するための方策は，ひとまず区別する必要がある。

会計参与や税理士等の会計専門家が会計処理や報告への関与の度合いを高めれば高めるほど，専門的な助言や判断が行われることから会計処理と報告の信頼性をより一層高めることができるだけでなく，情報としての利用価値（有用性）を高めることもあり得る。このように，信頼性の向上策は，情報の価値それ自体に働きかけることがある。

また，内部統制は，会計処理のプロセスが正しく作動することを確保するための機能を担っている。それゆえ，内部統制はアウトプットとしての会計情報（計算書類）の信頼性を高めるための手段ともなっている。

次のような見方もできる。情報の信頼性をもって誤りや漏れがないことと限定的にみれば，信頼性の程度は「1－エラー率」として定量的な測定が可能である。とはいえ，信頼性の向上策といっても，最低水準や平均水準なるものがあって，そこから水準を引き上げていくという考え方をするわけではない。信頼性を阻害する要因に働きかけることで，エラー率を小さくし，もって信頼性の水準を高めるというアプローチにならざるをえない。信頼性を阻害する要因というのが，会計処理と報告にかかわるリスクであり，それに働きかけるしくみこそが内部統制に他ならない。

一方，情報の信頼性の保証というのは，情報の利用者が誤った判断や意思決定

をすることがないかどうかという観点からみて「適正である」とか，一定の規準（クライテリア）に「準拠している」というお墨つきを与える行為である[3]。保証が行われたからといって，計算書類としての開示内容が拡充され，もって情報としての利用価値自体が高まるわけではない。この点が信頼性向上策との決定的な違いである。

とはいえ，保証業務が行われると，その過程で，誤った処理等に対する修正助言や改善指導が行われることが通例である。その意味で，保証業務は，情報の信頼性が一定水準にあることのお墨つきだけでなく，信頼性向上にも一役買っているのである。

一般的に，職業会計士による保証業務は，法的な証明行為よりも広い概念である。保証業務の対象はさまざまであるが，**図表21-2**に示すような諸要件が満たされる必要がある。これらの諸要件は，公認会計士または監査法人が，監査業務の拡張として提供する保証業務要件からの援用ではあるが（内藤[2014]，33-41頁），税理士が提供しようとする保証業務にも当てはめることができるであろう。

**図表21-2　保証業務の要件**

| 要件 | 内容 |
|---|---|
| 保証業務の成立要件 | ・保証業務実施者（職業会計士），情報作成に係る責任当事者（会社経営者），および想定利用者（株主や金融機関等の利害関係者）の三者関係が存在していること【保証業務実施者は責任当事者や想定利用者となることはできず，責任当事者は想定利用者の一人となることはできるが唯一の想定利用者となることはできないこと】 |
| 保証手続適用の前提要件 | ・適合する規準（クライテリア）に照らして首尾一貫した測定又は評価が可能な主題が存在し，かつ主題の測定又は評価に適合する規準が存在すること【中小企業会計でいえば，保証の対象となる計算書類等が中小会計指針又は中小会計要領に従って作成されていること】 |
| 保証手続の厳格性要件 | ・十分かつ適切な証拠が入手できること【体系的な検証行為によって，量的に十分で，質的に適切な証拠が入手され，意味ある保証水準が獲得されていること】 |
| 保証結果の伝達要件 | ・保証報告書は書面によって作成される必要があり，結論の表明方式が明確なこと【保証に伴う責任との関係から書面による必要があり，積極的形式又は消極的形式によって保証の結論が明確に伝達されること】 |

もちろん一口に保証といっても，その水準には差異が生ずる。図表21-2でいえば，「保証手続の厳格性要件」による影響がもっとも大きい。その他，保証主体の技能・経験，保証対象の性質，規準の明確さなどによっても，保証水準は影響を受ける。

保証業務の利用目的によって，厳格な保証水準が要請される場合もあれば，緩やかな保証水準で満足することができる場合もあろう。利用者サイドからみれば，保証水準として固定的な水準があるわけではない。保証結果の想定利用者の信任ないしは満足が得られるかどうかにかかっているのである。

##  信頼性確保の核としての内部統制

### 1　適切な内部統制の整備・運用

中小企業の内部統制は，人的資源の制約から十分な職務分掌のしくみを作れないことや，経営者による内部統制の無効化が起こりやすいという限界が指摘されることがある。内部統制を構築・運用するとなると，大企業の場合と比べて，相対的にコスト負担が重くなることも事実であろう[4]。

職務分掌は，取引や勘定がその性質としてもともと有している固有リスクを低減させるための一手段にすぎない。したがって，別の手段によって当該固有リスクが適切な水準まで引き下げられていればよいわけであるから，経営者または管理者による直接的な検証ないしは監視によってカバーすることができる場合もあるはずである。

また，経営者による内部統制の無効化への対応は，経営者に対する牽制機能を働かせるしくみを組み込むことができるかどうかにかかっている。誠実性や倫理に関する社内行動基準の設定は，経営者自身も縛ることから牽制機能となり得る。さらに，取締役や監査役の客観性の確保・向上も重要な牽制機能となり得る。

中小企業では内部監査機能を通じたモニタリングの構築は人的制約からほとんど不可能である。そこで，経営者または管理者による日常的モニタリングを強化し，かつ組織構成員の倫理観に働きかける健全な組織風土の醸成をねらった統制環境の整備が重要となろう。

経営者は，どこにどのようなリスクがあり，それに対してどのような統制手続が採用されているかの対応一覧表を作成することで，リスクに敏感な経営を行う

ことができるが，これなども1つの内部統制である。

　内部統制は単なる従業員の不正防止策ではない。堅実な経営を担保するための自律的なしくみであり，かつ業務の有効性や効率性を高める手段ともなり得る。たとえば，情報が適切な担当者に適時に伝達されるようなしくみも内部統制である。中小企業における内部統制の設計では，このような視点が重要である。

　内部統制の枠組みに関する国際標準ともいってよいCOSOレポートでは，報告目的として，外部に対する財務報告の信頼性目的だけでなく，内部報告および非財務報告もカバーしている。内部財務報告には部門別財務報告や顧客別収益性分析などが含まれ，また内部非財務報告にはスタッフ/資産稼働率や顧客満足度，さらには健康および安全指標なども含まれる。このような視点は，不正な財務報告の防止という狭い視点から内部統制の報告目的を解放することで，結果として業務の有効性や効率性を高める方向に作用する可能性が高い。その意味で，中小企業における内部統制のあり方として，この点は注目すべきであろう（COSO [2013], pp.8-9, ［訳書36-37頁］）。

## 2　IT活用による内部統制強化とIT活用のリスク

　中小企業の会計処理と報告にも広くコンピュータが利用されている。多くの場合，汎用性のある会計ソフトウェアパッケージが利用されている。

　このようなパッケージにはデータ処理の正確性と網羅性を確保する最低限の統制機能が組み込まれている。通例，プログラムの変更管理や保守管理等の必要性もない。そのため，あらかじめ組み込まれた統制機能をうまく利用すれば，職務分掌が不十分なケースのカバーが可能となり，経営者による内部統制の無効化の心理的牽制にもなり得る。

　パッケージに組み込まれたプログラムが改ざんされるリスクはゼロではないが，ほとんど考慮する必要はないであろう。よってデータ入力統制と会計データへのアクセス統制が十分であれば，手作業による内部統制よりも厳格な統制機能を確保することができる。

　人的資源に制約のある中小企業では，ITを，内部統制の基本的要素である，リスク評価，統制活動，情報と伝達，さらにはモニタリング機能に適用することで，会計処理と報告の信頼性を高めるだけでなく，業務の有効性と効率性向上効果も期待できる。

　ただし，最近では，会計システムといえども，ネットワーク環境を前提とせざ

るを得なくなってきている。クラウドコンピューティングを利用することによるリスク，タブレット端末を利用した外部からのシステム接続に伴うリスク，さらにはインターネットを介した攻撃の高度化などがみられる。会計システムに関するリスクは複雑かつ多様化しつつある点には留意が必要である。

## Ⅳ 信頼性向上の方策

### 1 会計参与の活用

会計参与は会社の機関であり，その設置は基本的には任意である。会計処理と報告の信頼性という観点からは，次の2つがポイントとなる。

第1は，会計参与の任務に関することである。会計参与は，取締役と共同して計算関係書類の作成を行うものであるが，共同とはいっても作成の第一次責任は取締役にあり，「株主・会社債権者のため取締役による計算書類等の作成を指導・監督する立場」（江頭［2014］，539頁）にある。

もしこのような理解に立てば，会計参与は，単に，取締役の計算関係書類の作成を専門的な立場から支援または補助するだけでなく，会計処理と報告の信頼性を高めるための任務の発揮が期待されていることになる。

第2は，会計参与報告に関することである。会計参与報告には，計算関係書類の作成に用いた資料に虚偽の記載がなされていたときにはその旨および理由の記載が求められ，また会計参与が計算関係書類の作成のために行った報告の徴収および調査の結果の記載が求められる（会社法施行規則第102条）。

法令上は，計算書類の信頼性に関して発見した事実，報告の徴収や調査（これは計算書類の信頼性検証のための調査ではない）の結果の記載が求められているのみであって，計算書類の信頼性を確かめるために特定の検証手続を行い，その結果としての会計参与の「意見」が記載されるわけではない。したがって，前記の保証業務要件に照らしたとき，＜保証手続の厳格性要件＞および＜保証結果の伝達要件＞を満たすものではない。とはいえ，会計専門職が関与することで，会計処理と報告の信頼性向上の手段となっていることは間違いない。

また，会計参与に与えられた報告徴収権は，会計処理・報告の信頼性向上に対する牽制機能ともなっている。

## 2 書面添付制度・チェックリスト作成業務の活用

　書面添付制度とは,「税理士が作成等した申告書について,計算事項等を記載した書面の添付および事前通知前の意見陳述を通じて,税務の専門家の立場からどのように調製されたかを明らかにすることにより,正確な申告書の作成および提出に資する」制度をいう（https://www.nta.go.jp/sonota/zeirishi/zeirishiseido/kentokai/02.htm）。税務調査対応としての色彩が濃い制度ではあるが,その基底にある考え方は,税理士による信頼性の高い会計記録と申告書の作成にある。

　この場合の税理士の関与形態には,次の2つがあるとされる（http://www.nichizeiren.or.jp/taxaccount/attach.html）。

> ① 税理士（又は税理士法人）が自ら申告書を作成した場合に,計算・整理し,又は相談に応じた事項を記載した書面の添付
> ② 税理士（又は税理士法人）が他人の作成した申告書につき相談を受けて審査した場合に,当該申告書が法令の規定に従って作成されていると認めたとき,その審査した事項及び法令の規定に従って作成されている旨を記載した書面の添付

　①は,税務の専門家の立場から申告書がどのように「調製」されたかを明らかにするものにすぎない。前記の保証業務要件に照らしたとき,＜保証業務の成立要件＞からして疑義があり,＜保証手続の厳格性要件＞および＜保証結果の伝達要件＞も満たしていない[5]。

　一方,②は,契約に基づく保証業務ではないが,「審査」という検証行為を伴っている。そして,「法令の規定に従って作成されている旨」の記載は準拠性の「意見」とみなすことができそうである。そのようにみれば,前記の保証業務要件のうち＜保証手続の厳格性要件＞をどこまで満たしているかという疑問は残るが,保証業務としての形式要件は満たしている[6]。

　また,チェックリスト作成業務とは,税理士が,中小会計指針または中小会計要領の適用状況につき,一覧表形式で用意された主要なポイントをイエスかノーかで確認した結果を会社宛に提出する業務をいう。会社は,本チェックリストを金融機関に提出することで有利な条件で融資を受けることができるなどのメリットがある（http://www.nichizeiren.or.jp/taxaccount/indicator.html）。

　税理士が中小会計指針または中小会計要領に従って会社の計算書類を作成した

ことを明確にするための手段としてみれば，保証業務実施者イコール情報作成者となり，＜保証業務の成立要件＞すら満たしていないことになる。

ところが，中小企業経営者が計算書類を作成し，それが中小会計指針等に準拠していることを税理士が確認した書類としてみればどうであろうか。実質的に準拠性の確認が行われていることから，保証と同様の効果が期待できる。しかしながら，前記の保証業務要件に照らしてみたとき，保証の結論の表明に曖昧さがあることから，＜保証結果の伝達要件＞を満たしているとは言い難い。なお，＜保証手続の厳格性要件＞については，証拠に基づく検証であるかどうかの判別はできないが，何らかの検証手続がなければ中小会計指針等に準拠しているかどうかの判断ができないことから，形式的には充足しているとみてよいかもしれない。

## Ⅴ　信頼性保証の方策

### 1　監査役による会計監査の活用

監査役は会社の機関であり，その設置は基本的には任意である。監査の対象は，取締役の職務執行であり，会計監査と業務監査からなる。

監査役監査は，これまでその実効性が問われ続け，商法・会社法改正の都度，体制の強化が図られてきた経緯がある。前記の保証業務要件からみれば，＜保証手続の厳格性要件＞が監査役監査の実効性の鍵を握っている。そうではあるが，法で認められた「監査」であって，形式的にも保証業務要件を満たしており，会計監査人を置かない場合には，監査役の監査報告として，「計算書類等が会社の財産および損益の状況をすべての重要な点において適正に表示しているものと認める」旨の保証を付与している（日本監査役協会［2013］，169頁）。

とはいえ，監査役は必ずしも会計の専門家とは限らない。そこで，日本監査役協会は，業務監査で得た情報や，計算書類の内容についての説明を受けることで，計算書類が会社の状況を適正に表示しているか否かを確認できるレベルでよいとし，次のようなポイントを示している（日本監査役協会［2013］，5頁，147頁）。

① 計算書類に表示された内容が，その事業年度の会計帳簿に記載された内容と合致しているか否かを確かめる（たとえば，総勘定元帳の金額と貸借対照表および損益計算書の各科目金額とが合致しているかどうかを確かめる）。

② 会社の実態に精通している目でみて，会計帳簿に記載された内容が財産・損益の状況と合致しているか否かを確かめる（たとえば，棚卸資産の帳簿価額と実態の評価が合致しているかどうかを確かめる）。

会社法上の大会社でなければ，内部統制体制整備の決定が義務づけられることはない。しかしながら，内部統制の整備・運用は取締役の職務執行に含まれることは会社法上明らかである（会社法第348条第3項，同第362条第4項）。そこで中小企業においても，監査役を置いている場合，その監査報告では取締役の職務執行に関する監査意見に内部統制の整備・運用に関する一定の保証が含まれているものと解釈することができる。

## 2　公認会計士または監査法人による特別目的監査（任意監査）の活用

特別目的の財務報告の枠組みに準拠して作成された財務諸表の監査が，2014年改訂の監査基準の中で明確に位置づけられた。

この改訂を受けて，日本公認会計士協会の実務指針では，中小会計要領に基づいて策定した会計の基準を財務報告の枠組みとして，会計監査人設置会社以外の会社が作成する完全な一組の財務諸表に対する任意監査や，金融機関との合意に基づく会計の基準を財務報告の枠組みとして，融資を受けるために金融機関からの要請に基づいて作成される完全な一組の財務諸表に対する任意監査を，監査報告書の文例としてとり上げている（日本公認会計士協会［2014a］）。

このような実務上の整備もあって，中小企業が作成する計算書類等に対する公認会計士または監査法人による監査を活用することができる。中小企業の計算書類等に対して公認会計士が「監査基準」に基づいて実施する特別目的の監査（任意監査）は，公認会計士法に基づく監査証明業務（公認会計士法第2条第1項に基づく監査証明）であり，前記の保証業務要件をすべて満たしていることは明らかである。

中小会計指針や中小会計要領を財務報告の枠組みとして利用する場合，当面，「特別目的の枠組みかつ準拠性の枠組み」として取り扱うこととされている。特別目的とされる理由は，指針や要領は，実際上，金融機関からの融資等，企業の個々のニーズを念頭に置いており，許容される範囲で税法基準を含めて会計処理方法を選択・適用しているからである。つまりテーラーメード型の財務報告の枠組みとして機能している側面があることが，その根拠とされている。理論的には，

一般目的の枠組みとして展開できる余地がないわけではない。

　また，一般に公正妥当と認められる企業会計の基準との差異の程度や会社計算規則に基づく注記の省略（第98条第2項第1号・第2号）を考慮して準拠性の枠組みとして位置づけられている（日本公認会計士協会［2014b］）。

　中小会計要領に基づいて作成された計算書類等に対する公認会計士または監査法人による監査報告書は，基本的に，金融商品取引法に基づく財務諸表監査の構成と同様であるが，計算書類等の信頼性保証との関係で注目すべき記載事項は次のとおりである。

- 経営者の責任として，計算書類等の作成に当たり適用される会計の基準（つまり中小会計要領）が状況に照らして受入可能なものであるかどうかについての判断を含んでいることが明記されること。
- リスク評価の実施に際して，計算書類等の作成に関する内部統制も検討した旨が記載されること。
- 監査人の意見として，計算書類等が，すべての重要な点において，注記に記載された会計の基準に準拠して作成されているものと認める旨の準拠性意見の記載がなされること。
- 追記情報として，監査対象とされた計算書類等は，銀行取引約定書の財務報告条項を遵守するために，中小会計要領に基づいて作成されたものであって，会計処理の簡便化や法人税法で規定する処理の適用が容認されていることから特別目的の財務報告の枠組みに従ったものであることが明記されること。

## Ⅵ　おわりに

　内部統制は，適正な会計処理と報告を担保してくれる社内の自律的なしくみである。それゆえ，健全な経営の推進手段として機能することが期待されるとともに，対外的にも適切な内部統制の運用は会社の信用力を高めることにもつながる。このように，会計処理と報告の信頼性は第一義的には内部統制によって担保されるべきである。

　その上で，より高い信頼性を目指すために，社外機関としての税理士による書面添付やチェックリスク作成業務を活用すべきである。これらは基本的には会計処理と報告の信頼性向上の手段として位置づけられるが，すでにみてきたように

保証業務としての要件を満たすような使い方もある。

　幸い，中小企業の場合，会計報告に関する利害関係者は，通例，取引銀行に限定されている。そこで，当該取引銀行が融資目的にとって，会社が採用している信頼性向上策で満足できるのであればそれ以上の追加的な方策は不要であろう。しかしながら，計算書類の利用目的によっては客観的な第三者による保証が必要となることもあり，経営者自身がすすんで保証業務を活用することによって会計処理と報告の信頼性をより確かなものとすることもあろう。

　以上要するに，健全な経営および資金調達力の強化という観点から，会計処理と報告の信頼性の基盤としての内部統制の充実をまずもって図り，その上で，信頼性向上策と信頼性保証策を区別した上で，これらの組み合わせとして信頼性を高めていくか，目的によって使い分けることで，中小企業会計の信頼性を確保していくべきである。

注
1　情報の有用性という枠組みの中に信頼性を位置づけることの意味，およびその影響要因として保守主義を取り込んでいることの意味については，浦崎［2013］，49-50頁を参照。
2　河﨑教授は，中小企業では記帳がきわめて重要であるとの認識を基礎として，会社法で定める「適時」かつ「正確」な記帳（会社法第432条第1項）を基本要件とし，中小会計要領をその手段として位置づけた上で，会計参与制度，書面添付制度，中小企業監査制度からなる保証制度による計算書類の信頼性構築の構図を描いている（KAWASAKI & SAKAMOTO［2014］, pp.82-83）。本章での整理の仕方は，ここからヒントを得ている。
3　職業会計士による保証業務では，情報利用者の誤った意思決定の回避という観点から，「適正でない」とか「準拠していない」という「否定的保証」もあり得る。一般的に，保証というのは，大丈夫です，確かですといった安心感を与えるためのお墨つきである。それゆえ，絶対性の程度はともかくとしても，一般の感覚からはかなりかけ離れた語法になる。
4　COSOレポートでは，中小企業における費用対効果の高い内部統制の達成に向けた課題として，十分な経営資源を確保すること，経営者の力とプロセスの無効化を企てるチャンスとのバランスを図ること，取締役も含めて専門知識を有する人材を採用すること，内部統制に経営者の意識を向けさせること，技術的な経営資源に限りがある中でITをうまく活用することを挙げている（COSO［2013］, p.160，［訳書，194頁］）。
5　どの程度内容に立ち入って検討したか，どの程度責任をもって作成したかが実質的に反映されているとみれば，証明文言こそ用いられていないが実質的に証明行為が行われているという見方もある（河﨑［2013a］, 38頁）。
6　税理士が提供する業務であっても，ドイツでは，付記（Vermerk）やベシャイニグング（Bescheinigung）という，税理士が決算書の作成に関与した上で保証を付与する業務

が認められている。たとえば，決算付記（Abschluβvermerk）では，税理士が記帳および決算書も作成した上で，「簿記および年度決算書が法律規定（および定款）に適合している」旨の保証を付与する（坂本［2012］，77-111頁）。

### 【参考文献】

浦崎直浩［2013］「特別目的の財務報告フレームワークと中小企業会計」『會計』第184巻第3号，42-56頁。
江頭憲治郎［2014］『株式会社法 第5版』有斐閣。
河﨑照行［2013a］「「中小企業の会計」と計算書類の信頼性保証」『税経通信』第68巻第1号，35-41頁。
────［2013b］「「中小企業の会計」の制度的定着化」『會計』第182巻第5号，1-13頁。
────・万代勝信編著［2012］『詳解 中小企業の会計要領』中央経済社。
神森 智［2013］「中小企業会計と中小企業会計監査」『松山大学創立90周年記念論文集』，463-488頁。
神田秀樹［2014］『会社法 第16版』弘文堂。
坂本孝司［2012］『ドイツにおける中小企業金融と税理士の役割』中央経済社。
内藤文雄編著［2014］『監査・保証業務の総合研究』中央経済社。
日本監査役協会［2013］「中小規模会社の「監査役監査基準」の手引書」『月刊監査役 臨時増刊号』第621号所収。
日本公認会計士協会［2014a］監査基準委員会報告書800「特別目的の財務報告の枠組みに準拠して作成された財務諸表に対する監査」。
────［2014b］監査基準委員会研究報告第3号「監査基準委員会報告書800及び805に係るQ&A」。
弥永真生［2014］「中小会社の計算書類の信頼性の確保－デンマーク－」『會計』第186巻第2号，1-12頁。
AICPA［2013］, *Financial Reporting Framework for Small-and Medium-Sized Entities*, NY, AICPA.
────［2014］, AICPA Learning (CPE), *Internal Control Best Practices for Small-and Medium-Sized Entities*, NY, AICPA.
COSO［2013］, *Internal Control － Integrated Framework*, Framework and Appendices, NC, AICPA.［八田進二・箱田順哉監訳・日本内部統制研究学会新COSO研究会訳［2014］『内部統制の統合的フレームワーク（フレームワーク篇）』日本公認会計士協会出版局］
KAWASAKI T. & T. SAKAMOTO［2014］, *General Accounting Standard for Small-and Medium-sizes Entities in Japan*, Tokyo, Wiley.

# 索　引

## 英　数

| | |
|---|---|
| 1995年年次計算書類法 | 105 |
| 1999年記帳法 | 105 |
| 4号指令 | 56, 63 |
| 7号指令 | 56, 63 |
| ACRA | 196 |
| AcSB | 129 |
| Annual Accounts Act | 105 |
| ARDF | 175 |
| ASPE | 130 |
| Autorite des Normes Comptables | 81 |
| BFN基準 | 106 |
| Bizfile | 197 |
| BNF | 110 |
| Book-Keeping Act | 105 |
| CICA | 129 |
| CPA CANADA | 142 |
| DRSC | 76 |
| EU | 56 |
| EU版IFRS | 93, 94 |
| FASC | 175 |
| FRC | 94 |
| FRS | 93 |
| FRSC | 237 |
| FRSSE | 93 |
| FRS第100号 | 97 |
| FRS第101号 | 97 |
| FRS第102号 | 97 |
| FSC | 175 |
| GoB | 69 |
| ICPAS | 197 |
| IFRS導入のベネフィット | 260 |
| IFRS導入の問題点 | 261 |
| IFRSの影響 | 255 |
| IFRSへの日本の対応 | 261 |
| IT活用による内部統制強化 | 285 |
| IT活用のリスク | 285 |
| KAI | 189 |
| KASB | 189 |
| K-GAAP | 187 |
| K-IFRS | 187 |
| Kプロジェクト | 107 |
| MASB | 210 |
| MASB基準 | 210 |
| MIA | 216 |
| MPERS | 210, 220 |
| OCBOA | 12, 115 |
| PAS | 242 |
| PAS101「NPAEsのための財務報告」 | 242 |
| PERS | 212 |
| PFRS | 237 |
| PGAAP | 240 |
| Plan Comptable General | 81 |
| Règlement 99-02 | 82 |
| RR基準 | 106 |
| SASB | 110 |
| SEC | 237 |
| SET | 224 |
| SFAC | 175 |
| SFRS | 196 |
| SMEIG | 52 |
| SRC | 240 |
| TAS | 225 |
| TFRS for NPAEs | 223 |
| Think small first | 88 |
| UK-GAAP | 93, 94 |

## あ　行

| | |
|---|---|
| 後入先出法 | 124 |
| アメリカ中小企業庁 | 116 |
| イギリスの中小企業会計基準 | 93 |
| 一般企業会計基準 | 191 |
| 一般目的財務諸表 | 147 |
| 欧州連合 | 56 |

オーストラリア会計基準……………… 155

## か 行

会計・企業規制庁……………………… 196
会計基準審議会………………………… 129
会計基準の複線化………………… 126, 276
会計参与…………………………………… 286
会計参与制度…………………………… 275
会計指令…………………………………… 56
会計制度の二分化………………… 126, 276
会計文化の「ローカル性」…………… 253
会計法（タイ）………………………… 224
会計法（中国）………………………… 160
会計法（Accountancy Act 1923）…… 241
会計法現代化法………………………… 74
開示・表示の簡素化…………………… 44
会社法（Corporation Code 1980）… 239
会社法財務諸表………………………… 101
階層別オーストラリア会計基準……… 151
概念フレームワーク…………………… 8
確定計算主義…………………………… 86
確定決算主義…………………………… 254
カナダ勅許会計士協会………………… 129
株式無限責任会社……………………… 148
韓国会計基準委員会…………………… 189
韓国会計基準院………………………… 189
韓国企業会計基準……………………… 187
韓国採択国際会計基準………………… 187
監査役監査……………………………… 288
完全版 IFRS……………………………… 11
　――の概念フレームワーク………… 11
完全版 PFRS…………………………… 242
簡素化……………………………… 29, 51
簡素化開示規定………………………… 155
簡素化計画……………………………… 60
管理費の減少…………………………… 57
簡略化された損益計算書……………… 59
簡略化された貸借対照表……………… 59
機械論的アプローチ…………………… 258
企業会計準則…………………………… 160

企業会計制度…………………………… 160
企業財務会計報告条例………………… 160
「企業属性」の相違…………………… 267
基準性の原則…………………………… 71
基礎期間………………………………… 198
機能論的アプローチ…………………… 258
規模判定不要論………………………… 46
規模別会計基準………………………… 157
規模別会計制度………………………… 109
逆基準性………………………………… 72
　――の原則の廃止…………………… 74
行政院金融監督管理委員会…………… 175
極小企業………………………………… 87
グローバリゼーション………………… 255
経済的理由……………………………… 266
計算書類の信頼性保証………………… 275
形式的基準性…………………………… 71
計理士…………………………………… 225
研究会報告書（2002）………………… 16
減損会計………………………………… 123
公開株式会社法………………………… 224
公開草案（ED）………………………… 43
公開草案第52号（ED52）……………… 214
公開草案第72号（ED72）……………… 216
公開草案第74号（ED74）……………… 219
公開草案第77号（ED77）……………… 220
公正価値………………………………… 26
構成要素………………………………… 121
公的説明責任………………… 23, 147, 211
　――を有しない企業………………… 226
公的説明責任原則……………………… 46
公的説明責任推定指標論……………… 47
公認会計士による特別目的の監査…… 289
ゴーイング・コンサーン……………… 123
子会社，ジョイント・ベンチャーおよび
　関連会社………………………………… 47
国際会計基準財務諸表………………… 101
国際会計モデル………………………… 253
国際文化………………………………… 255

索引　295

## さ 行

| | |
|---|---|
| 最小規模企業 | 60 |
| 財政状態計算書 | 121 |
| 財団法人中華民国会計研究発展基金会 | 174 |
| 財務会計基準委員会 | 175 |
| 財務会計準則公報 | 175 |
| 財務諸表に関するEU指令 | 81 |
| 財務諸表の外部利用者 | 49 |
| 財務諸表の諸概念 | 118 |
| 財務諸表の目的 | 119 |
| 財務報告基準書 | 93 |
| 財務報告基準評議会 | 237 |
| 財務報告協議会 | 94 |
| 識閾値 | 59 |
| 事業活動計算書 | 121 |
| 実質的な基準性 | 71 |
| 質的特性 | 119 |
| 社外機関活用策 | 281 |
| 社会的理由 | 266 |
| 社内機関活用策 | 281 |
| 小企業会計準則 | 159, 165 |
| 小規模企業に対する財務報告基準書 | 93 |
| 小規模閉鎖会社 | 152 |
| 証券規制法 | 240 |
| 商事貸借対照表 | 70 |
| 書面添付制度 | 275, 287 |
| シンガポールQP | 200 |
| シンガポール公認会計士協会 | 197 |
| シンガポール財務報告基準 | 196 |
| 新興経済圏 | 42 |
| 真実かつ公正な観観 | 149 |
| 信頼性 | 120, 280 |
| 信頼性向上策 | 281 |
| 信頼性保証策 | 281 |
| スウェーデンGAAP | 105, 110 |
| スウェーデン会計基準審議会 | 106 |
| スウェーデン財務報告協議会 | 106 |
| スウェーデンの会計制度 | 105 |
| スウェーデン版IFRS | 111 |
| 制度外金融への依存 | 179 |
| 税法（Tax Reform Act 1997） | 240 |
| 税務会計 | 192 |
| 税務監査証明 | 276 |
| 税務監査人 | 225 |
| 税務貸借対照表 | 70 |
| 全所有者同意論 | 47 |
| 全面的な統一貸借対照表 | 73 |
| 増減計算表 | 70 |
| 測定 | 123 |
| 測定および認識の簡素化 | 44 |
| その他の包括的会計基準 | 115 |

## た 行

| | |
|---|---|
| タイ会計基準 | 225 |
| タイ会計専門職協会 | 223 |
| 大規模閉鎖会社 | 152 |
| タイ国・公的説明責任のない企業向け財務報告基準 | 223 |
| タイ証券取引所法 | 224 |
| タイの会計制度 | 224 |
| タイの中小企業会計基準 | 226 |
| 台湾証券取引所 | 175 |
| 台湾の中小企業 | 176 |
| チェックリスト作成業務 | 287 |
| 中華民国証券店頭売買センター | 175 |
| 中国財政部会計司 | 160 |
| 中国における会計制度体系 | 160 |
| 中国の中小企業会計 | 163 |
| 中国の中小企業の区分 | 162 |
| 中小会計要領 | 17 |
| ――の概念フレームワーク | 17 |
| ――の概要 | 272 |
| ――の基本方針 | 270 |
| ――の構成 | 271 |
| ――の総論 | 18 |
| 中小企業会計基準 | 192 |
| ――設定の方法論 | 258 |
| ――の編成方法 | 9 |
| 中小企業会計の制度化 | 265 |
| 中小企業会計の方法論的特質 | 256 |

中小企業会計の理論的構図................256
中小企業監査制度........................276
中小企業認定標準........................177
中小企業の簡素化規定.....................64
中小企業の属性..........................16
中小企業の特徴アプローチ..................48
中小企業の内部統制......................284
中小企業版 FRF...................115, 125
　　──の概念フレームワーク........12, 117
中小企業版 IFRS.............2, 9, 22, 125
　　──における簡素化....................29
　　──の概念フレームワーク.........10, 24
　　──の開発過程........................42
　　──の概要........................3, 22
　　──の経緯............................2
　　──の適用状況........................4
　　──の適用対象.......................22
中小企業版 IFRS（公開草案）の対象と
　情報利用者............................49
中小企業版 IFRS（公開草案）の目的........49
中小企業版 IFRS 導入のデメリット......181,
　183
中小企業版 IFRS 導入のメリット....181, 183
中小企業版 PFRS.......................237
中小企業版 SFRS.............196, 201, 205
中小企業版財務報告基準..................196
中小企業法規調整報告書..................183
中小指針の意義.........................268
中小指針の現状分析.....................269
中小指針の構成.........................268
中小指針の特質.........................268
ディファレンシャル・レポーティング......146
適格企業...............................99
適用除外...............................51
ドイツ会計基準委員会....................76
ドイツの中小企業会計制度................69
統一貸借対照表......................70, 72
　　──の理念..........................72
討議資料「中小企業版 IFRS に関する
　予備的見解」..........................43

特別目的の財務報告の枠組み..............289
独立志向..............................177
トップダウン・アプローチ..............9, 83

### な　行

内部統制..............................280
二元的な会計制度......................193
日本型会計モデル......................253
認識規準..............................122

### は　行

範囲論：公的説明責任をもたないすべて
　の企業...............................47
「判断の枠組み」等......................16
比較可能性............................120
非公開企業報告基準....................212
非公開企業報告フレームワーク..........215
非上場会社向けカナダ会計基準..........130
フィリピン証券取引委員会..............237
フィリピンにおける会計システム........239
フィリピンにおける企業形態と企業区分..237
不確定法概念...........................69
賦課年度..............................198
付属説明書............................64
部分的な統一貸借対照表.................73
フランス会計基準......................81
フランス会計基準庁....................81
フランスの中小企業会計制度............82
報告実体.............................147
法体系との整合性......................86
保守主義.............................120
保証業務.............................283
　　──の要件........................283
保証有限責任会社....................148
ボトムアップ・アプローチ...........9, 83
本質的理由..........................267

## ま 行

マイクロ企業······················· 81, 87
マレーシア会計基準審議会··············· 210
マレーシア会計士協会···················· 216
マレーシア非公開企業報告基準······ 210, 220
見積課税制度························· 198
民商法······························· 224

無責任会社··························· 148
目的適合性··························· 120

## ら 行

ラッドワン報告書······················· 57
理解可能性··························· 120

【執筆者紹介】

**河﨑　照行**（かわさき　てるゆき）　担当／序章，第1章，第9章，第19章，第20章
編著者紹介参照。

**平賀　正剛**（ひらが　まさたか）　担当／第2章，第16章
愛知学院大学経営学部教授
　1971年東京都に生まれる。早稲田大学大学院商学研究科博士後期課程単位取得。名古屋商科大学専任講師，愛知学院大学経営学部助教授，准教授を経て2012年4月より現職。
　主な著作に「制度的同型化としての会計基準の国際的統一――東南アジア，特にマレーシアを事例として―」（『国際会計研究学会年報』2012年度第1号，2013年），「会計基準の国際的統一への戦略的対応―マレーシアを事例に―」（『経営管理研究所紀要（愛知学院大学）』第20号，2013年）などがある。

**小津　稚加子**（おづ　ちかこ）　担当／第3章
九州大学大学院経済学研究院准教授
　愛知県生まれ。2004年より現職。
　主な著作に，『多国籍企業の会計』（監訳，中央経済社，2007年），『IFRS導入のコスト分析』（編著，中央経済社，2011年），"L'accueil des norms IFRS au Japon"（*Revue Française de Comptabilité*, Vol. 499, 2011），「IFRS導入移行期における導入コストとベネフィットの研究―上場企業の反応の分析―」（『会計・監査ジャーナル』第676号，2011年）ほか論文多数。

**本田　良巳**（ほんだ　よしみ）　担当／第4章
大阪経済大学経営学部教授　博士（経営学）（神戸大学）
　京都府に生まれる。神戸大学大学院経営学研究科博士後期課程単位修得。愛媛大学法文学部専任講師，助教授を経て，1994年4月より現職。
　主な著作に『ドイツ金融会計論』（税務経理協会，2003年），「第6編　オーストリア　第1章　オーストリアの会計制度と中小会社監査」（武田隆二編著『中小会社の計算公開と監査　各国制度と実践手法』所収，清文社，2000年），「中小企業会計の基礎理論―ヤンセンの所説を中心として―」（『経営経済』第50号，2014年）などがある。

**坂本　孝司**（さかもと　たかし）　担当／第5章
愛知工業大学経営学部教授　博士（経営情報科学）（愛知工業大学）　税理士・米国公認会計士
　1956年静岡県に生まれる。神戸大学経営学部卒業。東京大学大学院法学政治学研究科博士課程単位取得。2012年より現職。
　主な著書に『会計制度の解明―ドイツとの比較による日本のグランドデザイン』（中央経済社，2011年，日本会計研究学会太田・黒澤賞受賞），『ドイツにおける中小企業金融と税理士の役割』（中央経済社，2012年）などがある。

**ガルシア・クレマンス**　担当／第6章

立教大学経営学部助教　博士（経営学）（パリ・ドフィーヌ大学）

　1980年フランスに生まれる。パリ第一パンテオン・ソルボンヌ大学卒業。パリ・ドフィーヌ大学大学院修了。明治学院大学専任講師等を経て，2011年より現職。

　主な著作に「フランス専門会計士試験制度におけるIFRSの位置づけ」（『會計』第180巻第2号，2011年），"A Brief History of Accounting for Goodwill in Japan and France: War, Tax and Accounting Practice"（『學習院大學經濟論集』第48巻第1号，2010年），「IFRS初度適用時におけるフランス企業の戦略的対応に関するケース分析」（『産業経理』第64巻第4号，2010年）など。

**齊野　純子**（さいの　じゅんこ）　担当／第7章

関西大学商学部教授

　1968年兵庫県に生まれる。大阪大学大学院経済学研究科博士後期課程単位取得。青森中央学院大学専任講師，流通科学大学助教授・准教授，甲南大学教授を経て2014年4月より現職。

　主な著作に『イギリス会計基準設定の研究』（同文舘出版，2006年），「会計基準をめぐる問題と原則主義の含意」（『国際会計研究学会年報』2012年度第1号，2012年）などがある。

**島田　美智子**（しまだ　みちこ）　担当／第8章

下関市立大学経済学部教授

　1964年山口県に生まれる。西南学院大学大学院経営学研究科博士後期課程単位取得。大阪商業大学商経学部専任講師，助教授，准教授を経て，2008年4月より現職。

　主な著作に「リースの貸借対照表能力」（土方久編著『貸借対照表能力論―資産及び負債の定義と認識』所収，税務経理協会，2003年），「制約理論における理論と技法」（『會計』第157巻第1号，2001年），「スループット会計における原価計算プロセス」（『會計』第160巻第2号，2001年），「財務会計と管理会計の関係性再考―相互浸透とレリバンス・ロスト」（『産業経理』第71巻第2号，2011年），「財務報告の"Managerialisation"と会計変化の現代的方向：Zambon［2011］の所説を手がかりとして」（『産業経理』第74巻第2号，2014年）などがある。

**浦崎　直浩**（うらさき　なおひろ）　担当／第9章，第11章

近畿大学経営学部教授　博士（経営学）（神戸大学）

　1960年沖縄県に生まれる。琉球大学法文学部卒業。神戸大学大学院経営学研究科博士課程後期課程単位取得退学後，近畿大学商経学部専任講師，助教授，教授を経て，2003年4月より現職。

　主な著作に『公正価値会計』（森山書店，2002年。日本会計研究学会太田・黒澤賞受賞），『オーストラリアの会計制度に関する研究』（近畿大学商経学会，2000年），『これから学ぶ会計学』（編著，中央経済社，2011年）などがある。他に，共著書，論文多数。

**朱　愷雯**（しゅ　がいぶん）　担当／第9章
近畿大学大学院商学研究科博士後期課程
　中国上海市に生まれる。近畿大学大学院商学研究科博士前期課程修了。2012年4月より近畿大学大学院商学研究科博士後期課程に在籍。
　主な著作に「中小企業向け会計基準の策定のあり方に関する研究―2011年中国「小企業会計準則」を題材として―」（『商経学叢』第60巻第1号，2013年），「アメリカにおける中小企業会計のフレームワークに関する研究――AICPAの見解を中心として―」（『国際会計研究学会年報』2013年度第1号（通号33号），2014年）などがある。

**松脇　昌美**（まつわき　まさみ）　担当／第10章
四天王寺大学経営学部准教授
　三重県に生まれる。同志社大学大学院商学研究科博士後期課程単位取得。四日市大学経済学部准教授を経て，2012年より現職。
　主な著作に「公共会計業務を行う権利を巡るカナダ会計プロフェッションの攻防―オンタリオ州ならびにケベック州を中心に―」（瀧田輝己先生還暦記念論文集編集委員会編『社会規範としての会計』所収，千倉書房，2008年），「IFRSsの採用を巡るカナダの動向」（『四日市大学論集』第21巻第2号，2009年），「株式非公開企業のためのカナダ会計基準」（『四日市大学論集』第22巻第2号，2010年），「カナダにおける監査委員会改革が示唆すること」（『四天王寺大学紀要』第57号，2014年）などがある。

**胡　丹**（こ　たん）　担当／第12章
名古屋大学大学院経済学研究科准教授　博士（経営学）（神戸大学）
　中国四川省成都市に生まれる。神戸大学大学院経営学研究科博士後期課程単位取得。早稲田大学助手，事業創造大学院大学准教授を経て，2007年4月より現職。
　主な著作に「国際会計基準に基づく財務情報の価値関連性―上海証券取引所で上場した企業からの実証的証拠―」（『会計プログレス』第4号，2003年），「日本における減損会計に関する実証分析」（『会計プログレス』第13号，2012年），"Japanese Stock Market Reaction to Announcements of News Affecting Auditors' Reputation: The Case of the Olympus Fraud." （Journal of Contemporary Accounting and Economics, Vol. 10, Issue3, 2014）などがある。

**仲尾次　洋子**（なかおじ　ようこ）　担当／第13章
名桜大学国際学群准教授
　沖縄県に生まれる。西南学院大学大学院経営学研究科博士後期課程単位取得。名桜大学講師を経て，2003年4月より現職。
　主な著作に「台湾におけるIFRSアドプションの課題―台湾企業の事例を手がかりとして―」（『會計』第181巻第1号，2012年）などがある。

**上野　隆也**（うえの　たかや）　担当／第14章
税理士　博士（経営情報科学）（愛知工業大学）　桃山学院大学大学院非常勤講師
　1969年和歌山県に生まれる。甲南大学大学院社会科学研究科修士課程修了。愛知工業大学大学院経営情報科学研究科博士後期課程単位取得。
　主な著作に「純資産増加説の現代的意義」（『国際会計研究学会年報』，2010年），「NPO法人の所得概念」（『社会関連会計研究』第23号，2011年）などがある。

## 浮田　泉（うきた　いずみ）　担当／第15章
関西国際大学人間科学部教授

　大阪府に生まれる。甲南大学大学院社会科学研究科経営学専攻博士後期課程修了。関西女学院短期大学，関西国際大学助教授を経て，2005年4月より関西国際大学教授。
　主な著作に「電子開示制度の発展過程」（河﨑照行編著『電子情報開示のフロンティア』所収，中央経済社，2007年），「電子帳簿と記帳要件」（河﨑照行編著『ネットワーク社会の税務・会計』所収，税務経理協会，2011年）などがある。

## 櫛部　幸子（くしべ　さちこ）　担当／第15章
関西学院大学研究員　博士（商学）（関西学院大学）　関西学院大学商学部・大阪産業大学経営学部非常勤講師

　1970年兵庫県に生まれる。関西学院大学大学院商学研究科博士後期課程単位取得。
　主な著作に「IFRS for SMEs の認識・測定における簡素化，除外に関する一考察」（『産業経理』第73巻第1号，2013年），「中小企業向け国際財務報告基準（IFRS for SMEs）に関する一考察　クロスレファレンスをめぐる問題」（『国際会計研究学会年報』2012年度第1号，2013年），「我が国における中小企業会計基準の動向」（『會計』第185巻第3号，2014年）などがある。

## 坂上　学（さかうえ　まなぶ）　担当／第17章
法政大学経営学部教授

　1964年東京都に生まれる。早稲田大学大学院商学研究科博士課程中退。大阪市立大学商学部助手，助教授，大阪市立大学大学院経営学研究科准教授を経て，2009年4月より現職。
　主な著作に『新版 会計人のため XBRL 入門』（同文舘出版，2011年），The Impact of XBRL Adoption on the Information Environment: Evidence from Japan（*The Japanese Accounting Review*, Vol. 4, 2014. 共著），Value Relevance of Profit Available for Dividend（*Asia-Pacific Journal of Accounting & Economics*, Vol. 17, 2010. 共著）などがある。

## 井上　定子（いのうえ　さだこ）　担当／第18章
流通科学大学商学部教授　博士（経営学）（神戸商科大学）

　兵庫県に生まれる。神戸商科大学大学院経営学研究科博士後期課程修了。流通科学大学商学部専任講師，准教授を経て，2014年4月より現職。
　主な著作に『外貨換算会計の研究』（千倉書房，2010年）などがある。

## 堀江　正之（ほりえ　まさゆき）　担当／第21章
日本大学商学部教授　博士（商学）

　1958年新潟県に生まれる。日本大学大学院商学研究科博士後期課程満期退学。日本大学商学部専任講師，助教授を経て，1996年4月より現職。
　主な編著書に『IT のリスク・統制・監査』（編著，同文舘出版，2009年），『IT 保証の概念フレームワーク』（森山書店，2006年，日本会計研究学会太田・黒澤賞受賞），『システム監査の理論』（白桃書房，1993年，日本内部監査協会青木賞受賞）などがある。

【編著者紹介】

河﨑　照行（かわさき　てるゆき）

1950年　山口県に生まれる
1979年　神戸大学大学院経営学研究科博士課程単位取得。博士（経営学）（神戸大学）
1992年〜1993年　米国テキサス大学客員研究員
2004年〜2006年　甲南大学副学長
2006年〜2013年　甲南大学会計大学院長
現　在　甲南大学大学院社会科学研究科教授，同会計専門職専攻長

- 税理士試験委員，公認会計士試験委員，中小企業庁「中小企業政策審議会」臨時委員，金融庁「企業会計審議会企画調整部会」臨時委員等を歴任
- 中小企業会計学会会長，日本会計研究学会理事，税務会計研究学会理事
- 公益財団法人「租税資料館」理事長

〔主要著書〕

単著：『情報会計システム論』中央経済社，1997年
編著：『電子情報開示のフロンティア』中央経済社，2007年
　　　『詳解　中小会社の会計要領』中央経済社，2012年
共著：『中小会社の会計』中央経済社，2004年
　　　『中小会社の会計指針』中央経済社，2006年
　　　General Accounting Standard for SMEs in Japan, Wiley, 2014
監訳：『シンプルIFRS』中央経済社，2011年
　　　など多数

---

中小企業の会計制度──日本・欧米・アジア・オセアニアの分析

2015年3月31日　第1版第1刷発行

編著者　河　﨑　照　行
発行者　山　本　憲　央
発行所　㈱　中　央　経　済　社

〒101-0051　東京都千代田区神田神保町1-31-2
電　話　03（3293）3371（編集部）
　　　　03（3293）3381（営業部）
http://www.chuokeizai.co.jp/
振替口座　00100-8-8432

©2015
Printed in Japan

印　刷／東光整版印刷㈱
製　本／誠　製　本㈱

＊頁の「欠落」や「順序違い」などがありましたらお取り替えいたしますので小社営業部までご送付ください。（送料小社負担）

ISBN978-4-502-13841-6 C3034

JCOPY〈出版者著作権管理機構委託出版物〉本書を無断で複写複製（コピー）することは，著作権法上の例外を除き，禁じられています。本書をコピーされる場合は事前に出版者著作権管理機構（JCOPY）の許諾を受けてください。
JCOPY〈http://www.jcopy.or.jp　eメール：info@jcopy.or.jp　電話：03-3513-6969〉

― ■おすすめします■ ―

学生・ビジネスマンに好評
■最新の会計諸法規を収録■

# 新版 会計法規集

中央経済社編

会計学の学習・受験や経理実務に役立つことを目的に，最新の会計諸法規と企業会計基準委員会等が公表した会計基準を完全収録した法規集です。

《主要内容》

**会計諸基準編**＝企業会計原則／外貨建取引等会計基準／研究開発費等会計基準／税効果会計基準／減損会計基準／自己株式会計基準／一株当たり当期純利益会計基準／役員賞与会計基準／純資産会計基準／株主資本等変動計算書会計基準／事業分離等会計基準／ストック・オプション会計基準／棚卸資産会計基準／金融商品会計基準／関連当事者会計基準／四半期会計基準／リース会計基準／工事契約会計基準／持分法会計基準／セグメント開示会計基準／資産除去債務会計基準／賃貸等不動産会計基準／企業結合会計基準／連結財務諸表会計基準／研究開発費等会計基準の一部改正／変更・誤謬の訂正会計基準／包括利益会計基準／退職給付会計基準／原価計算基準／監査基準　他

**会 社 法 編**＝会社法・施行令／施行規則／会社計算規則

**金融商品取引法編**＝金融商品取引法・施行令／企業内容等開示府令／財務諸表等規則・ガイドライン／連結財務諸表規則・ガイドライン／四半期財務諸表等規則・ガイドライン／四半期連結財務諸表規則・ガイドライン　他

**関 連 法 規 編**＝税理士法／討議資料・財務会計の概念フレームワーク　他

■中央経済社■